◆ 本书是西北农林科技大学人文社会发展学院、西北农林科技大学陕西省乡村治理与社会建设协同创新研究中心、西北农林科技大学乡村振兴战略研究院乡村治理研究中心、西北农林科技大学"农业治理研究"课题组的阶段性研究成果。

◆ 本书受陕西省农业协同创新与推广联盟软科学项目(LMZD201708)"农业供给侧结构改革背景下陕西省新型农业经营体系构建研究"的资助,在此特别感谢。

西北农林科技大学
农业与农村社会发展研究丛书

农业现代化的中国道路
与关中实践

赵晓峰 孙新华 陈靖 等/著

China's Path to Agricultural Modernization and
Practices in Guanzhong Area

社会科学文献出版社
SOCIAL SCIENCES ACADEMIC PRESS (CHINA)

序言　农业供给侧结构性改革
与中国农业转型升级

农业供给侧结构性改革是针对当前农业发展中的主要矛盾和突出问题，实行的以农业供给结构改革为重点，转变农业发展方式，提高农业综合效益和竞争力的新举措。2015 年 12 月中央农村工作会议和 2016 年中央一号文件明确提出推进农业供给侧结构性改革，加快农业发展方式转变的改革目标。2017 年中央一号文件又进一步提出"深入推进农业供给侧结构性改革，加快培育农业农村发展新动能"的改革意见，农业供给侧结构性改革已成为当前和今后一个时期我国农业政策改革和完善的主要方向。

从中国农业发展的客观形势来看，农业政策重心从需求端向供给端的调整，受到多重动力的影响。首先，随着城乡居民经济生活水平的不断提高，人民群众不仅关注"吃得饱"的问题，而且日益关注"吃得好"的问题。这意味着影响中国农业发展的关键机制不再是"生产决定消费"，而成为"消费引导生产"。因此，不断满足人民群众对美好生活的期待就成为农业政策调整的核心拉力因素。其次，2003 年以来，全国主要农产品产量稳中有序不断增长，其中，粮食产量由 43069.5 万吨增加到 2017 年的 66160.7 万吨，增长幅度为 53.6%。同期，中国人口数量从 129227 万人增加到 139008 万人，增长幅度约为 7.57%。这意味着中国人均粮食数量获得了较高幅度的增长，使得粮食库存的数量随之上涨，成为推动农业政策调整的主要推力。最后，中国农产品的进口数量也在不断增加，其中，2003～2017 年，谷物及谷物粉的进口量由 208 万吨增加到 2559 万吨，大豆的进口量由 2074 万吨增加到 9553 万吨，而这构成对中国农业政策调整的挤压力。由此，高产量、高库存和高进口量并存的"三高"现象，使中国农业发展出现了新的结构性矛盾。

为了化解以"三高"为主要表现形式的结构性矛盾，就必须推进农业供给侧结构性改革，一方面，提高农产品的品质，为人民群众提供可信赖、高品质的农产品，保障国家食品安全战略的有序实施；另一方面，降低农产品的生产成本，提高农产品的国际市场竞争力，有效降低库存，并在保障国内需求的前提下增加出口，维护国家粮食安全。农业供给侧结构性改革的推进，客观上需要重构农业经营体系，推动农业经营体系从传统向现代转型。改革开放以来，中国农村逐步确立起的基本经营制度是"以家庭经营为基础，统分结合的双层经营体制"。在这种双层经营体制中，农户是"分"的基本载体，也是农业经营的基本主体，而乡村集体是"统"的核心主体，是为分散小农户提供各种超越单个家庭所能承受的包括农田水利在内的公共品的基本组织载体。从40余年的农村改革历程来看，这种双层经营体制为中国农业的发展做出了重要贡献。但是，随着农村税费改革的不断推进，"三提五统"退出历史舞台，农村义务工与劳动积累工被取消，乡村集体的统筹能力迅速下降，为农户家庭经营提供公共品的水平也在降低。与此同时，农户也在持续分化，大量的农村劳动力退出农业经营领域，进入城市到第二和第三产业寻找就业机会，农户的家计模式由"男耕女织"型快速转向"以代际分工为基础的半工半耕"型，导致妇女和老人成为农业经营的主要力量，使"谁来种田"成为农业可持续发展需要面对的新难题。这也意味着中国农村的基本经营制度需要完善。

本书将新型农业经营体系概括为"在坚持农村基本经营制度的基础上，顺应农业农村发展形势的变化，通过自发形成或政府引导，形成的各类农产品生产、加工、销售和生产性服务主体及其关系的总和，是各种利益关系下的传统农户与新型农业经营主体的总称"。因此，新型农业经营体系的构建仍然要以农民家庭经营为基础，同时要应对两个方面的挑战：一是家庭经营的活力不断下降，"老人农业"和"妇女农业"已经成为中国农业发展的新常态；二是农业供给侧结构性改革要求中国农业转型升级，尽快从传统农业向现代农业过渡。受此影响，新型农业经营体系的构建既要有助于激发农民家庭经营的活力，帮助农村老人和妇女从事农田耕作，为2亿多的小农户提供方便快捷的社会化服务，进一步强化"统"的力量，完善中国农村基本经营制度，又要有助于农业的转型升级，稳步提高农业的科技化率、机械化率、现代装配化率、商品化率等现代经营指标，不断推进农村土地的规模化经营水平。

由此可见，新型农业经营体系的构建需要化解一个结构性矛盾，即小农户与现代农业发展的兼容问题。长期以来，学界和政策研究部门都倾向于认为，小农户在现代农业发展的过程中是必然要衰亡的，小农生产与资本化的大生产之间存在不可调和的紧张关系。"小农衰亡论"曾经产生了重要影响，使政府政策一直向家庭农场、合作社和农业产业化企业等新型农业经营主体倾斜，而很少能够看到扶持小农户发展的踪迹。从中央一号文件的角度来看，分田到户伊始，中央政府已经在考虑推动农业的转型升级。1982年，中央一号文件提出鼓励发展"一大批"专业户；1984年，中央一号文件首次提及"种田能手"；1986年，中央一号文件明确要求"鼓励土地逐步向种田能手集中"。进入21世纪，中央政府推动农业转型升级的步伐进一步加快。2004年，中央一号文件提出要关注龙头企业；2011年，中央一号文件提出要"引导土地承包经营权流转"；2013年，中央一号文件指出要"鼓励和支持承包土地向专业大户、家庭农场、农民合作社流转，发展多种形式的适度规模经营"；2014年，中央一号文件要求"鼓励有条件的农户流转承包土地的经营权"；2015年，中央一号文件提出要"坚持和完善农村基本经营制度，坚持农民家庭经营主体地位，引导土地经营权规范有序流转，创新土地流转和规模经营方式，积极发展多种形式适度规模经营，提高农民组织化程度"；2016年，中央一号文件指出要"坚持以农户家庭经营为基础，支持新型农业经营主体和新型农业服务主体成为建设现代农业的骨干力量"；2017年，中央一号文件要求"大力培育新型农业经营主体和服务主体，通过经营权流转、股份合作、代耕代种、土地托管等多种方式，加快发展土地流转型、服务带动型等多种形式规模经营"。直到2018年，中央一号文件才明确提出要"统筹兼顾培育新型农业经营主体和扶持小农户，采取有针对性的措施，把小农生产引入现代农业发展轨道"。2019年2月，由中共中央办公厅和国务院办公厅印发的《关于促进小农户和现代农业发展有机衔接的意见》强调指出，要正确处理适度规模经营和扶持小农户发展的关系，既要看到适度规模经营是农业现代化的基本方向，也要看到小农户家庭经营仍将存在很长一段时间是我国农业基本经营形态的国情农情。

因此，无论是新型农业经营体系的构建，还是农业现代化的中国实践，都必须正视小农户将长期存在的基本国情。农业问题，是整个三农问题中的关键一环，农业发展关系到农民增收和农村稳定。虽然到2017年底，中国人口的城镇化率已经达到58.52%，但仍有57661万人居住在农村。农业的发展应该照顾到居住在农村且非农就业收入有限的这部分群体的生存和发展权益，应该有助于提升他们的生活福利水平。同时，乡村要振兴，要健全自治、法治、德治相结合的乡村治理体系，也离不开人，尤其是主要收入来源在农村、主要社会关系在农村、家庭经营收入在村庄中处于中等以上水平、与村庄利益关系密切、稳定执行国家政策、积极维护村庄社会秩序和参与提供公共品的农民精英。这就要求重视提升农民的素质，培育新型职业农民，将他们培养成为乡村治理的基本主体，成为形塑乡村社会秩序的基本力量。所以，农业问题，也是农民和农村问题。

构建新型农业经营体系是顺应农业供给侧结构性改革，推进农业现代化的关键举措。我们认为，农业现代化的中国特色即将重视2.5亿多名农民的生存和发展权益作为农业转型升级的前提，将以农民的利益为本作为科学发展的核心。对于党和政府来讲，立党为公、执政为民，推动发展必须立足于更好地、全心全意地为数亿农民提供他们日益增长的对美好生活期待所需要的各种服务，而不是任由小农户在大市场中自生自灭，走向衰亡。由此，农业现代化的中国问题即找到合适的路径，能够真正实现"统筹兼顾培育新型农业经营主体和扶持小农户"的双重目标，能够在兼顾农民和农村问题的同时，推进现代农业的发展。而这就要求中国的农业现代化能够走出一条符合中国国情的道路。

为此，我们成立了农业治理研究课题组，在张磊教授主持和付少平教授等的积极支持下，申请并获批了陕西省农业协同创新与推广联盟软科学项目"农业供给侧结构改革背景下陕西省新型农业经营体系构建研究"（LMZD201708）。课题组立足陕西，面向全国，积极开展调查研究，取得了比较丰硕的研究成果。我们认为现有的农业现代化研究过于强调农地规模经营的指标，将农民视为被动的主体，忽视小农户的发展权益，倾向于通过制度安排和政策引导，推动农地集中和规模经营。从实践经验来看，农民以制度变迁中能动主体的身份参与中国城镇化、工业化和农业现代化的历史进程，他们根据资源禀赋灵活选择家庭劳动力配置模式和家计安排模式，这使农业家庭经营呈现丰富的实践内涵，形成一种弹性的发展型结构。受弹性的家庭经营影响，一种以"家庭经营为基础，社会化服务为保障"的统分结合的渐进的中国特色社会主义农业现代化实践模式正在加速形成。适度的土地集中和规模经营速度与有序推进的服务规模化水平，使中国的农业现代化能够兼顾小农户的发展权益，显示出社会主义制度成果的深远影响。

随着中国特色社会主义农业现代化实践模式的逐步形成，一种与之相匹配的新型农业经营体系也在加速形成。在这种农业经营体系中，小农户主要从事农业产中环节的经营，而合作社和企业等新型农业主体主要从事农业产前和产后环节的经营。相对依然分散的小农生产和以快速集中的社会化服务规模化经营为核心的新型农业经营体系，既发挥了农地家庭经营的优势，又激活了乡村集体"统"的功能，丰富了"统"的主体，强化了"统"与"分"的有机结合，使小农户也能更好地参与现代农业的发展，进而在某种程度上完善了农村基本经营制度，推动着中国农业改革的"二次飞跃"。接下来，本书将主要以关中地区新型农业经营体系构建的丰富实践材料为基础，呈现正在快速发展的农业现代化的中国实践。

农业治理研究课题组

2019 年 5 月 16 日

目 录 CONTENTS

第一章　家庭经营的弹性结构与渐进的
中国农业现代化[*]

一　问题的提出

中国共产党第十九次全国代表大会报告在论述"乡村振兴战略"时提出要"实现小农户和现代农业发展有机衔接"。这无疑对学术界提出了促进小农户发展的理论创新诉求。

长期以来，小农户在农业现代化进程中的命运都是学术界关注的焦点话题。马克思认为，"小块土地所有制按其性质来说就排斥社会生产力的发展、劳动的社会形式、资本的社会积聚、大规模的畜牧和科学的不断扩大的应用"[①]。因为小块土地所有制不能适应生产力发展的需要，阻碍了农业转型升级和现代化发展，最终资本主义大农场生产将取代和消灭传统的小农生产。[②] 韦伯也认为现代资本主义生产方式具有天然的合理性和强大的推动力量，资本主义的兴起终将瓦解传统的农业生产方式和乡村共同体。[③] 而在农业现代化的过程中，农民也将分化成为不同的社会阶层。马克思提出，随着英国农业资本主义的发展，农村日益分化成为农业资产阶级和农业无产阶级两大对立的社会阶级。[④] 列宁认为，俄国农民在农业商品化的发展过

[*]　本章内容由赵晓峰、孙新华、张建雷撰写，精简版刊发于《西北农林科技大学学报》（社会科学版）2019 年第 6 期。

[①]　马克思：《路易·波拿巴的雾月十八日》，《马克思恩格斯选集》（第一卷），人民出版社，1972。
[②]　马克思：《资本论》（第一卷），人民出版社，1975，第 551～553 页。
[③]　马克斯·韦伯：《民族国家与经济政策》，生活·读书·新知三联书店，1997，第 109～141 页。
[④]　马克思：《资本论》（第一卷），人民出版社，1975，第 551～553、738～780 页。

程中将发生显著分化，富裕农民将逐渐转变成为农村资产阶级，贫农将成为农村无产阶级，而中农中的少数将有机会进入农村资产阶级的队伍行列，多数则将沦为无产阶级，俄国农村终将出现资产阶级和无产阶级的两极分化。①

　　回到中国农业现代化模式的讨论中，学术界和政策研究部门几乎不考虑美国式大农场与现阶段中国农业家庭经营为主的基本国情，忽略二者在土地规模、资本投入和劳动力结构等方面的根本性差异，推崇美国式的大规模农场发展模式。② 2006 年，《中华人民共和国农民专业合作社法》正式颁布，以合作社为典型代表的新型农业经营主体步入发展的快车道，农村土地流转的速度随之加快。由此，有学者认为中国农业的资本化进程正在加速，小规模的家庭农场正在转变成为形式丰富多样的资本化农业，农业生产组织不再受限于家庭，开始更多地使用农业雇工。③ 随着农业生产中资本主义因素的不断增长以及不同规模农业经营主体的日益分化，传统的小农逐渐被排斥出农业生产领域，中等经营规模的农户则在加速分化，少数迈向依靠资本投入的家庭农场，多数则会遭遇和小农同样的命运。④ 因此，随着农业资本化的发展，小农生产者正以不同的形式被吸纳进入农业资本化经营的体系中，最终将导致农民的无产化或半无产化。⑤ 沿以上分析路径，中国农业在现代化的进程中似乎将重演马克思和列宁等人关于小农无产阶级化的经典叙事。

　　然而，第三次全国农业普查数据显示，全国共有 31422 万名农业生产经营人员，20743 万家农业经营户，其中，规模农业经营户为 398 万家。⑥ 而《中国农村住户调查年鉴》的资料显示，农村人均耕地面积在 1985 年为

---

① 列宁：《列宁全集》（第三卷），人民出版社，1984，第 145～159 页。
② 韩俊：《土地政策：从小规模均田制走向适度规模经营》，《调研世界》1998 年第 5 期；张忠根、黄祖辉：《规模经营：提高农业比较效益的重要途径》，《农业技术经济》1997 年第 5 期。
③ 张谦：《中国农业转型中地方模式的比较研究》，《中国乡村研究》2013 年第 10 辑。
④ 陈义媛：《资本主义式家庭农场的兴起与农业经营主体分化的再思考——以水稻生产为例》，《开放时代》2013 年第 4 期。
⑤ 严海蓉、陈义媛：《中国农业资本化的特征和方向：自下而上与自上而下的资本化动力》，《开放时代》2015 年第 5 期；孙新华：《农业规模经营主体的兴起与突破性农业转型——以皖南河镇为例》，《开放时代》2015 年第 5 期。
⑥ 规模农业经营户指具有较大农业经营规模，以商品化经营为主的农业经营户。种植业规模农业经营户的规模化标准为：一年一熟制地区露地种植农作物的土地在 100 亩及以上、一年两熟及以上地区露地种植农作物的土地在 50 亩及以上、设施农业的设施占地面积在 25 亩及以上。

2.07 亩，到 2012 年才上升到 2.34 亩。由此可见，绝大多数农民家庭经营的土地数量依然非常有限，依然属于小农生产的范畴。也就是说，现阶段中国农业经营主体仍然以小农户为基本构成。因此，小农户如何与现代农业对接，如何依托小农户推进农业现代化就成为一个重要的理论命题。

其实，马克思在判定小农必将消失时给小农加上了诸多外在约束性条件的枷锁。这些约束性条件包括"高利贷和税收制度"对小农的盘剥，"生产资料无止境地分散，生产者本身无止境地分离；人力发生巨大的浪费；生产条件日趋恶化和生产资料日益昂贵是小块土地所有制的必然规律；农村家庭工业由于大工业的发展而被消灭，处在这种耕作下的土地逐渐贫瘠和地力枯竭；农业上的各种改良一方面降低了土地产品的价格，另一方面要求较大的投资和更多的物质生产条件，这些也促进了上述土地所有权的灭亡"。[1] 因此，改革开放 40 年来，中国农业是否在发展中通过制度机制创新，破除了上述约束性条件的束缚，小农生产是否可以躲过必将灭亡的历史宿命，从而显现广泛的适应性、焕发出旺盛的生命力呢？当代中国农业是否会因此走出一条特色的现代化道路，进而丰富、深化马克思小农经济理论的内涵呢？

这里，我们需要对小农生产的本质属性有个基本认识。家庭在中国经济发展史上，一直都是最基本的经济单位。[2] 同时，家庭在中国社会发展史上一直也都是最基本的社会组织单位。因此，家庭而非个人构成中国过去和现在最基本的经济和社会组织单位。马克思等理论家所言的小农生产在中国本质上即农业家庭经营，二者在土地经营规模、生产工具的使用等方面具有高度的相似性，但是当前中国农村的农业家庭经营不同于小块土地所有制基础上的小农生产。中国农村的土地属于农民集体所有，农户享有承包经营权，并且农户的经营权可以依法流转。因此，农民家庭经营的土地可以既包括自家承包的土地，也包括从其他农户或经营主体手中流转到的土地。

由此，本章论述的核心问题是经过不断的制度创新，农民家庭经营富

---

[1] 马克思：《资本论》（第三卷），人民出版社，2004。
[2] 黄宗智：《中国过去和现在的基本经济单位：家庭还是个人?》，《人民论坛》（学术前沿）2012 年第 1 期。

3

有何种时代特征,能否适应现代农业的发展需要,能否以其为基础构建一种有中国特色的社会主义农业现代化模式:一方面通过构建小农户与现代农业发展有机衔接的体制机制,改善普通农民家庭的福利,使他们也能共享改革红利;另一方面深化发展马克思的小农理论,推动中国特色社会主义小农经济发展理论和农业现代化理论的构建。为此,本章主要从以下三个方面展开论述:一是从制度转型的视角分析农民家庭劳动力配置模式和家计安排模式,揭示农民作为制度变迁中的能动主体嵌入城乡二元结构中,通过在农业生产中灵活配置劳动力要素和资本要素,从而形成家庭经营弹性结构的内在机制;二是立足农地制度创新的丰富实践,揭示新型农业主体发展和新型农业经营体系构建拓展家庭经营弹性空间,促进小农户与现代农业协同发展,有序推进渐进的农业现代化的实践机制与表现特征,展现中国特色的农业现代化模式;三是采取整体论的研究思维,从城乡融合发展的角度阐述农民家庭经营与新型城镇化及乡村振兴的关联机制,说明渐进的农业现代化能够体现社会主义小农经济制度的优势,从而与工业化和城镇化协同发展。

二 制度转型与农业家庭经营的弹性结构

(一) 制度中的能动主体与农民家庭经营模式选择

进入 21 世纪以来,关于"中国模式"或"中国奇迹"的讨论成为热门话题,观点纷呈。中国作为一个农民占多数的国家,讨论其发展的奇迹,就必须讨论其创造主体,即农民的行为逻辑。徐勇认为正是农民理性的优质因素与现代工商业社会的优质因素的有机结合,释放出巨大能量,推动着农民理性由生存理性扩张为发展理性,成就了"中国奇迹"。[①] 因此,分析中国经济社会的转型与变迁,不能单纯地秉持制度主义的分析框架,而需要重视农民的主体地位。改革开放以来,中国社会逐步进入一个制度大变迁的时代,法律法规、政策规章等正式制度持续推出,成为规范人们日

---

① 徐勇:《农民理性的扩张:"中国奇迹"的创造主体分析——对既有理论的挑战及新的分析进路的提出》,《中国社会科学》2010 年第 1 期。

常行为的基本依据，自然也对农民的生产生活产生了重要影响。由此，农民在制度变迁中的行动能力容易被忽视，被单纯地视作被动的行动主体。然而，农民作为中国城镇化、工业化和农业农村现代化的经历者，不应简单地被视作被动的主体，而应被视作复杂制度框架下能动的行动主体。虽然他们不是制度的制定者，也不是参与者或推动者，但是他们会在一定的制度框架下，综合考虑各方面的因素，做出理性的选择。农民家庭作为生产要素的所有者和支配者，是一个独立的决策单位，以家庭经济收入或家庭效用最大化为经营目标。随着非农就业机会的增多，农民家庭不再需要将其掌握的全部生产要素（包括劳动力和资本）配置到农村土地上。① 因此，农民选择何种家庭经营模式，选择如何在农业和非农领域灵活配置家庭劳动力，是其理性在传统农业社会向现代工商社会转型中不断扩张的基本表现形式。

1984 年的中央一号文件要求各地开展试点，允许务工、经商、办服务业的农民自理口粮到集镇落户。这成为民工潮在中国兴起的开端，也使农民工逐渐成为改变中国农村的主体力量。到 2017 年，中国社会中的农民工总量达到 28652 万人，其中外出农民工 17185 万人，本地农民工 11467 万人，并且仅有 0.5% 的农民工选择第一产业就业。这意味着绝大多数的农民家庭有劳动力外出赚取非农就业的工资性收入。1979~2010 年，中国农民工的名义货币工资以年均接近 10% 的速度持续增长。② 而 2012~2017 年，农民工月均收入又从 2290 元增加到 3485 元，③ 成为推动农民家庭可支配收入增加的主要来源。非农就业机会的增加和外出务工收入的上涨，深刻影响着农民的行为逻辑，改变着农民的家庭劳动力配置模式和家计安排模式。在非农就业机会缺失的封闭型传统社会中，农民按照"男耕女织"的理想模式配置劳动力，从农田耕作和手工业劳作中谋取家庭经济收入。农民为了换得家庭经济的最大收入，宁肯以单位劳动日报酬递减为代价推动单位

---

① 张忠根、黄祖辉：《机会成本、交易成本与农业的适度经营规模——兼论农业的组织制度选择》，《农业经济问题》1995 年第 5 期。
② 卢锋：《中国农民工工资走势：1979—2010》，《中国社会科学》2012 年第 7 期。
③ 国家统计局：《2017 年农民工监测调查报告》，中国经济网，2018 年 4 月 28 日。

面积产量的微薄增加并直至为零。[①] 而如今，农民利用制度变革释放出来的红利空间，大量走出农村，走进城镇，从第一产业走向第二、第三产业。这使农民有机会灵活选择就业方式，使他们在农业领域的家庭经营呈现不同的实践类型。

（二）农业家庭经营的理想类型

理想类型是韦伯提出的一种分析概念，它是研究者对客观现实的主观建构，是一种理想化的现实，以至难以在现实世界找到完全一致的原型而只能找到近似的社会现象。理想类型从研究目的出发，并不企图概括社会现象的全部特征，而是侧重概括社会现象的一组或某种特征，建构理想类型的关键就是要寻找并确定特定社会现象的一组或某种特征。[②] 就农业发展而言，一般认为，传统农业是一种劳动密集型产业，而现代农业是一种资本密集型产业，农业现代化则是一个资本要素投入不断替代劳动要素投入的过程。因为农民家庭是农业经营的基本单位，主要依靠劳动力要素和资本要素的调配投入从事农业生产活动，所以劳动力和资本就构成理解家庭经营的一组特征变量。如表 1-1 所示，以农业经营中劳动力要素和资本要素是否密集为测量指标，本章将农民家庭经营划分为四种理想类型。

表 1-1　农民家庭经营的理想类型

		资本密集	
		是	否
劳动力密集	是	C	A
	否	D	B

类型 A 代表劳动力要素投入密集而资本要素投入不足的家庭经营模式，其典型代表是传统农民或生存型小农的家庭经营模式。传统农民在土地劳作上重视精耕细作，在家计模式上推崇男耕女织，即要充分发挥家庭中劳动力的优势，通过不计成本的劳动力要素投入弥补资本要素投入不足和就

---

① 这使中国农业呈现"无发展的增长"状态，出现"内卷化"现象。参见黄宗智《华北的小农经济与社会变迁》，中华书局，2000，第 143 页。

② 马克斯·韦伯：《社会科学方法论》，韩水法、莫茜译，商务印书馆，2013。

业机会稀少的压力，换取最优的家庭经营效益，满足家庭消费的基本需求。传统农民追求的是有限土地的最高产量，是亩均收益率而不是劳动收益率。受此影响，传统农业就会陷入"有发展而无增长"的内卷化困境，农民不顾劳动力要素投入边际收益率不断下降直至为零的客观事实，会一直追加劳动力要素的投入量。[①] 这种家庭经营类型普遍适用于人地关系紧张且非农就业机会缺失的相对封闭的传统农业社会，是一种以维持家庭内部劳动力再生产为目的的生存型的经营模式。

类型 B 代表劳动力要素投入和资本要素投入都不足的家庭经营模式，其典型代表是半工半耕的农民家庭经营模式。半工半耕的农民家庭经营模式指的是农民通过代际分工或夫妻分工，以劳动能力强的子代外出打工而劳动能力弱的父代在家务农以及夫妻双方中劳动能力强的在外打工而劳动能力弱的在家务农的方式，优化配置家庭内部的劳动力，使家庭能够同时获得务工和务农两种经济收入的分工经营模式。目前，以代际分工为基础的半工半耕模式是中国农民家庭经营的主要模式。[②] 在这种模式下，家庭劳动力的配置优先满足务工的需要，农民追求最大化的务工收益，而务农逐渐成为农民家庭的副业，是农民家庭经济的补充性来源。这改变了传统农民以家庭农业为主业、手工业为副业的家计模式，使农民的家计模式演变为工业成为主业而农业成为副业。因为农民家庭的主要经济来源为外出务工，所以他们在农业经营中投入劳动力要素密集程度要远低于类型 A 的农民家庭，而密集投入资本要素的动力相对类型 C 和类型 D 的农民家庭也甚为不足。因而，老人农业与妇女农业于农民家庭而言是一种闲暇农业，具有消遣经济[③]的属性特征。

类型 C 代表资本要素投入和劳动力要素投入双重密集的家庭经营模式，其典型代表是中坚农民的家庭经营模式。[④] 中坚农民家庭经营土地数量在大

---

① 黄宗智：《华北的小农经济与社会变迁》，中华书局，2000。

② 夏柱智、贺雪峰：《半工半耕与中国渐进城镇化模式》，《中国社会科学》2017 年第 12 期。

③ 费孝通：《中国绅士》，中国社会科学出版社，2006。

④ 中坚农民是贺雪峰提出的一个分析概念，指的是土地经营面积在 20 亩左右的农业经营主体，可参见贺雪峰《中坚农民的崛起》，《人文杂志》2014 年第 7 期。本章将中坚农民视为小农户的高级形态，并将其与规模农业经营户相区分。因此，中坚农民也可以被认为是传统小农户到规模农业经营户的过渡形态。

宗粮食作物区一般不低于 20 亩，并且在一年两熟地区不超过 50 亩，在一年一熟地区不超过 100 亩，而在水果、蔬菜等经济作物区一般不超过 15 亩。通过流转其他农户的承包地适度扩大土地经营规模，获取足额的土地经营收益以弥补务工收入的缺失，中坚农民得以在村庄中维持较为体面、有尊严的生活。中坚农民主要通过农田耕作获取收入，这使他们愿意投入家庭全部劳动力从事农业生产活动。同时，中坚农民相比生存型小农拥有较为充足的物质资本，能够投入更多的资本要素提升亩均收益率。因此，中坚农民追求科学合理地均衡配置劳动力资源和物质资源，致力于推动家庭中劳动力要素和资本要素双重密集投入的农田耕作模式，以获得最优的家庭经济收入。

类型 D 代表资本要素投入充足而劳动力要素投入不足的家庭经营模式，其典型代表是企业型家庭经营模式，在当前中国农村主要体现为家庭农场等。企业型家庭经营模式中农民家庭经营土地规模的弹性很大，少则百十亩，多则上千亩，甚或上万亩，[①] 但其土地经营规模都超过了家庭内部劳动力能够耕作的限度，需要依靠从市场上雇用家庭外劳动力从事农田耕作活动。因此，家庭中的劳动力从事的主要是管理活动，家庭经营追求的是资本收益的最大化。在这种模式中，农民家庭掌握着土地经营权，拥有着土地收益分配权，他们主要依靠资本要素的投入来扩大生产规模，家庭中的劳动力基本不再从事田间地头的耕作活动。随着劳动力市场成本的不断上升，他们有着极大的动力采用资本替代劳动力的生产方式。

（三）农业家庭经营的弹性结构

上述四种理想类型描述了家庭经营的四种状态，都能在当下的中国农村找到近似的社会事实，但不能有效诠释家庭经营的复杂现实。从图 1 - 1 可见，1978 年，城镇人口占全国总人口的比重为 17.92%，到 1993 年提高为 27.99%，2016 年为 57.35%；而农村常住人口占全国总人口的比重从 1978 年的 82.08%，经过 1993 年的 72.01%，到 2016 年已经下降到 42.65%。其间，农业从业人口占全国总人口的比重也从 1994 年的 54.3%

---

① 如种粮大户。

下降到 2015 年的 28.3% 。虽然农村常住人口和农业从业人口占全国总人口
的比重持续下降，变化非常显著，但是农民家庭经营的类型及其各自比重
的变化比较平稳，幅度相对较小。如图 1－2 所示，1993～2015 年，纯农业
户占农村总户数的比重总体呈现下降趋势，从 49.89% 最低下降到 2009 年
的 37.2% ，然后开始出现反复并维持在 40% 左右；农业兼业户的比重经历
多次起伏，整体徘徊在 24.37%～28.68% ；非农兼业户的比重也曾经历多
次起伏，整体徘徊在 16.14%～19.50% ；纯非农业户的比重则从 4.9% 上升
到 2012 年的 14.6% ，后又下降到 2015 年的 11.12% ；其他户的比重和纯非
农业户相似，整体呈现上升趋势，从 1.2% 提高到 2012 年的 6.4% ，后又出
现由下降到上升的反复。从总体来讲，纯农业户和纯非农业户的变化相对
较大，但最多也只有不足 13 个百分点。这说明，兼业户和纯农业户都有着
顽强的生命力，将在中国农村长期存在。

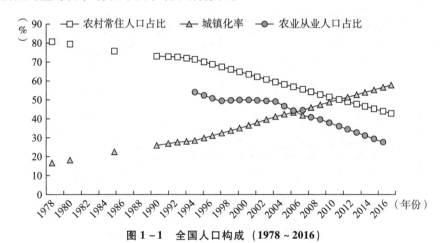

图 1－1　全国人口构成（1978～2016）

资料来源：历年《中国统计年鉴》。

　　在家庭经营的四种类型中，类型 A、类型 C 和类型 D 所代表的农户都
可以被划分到纯农业户的范畴，从宏观数据来看，类型 D 所代表的规模农
业经营户的数量在快速上升，但所占比重仍相对较低，不足 2% 。而从我们
在全国各地的农村调研经验来看，类型 C 由中坚农民所代表的农业经营户
的数量在稳步持续上升，已经成为纯农业户的主要构成部分之一，而类型 A
所代表的生存型小农的农户数量则在稳步下降。因此，虽然从统计数据上
讲，纯农业户所占比重仍然很大，但是其内部构成已经发生重大变化。随

着类型 C 和类型 D 数量的不断上升，以职业农民为代表的专业农户会逐渐替代生存型小农成为推动农业发展的关键力量。同时，类型 B 所代表的农户则既可以被划分到农业兼业户的范畴，也可以被划分到非农兼业户的范畴。由此，我们可以发现，家庭经营远非上述四种理想类型所能概括，从劳动力要素和资本要素投入的角度来看，家庭经营的内部结构是弹性的，富有丰富的内涵。从类型 A 到类型 D，家庭经营中劳动力要素投入所占的比重依次降低而资本要素投入所占的比重渐次升高，呈现一定的序列或谱系。这意味着家庭经营既能适应劳动力要素投入密集的传统农业，也能适应资本要素投入密集的现代农业，还能适应由传统农业向现代农业转型中的过渡性农业。

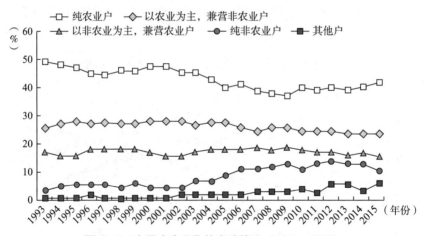

图 1-2　全国农户分化的变动情况 （1993~2015）

资料来源：《全国农村社会经济典型调查数据汇编 （1986—1999 年）》、《全国农村固定观察点调查数据汇编 （2000—2009 年）》和《全国农村固定观察点调查数据汇编 （2010—2015 年）》。其中，1994 年数据为 1993 年和 1995 年的平均数。

（四）半工半耕与家庭经营的弹性空间

理解家庭经营弹性结构的关键是要深入把握半工半耕的农民家庭经营模式，因此，需要重新认识"半工半耕"概念的内涵。"半工半耕"概念的提出向上可以追溯到费孝通，费孝通在《中国绅士》中已经指出中国传统农村并非纯粹的农业经济，而是一种农副业结合的"男耕女织"的混合经济，即作为主要劳动力的男性从事农业，作为次要劳动力的女性从事副业，从而使农民家庭可以同时获得两份就业收入。① 家庭联产承包责任制实施后，随着城镇化和工业化的推进，农民家庭仍然维持着半工半耕的混合经济形态，只不过家庭中的主要劳动力开始更多地从事工业，次要劳动力则更多地从事农业。② 工农结合的就业形态改变了农民家庭经济收入的结构，如图1－3所示，从1983年开始，农村居民家庭可支配收入从309.8元上升到2015年的11421.7元，并且，到2015年，农村居民家庭可支配收入中工资性收入所占的比重已经超过农业经营净收入所占比重，成为农民家庭主要收入来源。因此，对于很多农民家庭来说，工资性收入的持续上涨是增加经济收入的主要途径。从微观层面讲，从类型A到类型D的农民家庭，农业经营收入在其家庭可支配收入中所占比重先下降后上升，而工资性收入在其家庭可支配收入中所占比重则先上升后下降，二者交替变化。从中可见，农民家庭经营收入的内部构成也是一种弹性的结构，其与农民家庭的劳动力分配和就业类型紧密相关。

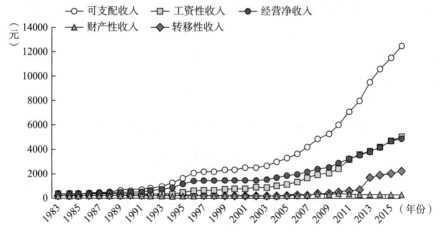

图1－3 农村居民人均可支配收入及其构成的变动情况（1983～2016）
资料来源：历年《中国统计年鉴》。

半工半耕的家庭经营模式作为并不理想却普遍存在的实践形态，在家庭经营的弹性结构中处于关键的位置，是理解农户经济形态分化逻辑的重

① 费孝通：《中国绅士》，中国社会科学出版社，2006。
② 黄宗智：《制度化了的"半工半耕"过密型农业》（下），《读书》2006年第3期。

要抓手。以代际分工为基础的半工半耕的家庭经营模式的内涵丰富，韧性很强，是家庭经营弹性结构形成的关键。从分化演变的视角来看，随着经济社会的发展，半工半耕的家庭经营模式有"两主一次"的演化方向，其中，"两主"之一是子代通过自身奋斗在城市买房定居，成为城市市民，逐渐退出农业经营活动，而父代或跟随子代进城，或继续留在村庄从事农业生产经营活动，直至丧失劳动能力；之二是子代受各种因素的影响，退出乡城迁移活动，返回家乡专职从事农业生产活动。他们通过不断增加资本投入，逐步扩大土地经营规模，成为中坚农民，推动其家庭经营模式向类型 C 和类型 D 的方向演化。"一次"指的是子代进城失败，没能积累一定的物质财富，返乡后没有能力增加投资，沦为生存型小农，陷入不利的发展困境。反过来，如果类型 C 和类型 D 的农民家庭从事农业生产活动未能成功获取理想收益，也有可能向类型 B 演化；而类型 A 的农民家庭也有可能逐渐向类型 B 或类型 C 演化。从中可见，"两主"之间是一种互补或相互支撑的关系，尤其是子代进城，父代逐步退出农业生产经营活动，为其他返乡试图扩大土地经营规模的农民提供了发展空间。但是，子代和父代渐次退出农业生产经营活动的现象也说明，农村土地的集中与规模经营需要一个长期的过程。

三 农地制度创新与农业家庭经营的
弹性发展模式

（一）小农户家庭经营基础上的农地经营模式创新

改革开放以来，农村土地制度不断创新发展，逐步形成了所有权、承包权和经营权分置并行的基本格局，而农村土地流转的规模也不断扩大。由图 1-4 可见，2006 年，家庭承包耕地流转总面积为 5551.2 万亩，占家庭承包经营耕地面积的比重为 4.57%；到 2016 年，家庭承包耕地流转总面积达到 47921 万亩，占家庭承包经营耕地面积的比重升到 35.1%，其中，流转入农户的面积为 27977 万亩，流转入专业合作社的面积为 10341 万亩，流转入企业的面积为 4638 万亩，流转入其他主体的面积为 4965 万亩，而其

他主体也包括家庭农场等以家庭经营为主要形式的利益主体。由此可见，
有60%以上的家庭承包耕地流转总面积仍以家庭经营的形式存在。因此，
农地流转仍以承包户之间调剂余缺为主，是不同形式的农民家庭根据自家
资源禀赋优化配置土地资源的主要举措。这样的土地流转增加了家庭经营
的弹性，有利于形成一种自发的土地流转秩序。不仅如此，各地通过推进
三权分置改革，创新农地经营模式，发展新型农业主体，构建新型农业经
营体系，在家庭经营的基础上推动着农业现代化的持续前进。

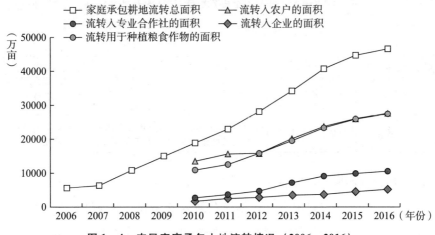

图1－4　农民家庭承包土地流转情况（2006～2016）

资料来源：土流网，www. tuliu. com/data/natrnalwhere. html。

1. 白水县的土地托管模式

白水县位于渭北地区，处于关中平原与陕北高原的过渡地带，是苹果
主产区。2014年以来，白水县开始推行土地托管模式，主要采取半托和全
托两种形式。半托模式指的是承包果园仍由农民家庭经营，果园管理由企
业或合作社统一提供技术标准、配备农资，成熟后的苹果可由农户自由决
定出售给企业、合作社或其他市场利益主体。半托模式解决的关键问题是
农民不懂农业科技，不知技物配套，只能粗放经营果园的难题。通过参与
半托，农民可以知悉果园管理的整个流程和全套技术，能够通过合作社或
企业购买到符合技术要求的农资，得到及时的技术服务，从而提升果园产
量和果品质量。同时，半托模式可以避免农民滥用农药、化肥，优化农户
的资本要素投入，减少不必要的货币支出。全托模式指的是农户与合作社

或企业事先签订合同，根据果园经营状况约定保底产量和收益分红比例后，将承包果园交给合作社或企业统一经营。苹果成熟后，农民可以享有"保底＋分红"两份收入。一般情况下，全托模式要求果园可以连片经营，以方便使用农业机械。[1] 不同农地经营模式的对比分析如表1－2所示。

表1－2　不同农地经营模式的对比分析

	白水县土地托管模式		射阳县联耕联营模式	崇州市农业共营模式
	半托模式	全托模式		
土地	分散、自营	连片、他营	连片、自营	连片、他营
劳动力	自雇	他雇	自雇	他雇
资本（农资等）	自购	他购	自购	他购
农民权益	成本减少、收益增加	保底＋分红	成本减少、收益增加	分红
农业现代化	科技化程度提高	科技化、机械化程度提高	科技化、机械化程度提高	科技化、机械化程度提高

2. 射阳县的联耕联营模式

2013年，江苏省射阳县开始推广联耕联营模式。联耕联营是以农户自愿为前提，由村组干部统一组织，以挖除田埂、重定地界、土地集中、连片种植为基本措施，并由合作社等新型农业经营主体提供专业的社会化服务的实践模式。联耕联营模式中，农户享有农地经营权和田间管理权；合作社等新型农业经营主体负责提供农业科技和农业机械等社会化服务；村组干部一是负责协调农户利益，重定地界，推动土地由分散到集中连片经营，二是负责联系农户和社会化服务组织，充当第三方，使农民能够得到及时的社会化服务。2015年，射阳县已有超过1/3的水稻种植和超过半数的小麦种植实现了联耕联营。联耕联营相对于单纯的农户分散经营具有明

---

① 白水县的土地托管模式研究可以参见曾红萍《托管经营：经济作物中小农经营现代化的新走向》，《西北农林科技大学学报》（社会科学版）2018年第5期。大宗粮食产区的土地托管研究可以参见陈义媛《土地托管的实践与组织困境：对农业社会化服务体系构建的思考》，《南京农业大学学报》（社会科学版）2017年第6期；孙新华《村社主导、农民组织化与农业服务规模化——基于土地托管和联耕联种实践的分析》，《南京农业大学学报》（社会科学版）2017年第6期；等等。

显的优势：一是可以降低成本支出，减少机械作业和良种购买成本；二是通过采用育秧和插秧技术，提高稻麦两季的产量 250 斤以上；三是可以提高农产品质量，提升产品市场竞争力和市场售价。根据射阳县农委的估算，联耕联营土地的亩均收益每年至少增加 500 元。[①]

3. 崇州市的农业共营模式

2010 年起，四川省崇州市逐渐探索建立了多元主体共同经营农地的农业共营模式。首先，以家庭承包经营为基础，以农户自愿为前提，将土地承包经营权折资折股组建土地股份合作社。其次，由合作社公开招聘农业职业经理人，与其签订经营合同，商定产量指标、生产费用、奖赔规定等内容；由农业职业经理人负责提出并执行经过合作社理事会同意的生产计划。日常经营由农业职业经理人负责，并接受合作社社员和监事会的监督。而农业职业经理人由地方政府负责选拔、培训、认定和管理及给予政策支持。在收益分配方面，合作社与农业职业经理人之间采取除本分红的分配方式，即将收益扣除生产成本后，剩余纯收入按照 1∶2∶7 的比例进行分配，其中 10% 为合作社提取的公积金、风险金及工作经费；20% 为农业职业经理人的佣金；70% 为农户的土地入股分红。最后，组建综合性农业社会化服务公司，整合公益性和社会化农业服务资源，建立集农业技术咨询、农业劳务、全程机械化、农资配送、病虫统治等于一体的"一站式"服务超市，实现耕、种、管、收、卖等环节多样化服务需求与供给的有机对接。[②]

（二）家庭经营的弹性空间拓展与渐进的农地规模化经营

从表 1 - 2 可见，上述三种农地经营的创新模式，都在不同程度上优化了小农户从事农业生产活动的制度环境，拓展了家庭经营的弹性空间，增强了小农户适应现代农业发展的能力，具体表现在以下几个方面。一是小农户可以根据家庭劳动力的实际状况，综合考虑留守村庄务农收益和外出就业收入水平，斟酌权衡后选择最优的家庭劳动力配置模式。他们既可以将全部劳动力用于从事农业生产活动，不断通过转入土地等方式扩大农地

---

① 刘洋、贺雪峰：《以农民为主体的农业现代化——射阳县联耕联种调查》，华中科技大学出版社，2017。

② 罗必良：《农业共营制：新型农业经营体系的探索与启示》，《社会科学家》2015 年第 5 期。

經營規模，也可以將土地入股合作社或全托給新型農業經營主體獲得分紅或"保底+分紅"的農業收益，並將閒置出來的勞動力用於非農就業以增加工資性收入，[①] 從而綜合提升家庭勞動力的勞動報酬率，提高家庭經濟收入總水平。二是小農戶如果選擇留守村莊繼續從事農業生產活動，也可以借力新型農業經營主體，減少農資、機械等資本投入數量，減輕他們的資本要素投入壓力，並通過科學種田、規範管理提高畝均產量和產品質量，提升家庭經營的資本報酬率。三是制約小農戶發展的外在約束性條件得到不斷改良，小農戶可以越來越多地採用現代農業科技、現代農業機械等現代農業生產要素，推進家庭經營的升級換代，加快構建現代小農經濟發展模式。

同時，這些農地經營創新模式也說明，農業現代化不一定非要不顧人地關係緊張的基本國情，走美國式的大農場模式，一味追求農地大規模經營的發展道路。立足農村土地家庭承包分散經營的客觀實際，充分尊重農民的自主選擇權，也可以漸進實現農業的現代化：一方面，通過土地入股成立合作社或土地委托經營、托管經營及自發流轉等形式，逐步穩妥地提高土地適度集中和規模經營的水平；另一方面，通過培育和發展從事服務活動的新型農業經營主體或提高合作社、企業等新型農業經營主體的社會化服務能力，既可以增加家庭經營的靈活性和適應性，滿足兼業化、異質化農民家庭的多元化需求，又可以提升農業生產的服務規模化經營水平，即以服務規模化經營的方式為從事農業生產活動的農戶提供全程配套的社會化服務，進而提高農業機械化、農技科學化和農機裝備現代化的水平。因此，農業現代化應該有兩種發展模式，一是捨棄小農戶、土地集中、大農場經營的生產規模化模式；二是與家庭經營相適應，小農戶與社會化服務組織協同推進，多元利益主體分工合作並共享農業發展收益的服務規模化模式。而上述農地經營制度創新發展的實踐證明，後者更符合當前的中國國情，是中國農業現代化的特色模式。

---

① 在四川省崇州市，2012 年和 2013 年，全市外出務工農民工數量分別增長了 11.78% 和 12.98%。參見羅必良《農業共營制：新型農業經營體系的探索與啟示》，《社會科學家》 2015 年第 5 期。

四　中国特色社会主义农业现代化
模式的形成

改革开放 40 多年来，家庭经营的活力得到持续激发，农业现代化稳步推进，中国农村正在形成小农户与现代农业发展有机衔接的体制机制。

首先，家庭经营的发展动力始终存在。虽然兼业化、老龄化和妇女化经营给中国农业发展带来了一定的负面影响，但是以小农户为基础的家庭经营仍然拥有持续发展的生命力。仅从 1990 年以来稻谷、小麦和玉米三种粮食作物的成本收益情况（见图 1-5、图 1-6、图 1-7）来看：第一，三种粮食作物的亩均净利润波动幅度较大，其中尤以玉米最为显著；第二，每亩土地用工量稳步下降，三种粮食作物平均每亩用工量已下降 2/3 以上，资本替代劳动的趋势明显；第三，稻谷、小麦和玉米经营中的劳动报酬均稳步持续提升，整体来看，三种粮食作物的平均劳动报酬已经从每日 2.9 元上升到每日 83.2 元。[①]　其中，亩均净利润大幅波动与劳动报酬稳步提升并存的现象反映出以家庭经营为基础的小规模经营相比以资本实力为后盾的大规模经营依然具有发展优势：亩均净利润波动幅度大的直接原因是三种粮食作物的市场价格波动幅度过大，特别是小麦和玉米。从亩均净利润来讲，家庭经营也可能会收益为负，但是如果加上自营地折租和家庭用工折价这两个也在持续上升的变量带来的影响，小农户从土地家庭经营中获得的货币收入的波动幅度就会明显降低，现金收益仍能得到一定的保障。这说明，中国农业并没有陷入劳动力无限投入边际报酬率持续降低所带来的"无发展的增长"的内卷化困境；[②]　农民家庭通过在农业与非农领域合理调配劳动力既保证了家庭经济收入水平的稳步提升，也推动着中国农业持续发展。

---

① 微观层面的经验研究也有类似的发现，参见张建雷《发展型小农家庭的兴起》，法律出版社，2018。

② 黄宗智：《三大历史性变迁的交汇与中国小规模农业的前景》，《中国社会科学》2007 年第 4 期。

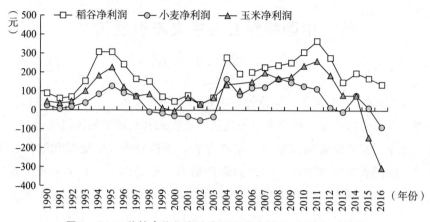

图 1 - 5　三种粮食作物亩均净利润变化情况（1990～2016）
资料来源：历年《全国农产品成本收益资料汇编》。

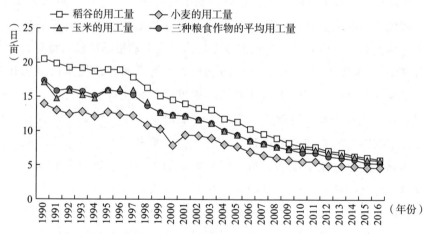

图 1 - 6　三种粮食作物亩均用工量的变化情况（1990～2016）
资料来源：历年《全国农产品成本收益资料汇编》。

其次，农业现代化程度稳步提升。"农业现代化"最早是在第一届全国人大政府工作报告中提出的，自此以后就成为指导中国农业发展的基本目标。然而，学界对"什么是农业现代化"的认识一直没能达成共识，比较主流的认识是"用现代农业经营管理理念谋划农业，用现代物质条件装备农业，用现代科学技术改造农业，用现代产业体系提升农业，推进传统农业向现代农业转变"。但是，这种认识是以一种"高、大、全"的农业发展方式替代多元化的农业现代化实现方式，容易误导人们忽视农业现代化实

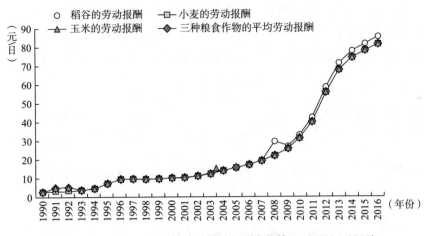

图1－7　三种粮食作物的日均劳动报酬变化情况（1990～2016）

资料来源：历年《全国农产品成本收益资料汇编》。

现过程中的路径选择。[①]　其实，中国农业在家庭经营的基础上已经开启了现代化的进程，并取得了显著的成效。从宏观数据来看，1978年以来，中国农业现代化的进展可以从以下几个层面进行理解。一是农产品的商品化率不断提升，1991～2015年，三种粮食作物的平均商品化率从49.2%提升到90.04%，其中，玉米的商品化率最高，达到98.26%，稻谷的商品化率最低，但也达到82.69%。同时，经济作物的商品化率更高，以苹果为例，同期已经从58.9%提升到99.20%（见图1－8）。这说明，农民家庭从事农业生产活动的目的不再是满足家庭消费的直接需要，而是面向市场积极参与市场交换活动，农民参与市场的程度不断加深。二是农业科技贡献率稳步提升，2017年已经达到57.5%。按照《全国农业现代化规划（2016—2020年）》的要求，到2020年农业科技贡献率将进一步提升到60%，与发达国家的水平将更加接近。三是农业机械化率持续提升，全国农作物耕种收综合机械化水平从2005年的35.93%已经提高到2015年的63%，而到2020年则将进一步达到70%。其中，到2012年，小麦、稻谷和玉米三种粮食作物的耕种收综合机械化水平已经分别达到93.21%、68.82%和74.95%（见图1－9）。四是农机装

---

①　钟水映、王雪、肖晓梅：《中国农业现代化的再思考与顶层制度设计》，《武汉大学学报》（哲学社会科学版）2013年第6期。

备的现代化程度也不断得到提高，在农用机械总动力持续增加的同时，大中型拖拉机及其配套农具和联合收割机的数量一直在稳步增加，而小型拖拉机的数量则在 2011 年升到顶点后呈现逐渐下降的发展态势（见图 1 – 10）。

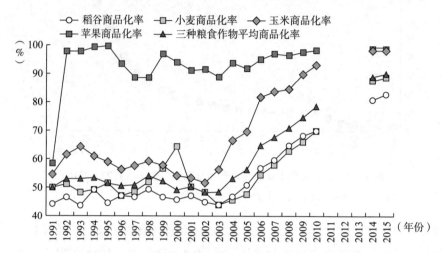

图 1 – 8 主要粮食作物和经济作物商品化率的变动情况

资料来源：历年《全国农产品成本收益资料汇编》。

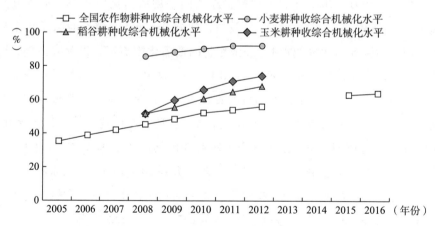

图 1 – 9 三种粮食作物及全国农作物耕种收综合机械化
水平变化情况

资料来源：2005～2012 年的数据，参见农业部农业机械化管理司、中国农业大学中国农业机械化发展研究中心《全国农业机械化统计资料汇编（2005 – 2013）》，中国农业科学技术出版社，2016。2015 年和 2016 年的数据参见《全国农业现代化规划（2016—2020 年）》。

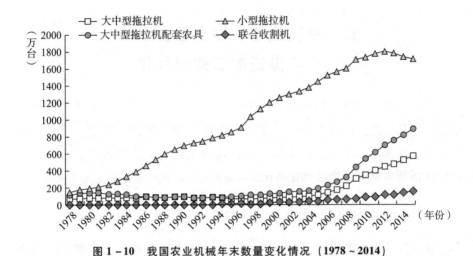

图 1 - 10 我国农业机械年末数量变化情况 (1978 ~ 2014)

资料来源:《全国农业机械化统计资料汇编 (2005 - 2013)》和《全国农业现代化规划 (2016—2020 年)》。

　　最后,中国特色社会主义农业现代化的模式正在加速形成。结合上文所述,中国特色社会主义农业现代化模式可以初步概括为"家庭经营为基础,社会化服务组织为保障"的统分结合模式。该模式是对改革开放后形成的以"家庭承包经营为基础,统分结合的双层经营体制"为核心内容的中国农村基本经营制度的完善和发展,具有两个显著特征。一是渐进的土地集中和规模经营速度。虽然规模农业经营户的数量在快速增加,但是受小农户绝对数量依然庞大和土地流转依然主要在农户间发生等因素的影响,农村土地集中的速度相对较慢,生产规模化比例的提升过程是渐进的,整体水平仍然不高。二是稳步推进的服务规模化水平。随着合作社、企业等新型农业经营主体和服务主体的快速发展,新旧社会化服务组织联合发力,新型农业经营体系不断健全,为家庭经营提供社会化服务的能力得到持续强化,进而以服务规模化引领农业现代化,将小农户纳入现代农业发展轨道的模式日益成熟,推动着农业现代化水平稳步提升。这种农业现代化模式兼顾了小农户的发展权益,是以人为本和以农民为主体的发展理念的一种具体体现形式,显示出社会主义制度的优越性。

五 家庭经营、城乡融合发展
与渐进的农业现代化

家庭经营的弹性结构有助于推动中国特色社会主义农业现代化模式的形成。但是，渐进的农业现代化是否适应城乡融合发展的需要，是否能够与新型城镇化及国家实施的乡村振兴战略协同推进共同发展呢？这需要采取整体论的研究思维加以辩证分析。

（一）弹性的家庭经营与中国的新型城镇化

在弹性的农民家庭经营结构中，以类型 B 为代表的"半工半耕"型家庭经营模式被视作中国城镇化不充分的重要表现，是中国"半城市化"① 现象形成的关键原因。然而，农民通过家庭内部的代际分工，在农业与非农就业领域均衡配置劳动力资源，这是农民顺应城镇化和工业化发展形势，理性不断扩张的自主选择。改革开放以来，农民工为中国快速的城镇化做出了历史性贡献，但是城镇的吸纳能力依然有限，市区房地产价格不断上涨，市民生活成本持续增加，数量众多的农民工在城镇就业，却难以支付教育、医疗等费用，难以在城镇完成家庭劳动力的再生产。半工半耕的兼业农民脚踩城镇和农村"两只船"，以子代进城打工和父代在家务农的代际分工方式安排家计模式，具有重要的现实意义。一是父代可以为子代的城镇化提供持续的物质支持。父代在家务农，意味着他们不需要子代从原本不多的工资中拿出一部分赡养老人，还可以帮助子代照顾留守在家的孙辈，减少子代的经济压力。另外，勤俭节约的父代还会为子代提供源源不断的米面油等生活资料的支持，为帮助子代渡过城镇化过程中的重要端口（如买房等）而将多年的积蓄拿出来以提供直接的经济支持。二是父代留守村庄务农，也为子代城镇化失败留下退路，使子代在无法通过当代人努力奋斗顺利进城定居的情况下，依然有返回家乡从事农业生产活动的机会。

因此，中国城镇化模式的特色与"新"就集中体现在其弹性上。弹性

---

① 王春光：《农村流动人口的"半城市化"问题研究》，《社会学研究》2006 年第 5 期。

城镇化的重要体现是农民可以在城乡之间自由选择，进退有据。如果宏观经济形势发展良好，城镇吸纳就业能力持续增强，城镇化就会进入扩张期，更多的农民就能顺利进城；反之，城镇化速度就会下降，进城务工的农民还可以返回村庄。可伸可缩的城镇化发展模式，使中国可以避免大量农民工滞留城市生活在贫民窟而危及社会稳定，使中国能够保持城镇化进程的稳健有序。从中可见，农民的城镇化是一种接力模式，他们以家庭为单位，以半工半耕为生计安排，以村庄为根基，以城市为目标，通过接力式的代际支持实现家庭进城的梦想。[①] 对于一个具体的农民家庭来说，一代人、二代人……，他们会以接力的方式追逐着进城梦想。

　　农民接力式进城模式说明，半工半耕的农民家庭兼业经营现象将伴随中国渐进城镇化的整个过程。1993～2015 年，中国城镇化率从 27.99% 提升到 56.1%，农业兼业户和非农兼业户的比例从 43.99% 微掉到 40.96%。由此可见，农业现代化必须立足农民兼业还将长期存在且小农户数量依然庞大的发展现实，从推进其与城镇化、工业化协同发展的角度去规划设计。结合农民家庭代际分工的情况，农业现代化的渐次推进将有两条演化路径。一是不断优化农民工在城镇的发展空间，为子代进城创造条件。通过不断优化城镇化和工业化发展质量，破除束缚农民工发展的制度障碍，提高他们的工资待遇，赋予其与市民均等的公平待遇，使他们能够不依赖父代的务农收益也可以在城镇过上体面的生活，实现全家的进城梦想。如此，父代就有条件退出农业生产活动，兼业农民就能脱离农业并在城镇扎根，从而为土地的集中和规模经营创造机会。二是不断推进农地制度创新，推进新型农业经营体系建设，为父代从事农业生产活动提供方便。通过发展土地股份合作社或推行委托经营制，在确保农民土地收益权的基础上使农户承包地能够适当地集中起来，逐步推进土地生产的规模化。或者通过发展新型农业经营主体和服务主体，加强其社会化服务能力建设，使老人和妇

---

①　夏柱智、贺雪峰：《半工半耕与中国渐进城镇化模式》，《中国社会科学》2017 年第 12 期；王德福：《弹性城市化与接力式进城——理解中国特色城市化模式及其社会机制的一个视角》，《社会科学》2017 年第 3 期；张建雷：《接力式进城：代际支持与农民城镇化的成本分担机制研究——基于皖东溪水镇的调查》，《南京农业大学学报》（社会科学版）2017 年第 5 期。

女能够更方便地从事农业生产活动,以服务规模化供给的方式推进农业现代化。

(二)家庭经营与乡村振兴的阶层基础

以类型 C 为代表的中坚农民的家庭经营模式在农村造就的是一个通过土地自发流转形成的"适度规模经营群体"。中坚农民的土地经营规模略低于以家庭农场为典型代表的规模农业经营户,但他们依靠土地产出可以获得与兼业农户均等或稍高的家庭经营收入。这样的家庭经济收入可以确保他们成为农村社会的"中间阶层",使村庄内部保持低度分化。中间阶层普遍产生于农业社会向工业社会结构转型的过程中,具有缓和社会矛盾和调解阶层冲突的功能。因此,中间阶层被视作一种具有缓冲功能和安全阀意义的社会力量。[1] 在城乡二元结构下,农村社会在工业化的过程中也存在一个以中坚农民为主体,并可覆盖到半工半耕的农民群体的中间阶层,他们构成农村政治社会稳定的阶层基础。[2] 这个源自农村社会内部的中间阶层,在农村社区发展与基层社会治理中发挥着重要作用:他们认同社会的主流价值观,是国家涉农政策的积极响应者;他们处于农村社会阶层结构的关键位置,是调和上下阶层矛盾,整合不同社会阶层利益诉求的重要力量;他们拥有广泛的社会关系,拥有较强的社会影响力,是村庄治理可以依靠的力量。[3] 因此,农村中间阶层也构成新时期落实国家乡村振兴战略的阶层基础。

同时,中坚农民也处于家庭经营弹性结构的关键位置,是渐进的农业现代化必须谨慎对待的关键群体。中坚农民是农村土地自发流转的受益者,流转入的土地主要来源于"进城户"、非农户和"半进城户"。"半进城户"即半工半耕的农户,家里虽有留守老人经营农业,但是务农劳动力已经年老力衰,能够耕作的土地面积相对有限,只能把部分土地流转出去。如果"半进城户"进城失败,子代返乡想要经营土地,也能顺利地从中坚农民手

---

① 张宛丽:《中间阶层:具有缓冲与示范功能的社会力量》,《中国党政干部论坛》2005 年第 10 期。

② 杨华:《中国农村的"半工半耕"结构》,《农业经济问题》2015 年第 9 期。

③ 赵晓峰:《新型农民合作社发展的社会机制研究》,社会科学文献出版社,2015。

中拿回承包地的经营权。这种自发形成的可逆的土地流转秩序，不仅促生了适度规模经营的中坚农民群体，而且为"半进城户"有进有退的城镇化提供了制度保障。根据我们近 20 年的农村调查经验来看，中坚农民占农户的比例多在 10%，其中在城镇化程度较高、土地关系相对宽松的地区，这个比例会有所上升。[①] 中坚农民以农为生，为了获取理想的家庭经济收入，既会想方设法扩大土地经营面积，也会主动采用农业新技术，是职业农民队伍的重要构成部分。但是，农业现代化不仅要考虑农业效率和劳动报酬率，还要考虑农民的出路问题，必须将农业和农民、农村问题统筹考虑。如果为了培育中坚农民、家庭农场与种粮大户，将土地交给少数人经营，那么两亿多家小规模农业经营户将何去何从？如果小农户的就业与发展权益未能得到有效保护，农业现代化引发的经济社会矛盾有可能比其解决的矛盾更多、更复杂、更难以处理。[②] 因此，农业现代化应该维护农村自发的土地流转秩序，稳中有序扩增中坚农民的群体数量。随着越来越多的进城农民工在城镇定居下来，中坚农民的数量还会不断扩增，并且他们也会稳步有序地转化成从事规模经营的家庭农场或其他规模农业经营主体（类型 D），成为推动农村土地集中和规模经营的重要力量。

（三）家庭经营与渐进的农业现代化

综上所述，以小农户为主体的农民家庭凭借各自不同的资源禀赋，拥有不同的自主发展机会空间。而由他们所形塑的从类型 A 到类型 D 有序排列的家庭经营结构，是一个发展型结构。对于单个的农民家庭而言，他们凭借全家人的努力有机会实现家庭经营模式的转换，实现阶层地位的流动，实现进城梦。对于城乡社会而言，农民既可以有序进城，稳步推进中国的城镇化建设，也可以留守村庄，成为振兴乡村的主体力量。因此，家庭经营伸缩自如的弹性特征，赋予其极度的灵活性。这将使家庭经营能够适应城乡融合的体制机制创新，使农民有条件作为能动的主体参与城乡一体化的历史发展进程。

---

① 夏柱智、贺雪峰：《半工半耕与中国渐进城镇化模式》，《中国社会科学》2017 年第 12 期。

② 陈锡文：《我国城镇化进程中的"三农"问题》，《国家行政学院学报》2012 年第 6 期。

随着城乡一体化进程的不断加快，中国特色社会主义农业现代化的进程也将持续推进。在土地集中和生产规模化方面，随着农村人口比重和农业就业人口比重的持续下降，半工半耕的农民更多地将土地流转出去，类型 C 和类型 D 所代表的家庭经营模式将更加普遍，小农户为基础的连片经营现象也会逐渐增多，土地股份合作社也有机会发展起来。同时，也要看到，土地集中与规模经营在中国农村仍有一段较长的路要走，对此仍需历史的耐心。同为亚洲国家，日本早在 1961 年就出台了促进小规模兼业户退出以扩大农地经营规模的《农业基本法》，并将此作为 50 余年来始终坚持不曾中断的重要政策目标。然而，日本农户的兼业化和农民的老龄化问题不仅没能缓解，日本农户的平均耕地规模也未能达到理想的预期，1960～2015 年，户均耕地面积仅从 0.88 公顷增加到 2.20 公顷。因此，日本的农地集中被拖延了半个世纪，至今仍没能摆脱小农生产为主的格局。[1] 但是，小农生产既没有阻碍日本的城镇化进程，也没有阻碍日本成为工业化强国，相反的是其成为日本现代化进程中城乡社会保持稳定的重要影响因素。[2] 因此，对于中国这样一个人口规模庞大，小农户占多数的转型国家来讲，农地集中和规模经营更将是一个渐进的、缓慢的过程，不可能一蹴而就。

但是，在服务规模化方面，中国农业完全有可能探索出一种适应国情和民情的现代化模式，从而在促进小农户有序发展的基础上推进农业现代化各项指标的提升。服务规模化有助于破除束缚小农户发展的外在约束性条件，增强小农户适应现代农业发展的能力。如果国家能够不断健全农业扶持政策，通过制度安排培育农业社会化服务组织，提升为小农户从事农业生产活动提供规模化服务的能力，就能在新形势下发挥出小农经济制度保护小农户利益的积极功能，帮助小农户融入现代社会，并在家庭经营的基础上推动农业现代化和工业化、城镇化协同发展。

---

[1] 叶兴庆、翁凝：《拖延了半个世纪的农地集中——日本小农生产向规模经营转变的艰难历程及启示》，《中国农村经济》2018 年第 1 期。

[2] 同样的发展经验也适用于法国等欧洲国家。参见孟德斯鸠《农民的终结》，李培林译，社会科学文献出版社，2010。

六　结论与讨论

本章论述主题是农业现代化，是对我们近年有关现代农业发展与农村社会变迁关联研究的理论总结。工业化的快速发展，使中国城市已经进入资本过剩和产能过剩时代。剩余资本为了追逐利润，紧跟社会主义新农村建设的步伐，进入农业领域，成为推动农地规模流转、发展规模农业的关键力量。但由此引发的农村社会结构变迁，对农村发展和农民权益产生的影响，亟待学界给予真正契合中国国情和民情的理论回应。已有研究过于关注农业现代化过程中的规模经营指标，将农民视为被动的主体，忽视了小农户的发展权益，忽略了家庭经营的弹性结构，倾向于通过制度安排和政策引导，推动农地集中和规模经营。本章从农民家庭经营的类型切入，通过阐述家庭经营弹性结构的特征及其演化逻辑，指明家庭经营具有极强的灵活性和适应能力，农民能够成为能动的主体积极参与农业现代化的发展实践。中国农业能够在家庭经营的基础上，兼顾小农户的发展权益，探索出一条渐进的现代化模式。

渐进的农业现代化模式，符合以人为本的发展理念，是在尊重农民意愿、充分发挥农民主体能动作用的基础上形成的。这种模式既有助于破除束缚小农经济发展的外在约束性条件，增强小农户适应现代农业发展的能力，推动中国特色社会主义现代小农经济理论的形成，也有助于提高农业机械化、科技化、商品化和农机装配现代化的水平，丰富对农业现代化发展理论内涵的认识。同时，渐进的农业现代化为小农户尤其是子代进城务工的半工半耕农户提供了进城与返乡的自由，避免其大规模被动滞留城镇而使中国城镇化走上发展中国家普遍出现的贫民窟及政治社会动荡不断的发展道路。在中国经济规模快速扩大、工业发展质量稳步提升的情况下，渐进的农业现代化模式是中国特色社会主义制度优势的生动体现，而这也将以中国经验丰富我们对马克思主义经典作家有关小农经济的理论认识，为农业商品化和资本化及农村现代化过程中的阶级分析学说提供新的理论思考。

第二章　嵌入性视角下新型农业经营
主体的发展机制[*]

一　问题的提出

新型农业经营主体作为构建我国集约化、专业化、组织化、社会化农业经营体系的关键，是实现我国农业现代化的重要力量，对于我国深入推进农业供给侧结构性改革、加快构建新型农业经营体系有着极为重要的影响。在党的十九大报告中，明确提出了"培育新型农业经营主体，健全农业社会化服务体系，实现小农户和现代农业发展有机衔接"的新思想。在新形势下，如何进一步推动新型农业经营主体的发展，发挥其带动小农户发展现代农业的引领作用，逐渐成为当前农村经济社会发展的热点问题。

在相关研究中，研究者将新型农业经营主体定义为通过土地流转形成的，具有相对较大经营规模、较好物质装备条件和经营管理能力，以商品化生产为主要目标的农业经营和服务组织，主要包括专业大户、家庭农场、农民合作社和农业企业等类型。[①] 在特征上，研究者们多指出了新型农业经营主体在经营方式上区别于传统小规模家庭经营的规模化、专业化、集约化、商品化特征，强调其克服传统小规模家庭经营局限，实现以小农户为

---

[*] 本章内容由张建雷、席莹撰写，曾以《基于嵌入性视角的新型农业经营主体发展研究》为题发表于《改革》2018 年第 6 期。

[①] 楼栋、孔祥智：《新型农业经营主体的多维发展形式和现实观照》，《改革》2013 年第 2 期；宋洪远、赵海：《新型农业经营主体的概念特征和制度创新》，《新金融评论》2014 年第 3 期。

基础的农业经营体系转型升级的功能,[①]并分别侧重从家庭经营、合作经营和企业经营等角度对不同类型新型农业经营主体的经营实践进行分析,探析了不同类型新型农业经营主体的具体组织形态。[②]

另一些研究者从不同视角对新型农业经营主体的发展机制进行了分析。其中,经济视角的分析认为,专业大户、家庭农场、农民合作社和农业企业等新型农业经营主体通过"横向一体化"、"纵向一体化"及"农业共营制"等多种合作模式,能够有效实现农业规模经济,优化农业资源配置效率。[③]社会视角的研究聚焦于探讨新型农业经营主体与乡村社会的互动过程,分析了新型农业经营主体的兴起对小农户及乡村社会的影响,[④]并指出乡土社会关系网络对于降低新型农业经营主体的组织成本,促进新型农业经营主体发展的重要意义。[⑤]政治视角的研究指出,国家颁布的扶持政策为新型农业经营主体的兴起提供了重要的政策资源支撑,当前我国新型农业经营主体的迅速发展更是国家推动农业治理转型的结果。[⑥]

[①] 黄祖辉、俞宁:《新型农业经营主体:现状、约束与发展思路——以浙江省为例的分析》,《中国农村经济》2010年第10期;张红宇:《新型农业经营主体发展趋势研究》,《经济与管理评论》2015年第1期。

[②] 苑鹏:《中国农村市场化进程中的农民合作组织研究》,《中国社会科学》2001年第6期;张晓山:《农民专业合作社的发展趋势探析》,《管理世界》2009年第5期;黄宗智:《中国新时代的小农场及其纵向一体化:龙头企业还是合作组织?》,《中国乡村研究》2011年第8辑;温铁军:《农民专业合作社发展的困境与出路》,《湖南农业大学学报》(社会科学版)2013年第4期;朱启臻、胡鹏辉、许汉泽:《论家庭农场:优势、条件与规模》,《农业经济问题》2014年第7期。

[③] Alchian, A. A. & H. Demsetz, "Production, Information Costs, and Economic Organization," *American Economic Review* 1972 (5);罗必良、李玉勤:《农业经营制度:制度底线、性质辨识与创新空间——基于"农村家庭经营制度研讨会"的思考》,《农业经济问题》2014年第1期;苑鹏、张瑞娟:《新型农业经营体系建设的进展、模式及建议》,《江西社会科学》2016年第10期。

[④] 贺雪峰:《为谁的农业现代化》,《开放时代》2015年第5期;黄宗智:《中国农业发展三大模式:行政、放任与合作的利与弊》,《开放时代》2017年第1期。

[⑤] 韩启民:《城镇化背景下的家庭农业与乡土社会——对内蒙赤峰市农业经营形式的案例研究》,《社会》2015年第5期;徐宗阳:《资本下乡的社会基础——基于华北地区一个公司型农场的经验研究》,《社会学研究》2016年第5期。

[⑥] Johan F. M. Swinnen & Scott Rozelle, "Governance Structures and Resource Policy Reform: Insights from Agricultural Transition," *Annual Review of Resource Economics* 2009 (1);熊万胜:《合作社:作为制度化进程的意外后果》,《社会学研究》2009年第5期;黄宗智、龚为纲、高原:《"项目制"的运作机制和效果是"合理化"吗?》,《开放时代》2014年第5期。

总的来看，既有研究从不同层面对新型农业经营主体的内涵、特征及发展机制进行了探讨，深化了学界对新型农业经营主体的认识。但是，在关于新型农业经营主体发展机制的研究中，既有的研究视角较为单一，或侧重经济视角，或侧重政治、社会视角，从而难以形成对新型农业经营主体发展机制的完整认识。此外，既有研究较少关注新型农业经营主体和小农户的关系问题。为此，本章将综合运用嵌入性视角，以陕西省 B 县苹果产业为例，系统探析新形势下新型农业经营主体的发展机制，并在此基础上，分析其带动小农户构建新型农业经营体系、发展现代农业的内在逻辑。

二 嵌入性理论：一个综合分析框架

嵌入性理论是经济社会学解释经济行动的一个重要理论视角。波兰尼认为，人的经济行为是由社会所形塑和定义的，经济关系嵌入社会关系之中。① 据此，波兰尼提出了经济行动的社会性嵌入问题。其后，格兰诺维特进一步提出"经济行动嵌入社会结构"的观点，强调人的社会关系属性，指出建立在信任、亲属及朋友关系基础上的社会关系网络对于经济行动和经济制度的重要影响。② 不过，格兰诺维特对于嵌入社会关系的具体经济行动关注甚少，他并未具体说明究竟何种社会关系怎样影响经济行动。③ 乌兹对此进行了具体的操作化研究。乌兹将社会性嵌入作为一个变量，集中探讨了社会网络中关系的性质和联结机制对企业资本获得的具体影响机制，阐明了市场的社会建构过程。④

然而，在格兰诺维特等人对嵌入性理论的分析中，过于强调社会关系网络对于经济生活的影响，忽视了社会结构中权力、文化和制度等因素的重要作用。弗雷格斯坦指出，国家以及企业之间的本土性博弈观念在市场

---

① 卡尔·波兰尼：《大转型：我们时代的政治与经济起源》，冯钢、刘阳译，浙江人民出版社，2007。
② 马克·格兰诺维特：《镶嵌：社会网与经济行动》，罗家德等译，社会科学文献出版社，2015。
③ 符平：《市场的社会逻辑》，上海三联书店，2013。
④ Uzzi, B., "Embeddedness in the Making of Financial Capital: How Social Relations and Networks Benefit Firms Seeking Financing," *American Sociological Review* 1999（4）.

形成过程中有着重大的影响力，市场的形成不仅仅是国家政治建构的一部分，也是本土性文化的反映。① 弗雷格斯坦将自己的方法称为"政治－文化方法"，旨在通过政治与文化嵌入的研究，弥补关系网络分析对社会结构多重属性及整体性特征的忽视。弗雷格斯坦进一步丰富和扩展了嵌入性理论的分析视域，提出了一个更具包容性的综合分析框架。弗雷格斯坦关于嵌入性的综合分析方法也被国内学者所采用。在对弗雷格斯坦理论的修订和完善基础上，研究者们先后对我国市场秩序的构建过程展开了分析，综合考察了社会结构中政治、社会、文化等因素对经济行动的影响及作用机制。②

　　新型农业经营主体作为以商品化生产为主要目标的农业经营组织，已经成为我国农产品市场的重要供给主体。同时，在当前国家深入推进农业供给侧结构性改革的新形势下，作为构建新型农业经营体系、实现国家农业现代化目标的重要力量，新型农业经营主体的发展亦离不开政府的政策扶持。在此意义上，弗雷格斯坦的"政治－文化"分析，对于我们理解新形势下新型农业经营主体的发展更具启示意义。不过，考虑到农业生产的社区性特征，③ 乡土社会关系网络对于新型农业经营主体的发展亦有着极为重要的影响。④ 因而，本章将结合政治、文化和社会因素的考察，综合运用嵌入性视角展开对新形势下新型农业经营主体发展机制的研究。

　　在具体的分析维度上，鉴于实现农业资源的有效配置是新型农业经营主体发展的重要前提，本章将立足于新型农业经营主体的社会资源体系，将农业资源的配置过程不仅仅视作一种市场价格机制，亦视作一种政治社会建构过程，在充分吸收已有理论资源的基础上，从政治嵌入、关系嵌入和文化嵌

① 尼尔·弗雷格斯坦：《市场的结构：21世纪资本主义社会的经济社会学》，甄志宏译，上海人民出版社，2008。
② 熊万胜：《体系：对我国粮食市场秩序的结构性解释》，中国政法大学出版社，2013；赵晓峰、孔荣：《中国农民专业合作社的嵌入式发展及其超越》，《南京农业大学学报》（社会科学版）2014年第5期。
③ 孙新华：《农业规模经营的去社区化及其动力——以皖南河镇为例》，《农业经济问题》2016年第9期。
④ 徐宗阳：《资本下乡的社会基础——基于华北地区一个公司型农场的经验研究》，《社会学研究》2016年第5期。

入的多维分析框架下展开分析。① 在本章中，政治嵌入主要涉及新型农业经营主体所面临的制度环境及相应的政策资源等方面，关系嵌入主要关注新型农业经营主体的社会关系网络及社会资本状况，文化嵌入主要强调新型农业经营主体在社会共享的关于产业发展价值观和行为规范影响下的发展目标和理念。

三 新型农业经营主体发展的多重嵌入机制

B 县位于陕西省东北部，关中平原与陕北高原过渡地带，是我国优质苹果主产区。全县下辖 7 个镇 1 个街道办事处，124 个行政村，耕地面积为 72 万亩，总人口为 30 万人，农业人口为 23 万人。目前，全县苹果种植面积总计 55 万亩，占全县总耕地面积的 76.4%，农民人均种植面积为 2.4 亩，苹果年均产量为 60 万吨左右，年均出口 20 万吨，年加工销售果品 200 万吨以上，苹果产业已成为 B 县经济发展的支柱产业。该县苹果产业的发展经历了两个阶段的变化：第一阶段是 1987 年至 2010 年前后，全县的农业种植结构逐渐从以主粮作物种植为主转向以苹果种植为主，苹果种植面积从 2 万亩扩大至 40 万亩，不过，在经营方式上，该时期主要以小农户的小规模分散经营为基础；第二阶段是 2010 年前后至今，随着新型农业经营主体的迅速兴起和发展，苹果种植面积从 40 万亩扩大至 55 万亩，该县的产业结构逐渐从以小农户为中心的生产格局转向了以家庭农场、合作社、农业企业等新型农业经营主体为中心的纵向一体化的新型农业产业体系。② 本章将系统总结 2010 年以来 B 县农业发展方式转变的基本过程，尤其是在这一过程中新型农业经营主体的发展及其对于小农户的引领带动机制。这对于深入推进农业供给侧结构性改革，加快发展现代农业有着极为重要的启示意义。

---

① Zukin S. & Di Maggio P., *Structures of Capital：The Social Organization of the Economy*（Cambridge University Press，1990）.

② 目前，全县共计发展市级以上农业龙头企业 37 家，合作社 439 家，50 亩以上规模经营的家庭农场约 300 家。

（一）政治嵌入与新型农业经营主体发展的制度基础

众多研究者均指出，政府干预对于农业发展有着极为重要的影响，一方面政府制定了有关农业发展的制度框架，并通过政策资源的输入不断优化农业发展的条件；[①] 另一方面，政府所主导的制度及政策话语实践也不断改变着农业产业发展的组织形态及演变方向。[②] 这两个方面也构成新型农业经营主体政治嵌入的基本机制。具体而言，前者主要体现在政府主导的制度建设及政策资源输入上，如农村产权制度调整、农业经营制度变革，以及农田灌溉设施建设、农业科技研发及推广投入等对新型农业经营主体发展的保障和激励；后者主要体现在制度及政策话语对新型农业经营主体经营策略及组织模式选择的合法性机制上。

1. 制度环境与政策资源

自新中国成立以来，实现农业现代化便一直是新中国政府推进农村制度变革的重要目标。20 世纪 80 年代实行家庭联产承包责任制改革以后，虽然按照均等化的方式将土地均分给了小农户，形成了"人均一亩三分，户均不过十亩"的小规模农业经营格局，但政府推动规模经营实现农业现代化的努力一直没有中断。中共中央、国务院及农业部等一系列农业政策文件的出台均提出要鼓励农村土地流转，发展农业规模经营，实现农业现代化。2008 年中共中央十七届三中全会以后，中央将发展现代农业提升到了新的高度，并明确提出政府要为专业大户、家庭农场、合作社、农业企业等新型农业经营主体的发展提供制度保障和政策支持。其后，中共中央、国务院又提出完善农村土地所有权、承包权、经营权分置（即"三权分置"），深化农村土地产权制度改革，以进一步推动农村土地流转和农业规模化发展。因而，长期以来，中央推动农村土地制度变革的核心即在于不断通过制度优化为新型农业经营主体的发展创造条件。这也具体体现在地方政府的制度实践中。

2013 年，针对 B 县土地流转制度不健全严重制约土地规模流转的

---

① 何增科、周凡：《农业的政治经济分析》，重庆出版社，2008。
② John W. Meyer & Brian Rowan, "Institutionalized Organizations: Formal Structure as Myth and Ceremony," *American Journal of Sociology* 1977 (2).

问题，为进一步推动土地向家庭农场、合作社、农业企业等农业规模
经营主体集中流转，建设现代农业示范园区，县委县政府专门成立了
县农村土地流转工作领导小组，由县长任组长，分管农业副县长任副
组长，并在各乡镇成立土地流转工作服务中心及土地流转信息服务平
台，制定了《B县农村土地承包经营权流转办法》，统一土地流转的合
同文本和程序规范，并建立了土地流转纠纷调解制度，形成了较完整
的农村土地流转制度体系建设。至2015年底，该县已基本完成农村土
地确权颁证登记工作，规范化流转土地9.1万亩，其中，50亩以上规
模流转316家，100亩以上规模流转267家。（调研所获文件资料整理）

显然，农村土地制度的相应调整为新型农业经营主体土地要素资源的
获得提供了稳定的制度保障。此外，在不断推动制度变革的同时，为进一
步推动新型农业经营主体的发展转型，政府部门还直接向其提供了大量的
资金、技术等资源。如2014年，B县政府制定了《B县苹果产业转型升级
总体规划（2014—2020）》以及《关于大力发展20万亩矮砧苹果新优品系
示范基地的决定》，以全面发展替代性新品种和新技术，推进该地苹果产业
的转型升级。在这一系列政府推动的工程项目中，政策资源分配的核心即
在于扶持这些新兴的规模化农业经营主体。县政府每年拿出800万元财政资
金用于扶持规模化的"矮砧果园"，对乡镇百亩示范园补贴15万元用于完
善基础设施建设，对30亩以上连片新建园给予50%的苗木补贴，对家庭农
场、企业农场等百亩连片新建园另给予30%的地膜补贴。至2015年底，全
县已发展新建矮砧苹果新优品系示范基地15.3万亩。

同时，作为新品种和新技术的主要研发和推广机构，政府园艺站和试验站等
农技服务部门的专家也开始重点为这些新兴的规模经营主体提供农业技术服务。

2015年LQ在B县L镇流转了600亩土地，并注册成立了农业公
司，发展苹果新品种的种植、包装、营销等业务。该企业的土地规划、
种植结构布局、苗木栽培、管理操作程序制度以及管理人员培训等，
均是在试验站专家的指导下完成的。LQ说："从我们开始进行土地流
转以后，土地的整理、规划布局统一是由试验站的赵老师和王老师两
个人制定的。我们作为企业实际上非常简单，不需要再花费更大的精

力去研究技术上的一些难关。因为有这几位老师帮忙，我们更多的是实施，就是不打折扣地严格按照老师们所提供的技术新模式进行田间实施。"（访谈资料20170818-LQ）

县园艺站还将其技术人员直接下派至LQ的生产基地，为其新品种和新技术的应用提供一线的技术指导和管理服务。B县农技部门将此称为新时期农技服务的"新模式"，以区别于此前针对小农户的以技术培训、宣传为主的"旧模式"，并将这一主要针对新型农业经营主体的技术服务"新模式"作为该部门今后工作的一个重要内容和方向。政府农技服务体系的转型为新型农业经营主体新品种和新技术的应用提供了关键性技术支持，并为其生产管理提供了稳定的制度化技术服务保障。[1]

2. 组织合法性机制

在一系列制度环境变革中，政府除通过土地产权制度改革和政策资源输入以促进新型农业经营主体兴起和发展外，另一重要影响还在于，政府不断形塑了专业大户、家庭农场、合作社和农业企业等新型农业经营主体推动农业现代化发展的组织合法性。[2] 如在政策话语中，政府不断强调新型农业经营主体的规模化、专业化、市场化和集约化等效率优势，并将其作为构建新型农业经营体系发展现代农业的核心主体及关键纽带。这就在社会中形成了一种关于现代农业发展的"政治正确"观：要推动农业经营体系转型升级，实现农业现代化，就必须依赖新型农业经营主体的组织、引领和带动。此外，鉴于长期以来在"人均一亩三分，户均不过十亩"的小规模农业经营格局下，农业基础设施建设滞后，农业科技化、产业化发展水平较低，扶持新型农业经营主体发展以完善农业产业链，提升农业经营的科技化、品牌化、产业化水平，就更具政策效率及政治合法性。如在B县政府制定的《B县苹果产业转型升级总体规划（2014—2020）》中，便规定到2020年实现B县苹果总面积达60万亩，总产量达100万吨，果业总产

---

[1] 孙新华：《再造农业：皖南河镇的政府干预与农业转型（2007—2014）》，社会科学文献出版社，2017。

[2] John W. Meyer & Brian Rowan, "Institutionalized Organizations: Formal Structure as Myth and Ceremony," *American Journal of Sociology* 1977（2）.

值达 100 亿元，其中，家庭农场（经营规模 100 亩以上）1000 个，种植大户（经营规模 30 亩以上）4000 个。

由此，新型农业经营主体便成为社会中为人们广泛接受的实现农业现代化的有效组织形式，其后兴起的一些农业经营者若要取得政府和社会的认可及支持，均要采取新型农业经营主体的经营组织形式（即到政府部门注册成为家庭农场、合作社或农业企业）。

> TLY，B 县 C 镇 F 村村民，1987 年高中毕业后开始在村里经营苹果园，由于文化水平较高，很快便成为村里的技术骨干。2014 年，TLY 流转了本村的 100 亩土地，发展规模化苹果种植，并在县工商局注册成立了家庭农场。关于注册家庭农场的原因，TLY 说："我在外面经常跑，知道这是一个方向，再一个就看能不能获得国家的资助，带动这个方向的发展……购买的苹果苗和水泥杆，可以享受政府 30% 的优惠补贴，自己只需要出 70%。去年还做了一个水肥一体化系统，这是一个政府的项目，总共下来要十几万元，自己掏了三四万块钱，其他是政府补贴的。"此外，TLY 还注册成立了合作社和农业公司，对此，TLY 说："现在不知道哪块能行，反正以后哪块能行就做哪块。"（访谈资料 20170819 - TLY）

从上述案例可知，TLY 之所以要先后注册家庭农场、合作社和农业公司，主要目的在于以此契合政府制度及政策实践中对家庭农场、合作社、农业企业等新型农业经营主体组织有效性的宣称及相应的政策激励。在此意义上，正是得益于政府为实现农业现代化发展而不断推动的制度及政策创新，专业大户、家庭农场、农民合作社、农业企业等新型农业经营主体——这些更加契合现代农业发展方向的农业经济组织形式开始不断兴起和发展。换言之，新型农业经营主体的兴起和发展深嵌于当前政府主导的制度环境之中。新型农业经营主体被其所处的制度环境所建构，并通过实行一种与其制度环境相一致的组织形式，以最大化其组织合法性，增加其资源获得，从而提高生存和发展能力。[1]

---

[1] John W. Meyer & Brian Rowan, "Institutionalized Organizations: Formal Structure as Myth and Ceremony," *American Journal of Sociology* 1977（2）.

（二）关系嵌入与新型农业经营主体的社会资本获得

在中国社会，"关系"的含义极为复杂，在血缘和地缘基础上形成的人际交往关系既包含关系强度、网络、信任、互惠与回报等，又包含诸多其他问题。[①] 费孝通曾指出中国人际关系的"差序格局"特征，即在血缘关系基础上形成的以私人关系为主要联结的关系网络。[②] 其后的研究者进一步指出，"差序格局"中所体现的私人关系联结并非局限于家族范围内，而是在政治、经济、社会等领域都有所渗透，并且，在不同性质的组织中表现出不同的关系形态。[③] 正如格兰诺维特曾指出的，经济行动嵌入一定的社会关系网络之中，建立在亲属、朋友或其他信任关系之上的社会网络维持着经济关系和经济行动。[④] 不过，不同于市场中自我利益最大化的原则，社会关系的运作遵从着特殊主义的人情互惠原则，这主要体现在社会关系的使用能够促进双方资源的互惠互利，使双方拥有更多的信任、期望等。[⑤]

因而，相较于正式化制度环境对新型农业经营主体发展的直接规范而言，非正式的人格化关系更多的是作为一种隐性影响机制。威廉姆森等曾指出，在市场活动中，非正式关系网络的运作能够有效防范机会主义风险，从而有助于建立长期的依存关系，减少摩擦和交易成本。[⑥] 不过，社会关系的存在不仅体现在关系纽带及由此形成的稳定的关系网络上，还体现在关系网络的流动所内含的大量社会资本上。社会资本是行动者与社会的联系以及通过这种联系获取稀缺资源的能力，这些稀缺资源（如权力、地位、财富、信息等）嵌入社会关系网络之中，并通过社会关系网络进行分配，

---

① 翟学伟：《是"关系"，还是社会资本》，《社会》2009 年第 1 期。

② 费孝通：《乡土中国》，北京大学出版社，2012。

③ 沈毅：《迈向"场域"脉络下的本土"关系"理论探析》，《社会学研究》2013 年第 4 期。

④ 马克·格兰诺维特：《镶嵌：社会网与经济行动》，罗家德等译，社会科学文献出版社，2015。

⑤ Bian, Yanjie, "Bringing Strong Ties Back in: Indirect Ties, Network Bridges, and Job Searches in China," *American Sociological Review* 1997 (3)；蔡禾、贾文娟：《路桥建设业中包工头工资发放的"逆差序格局"》，《社会》2009 年第 5 期。

⑥ 刘世定：《嵌入性与关系合同》，《社会学研究》1999 年第 4 期。

对于经济目标的实现有着重要意义。①

总体上，从新型农业经营主体关系联结对象来看，其关系网络主要可以概括为三种形式：纵向关系、横向关系和乡村社会关系。纵向关系主要涉及新型农业经营主体与政府及相关部门的关系，其目的在于获取自上而下的政策资源和服务；横向关系主要指新型农业经营主体之间的关系，这是其获得信息资源及社会影响的重要途径；乡村社会关系主要涉及新型农业经营主体同乡村社会之间的关联，这对其土地、劳动力等要素资源的获得及生产经营活动有着重要影响。

1. 纵向关系

虽然当前政府部门的大量政策资源持续向新型农业经营主体倾斜，但是，随着改革开放以后总体性再分配体制的瓦解，政府的资源分配只能有选择地分配给特定的主体，即形成一种"选择性再分配体制"②。在选择性再分配体制下，新型农业经营主体的政策资源获得更多地依赖于经营者同政府部门的关系建构策略。其中，一个重要策略便在于进行"资格积累"，即经营者不断积累自己的资格条件，使自己成为政策资源分配者无法忽视的支持对象，并以此同政府部门建立稳定关系。③

> 2008年，CXH等人成立合作社，借助政府推进果园改造试点的机会，逐渐同县、市、省农业部门建立了稳定的联系，2012年、2013年和2015年合作社先后获得县级优秀果业合作社、省级农民专业合作示范社、全国农民专业合作示范社等荣誉。CXH本人亦被评为市级劳动模范，并先后被选为县人大代表、市党代表等。（访谈资料20170820 - CXH）

其中，合作社及负责人CXH所获得的每一项荣誉既对应着一定的组织资格条件，也隐含着相应的关系网络建构策略及政策资源。如在合作社成为政府果园改造的示范点后，便受到县果业局、园艺站专家的长期技术指导，至2010年其果园的亩产值便达至两万元，数倍于其他农户，而CXH及

---

① 边燕杰、丘海雄：《企业的社会资本及其功效》，《中国社会科学》2000年第2期；张文宏：《社会资本：理论争辩与经验研究》，《社会学研究》2003年第4期。

② 熊万胜：《合作社：作为制度化进程的意外后果》，《社会学研究》2009年第5期。

③ 熊万胜：《合作社：作为制度化进程的意外后果》，《社会学研究》2009年第5期。

其合作社所获得的一系列重要荣誉也使得其在周边村庄赢得了巨大的声誉，其社员的数量、经营的业务范围和规模得以迅速发展扩大。

2. 横向关系

新型农业经营主体之间的关系联结越多，其相互流通的信息渠道便越多，信息的影响力越大，越能获得丰富、准确、及时的信息资源。[①] 同时，不同类型新型农业经营主体之间的互动，也有助于新理念和新技术在相互联结的经营主体间传播，使得该领域中一些更合理或者成功的新技术模式得以广泛接受和应用。在 B 县，产业协会是新型农业经营主体扩展其横向关系的一个重要载体。

> 2015 年 12 月，在县果业局的支持下，该县的家庭农场、合作社、农业企业等联合成立了 B 苹果矮砧技术协会。协会经选举产生执行会长、副会长、秘书长、监事长等，包括 24 家单位理事，4 名个人理事，3 名监事。协会的成立旨在为当地从事矮砧苹果规模化种植提供相关服务，如通过定期联系园艺站、试验站技术专家开展技术培训、赴外地考察学习、相互观摩交流等多种形式，宣传、引介及推广本地、外地较优秀的矮砧苹果集约化栽培新技术。（访谈资料 20170817 - DHM）

如前所述，B 县的这些规模化农业经营主体兴起和发展时间均较短，因而，无论是在对新品种和新技术的掌握程度上，还是在规模化果园的管理上，均缺乏相应的经验。而通过与同领域中技术水平较高、管理较成熟的经营者的交流学习，则能够有效扩展信息渠道，及时获得所欠缺的相关技术知识和管理经验。同时，一些技术和管理水平较低的新型农业经营主体通过对更成功的经营者的模仿和学习，其技术水平得以提高，管理模式也得到改善，不仅有助于提升该地苹果产业的整体发展水平，也有助于形成较先进的关于产业发展的共识性观念。[②]

---

① 陈仕华、李维安：《公司治理的社会嵌入性：理论框架及嵌入机制》，《中国工业经济》2011 年第 6 期。

② Zukin S. & Di Maggio P., *Structures of Capital：The Social Organization of the Economy*（Cambridge University Press，1990）.

3. 乡村社会关系

长期以来，在我国农村社会，村庄成为农业生产的基本场域，即农业生产活动深嵌于村庄社会结构之中，具有社区性特征。[①] 一方面，这是土地要素的不可移动性使得农业生产活动必须在固定的地域范围内展开；另一方面，这更与农村社会中基于血缘和地缘关系的长期交往及日常生产生活互助所形成的互惠性关系体系有关，这一关系体系使得村庄社会构成一个最基本的熟人社会，"来来往往，维持着人和人之间的互助合作"[②]。因而，对于新型农业经营主体而言，从最初的土地流转集中连片，到其后生产管理的诸多环节均需要妥善处理与村庄社会的复杂关系。其中，村庄社会关系资源较丰富的经营者，无疑能够获得巨大的发展优势，以下述家庭农场主 TLY 为例。

> TLY 成立家庭农场所流转的本村 100 亩土地，价格为每年每亩 200 元，并且这 100 亩土地集中连片，没有"插花地"。相较于其他大户流转土地每年每亩 500 元的租金水平而言，TLY 能够以如此低的价格连片流转土地的原因有两个：一是所流转的土地地处煤矿塌陷区，位置较偏僻，耕作不方便；二是 TLY 是本村人，并且长期任村里的技术员，平时村里农户果园种植遇到什么技术难题都会找 TLY 帮忙，TLY 在村庄中的人缘关系较好，"一个村的不是亲戚就是朋友，平时互相帮个忙，有什么事了都能给个面子"。（访谈资料 20170819 – TLY）

相对而言，一些外地的规模农业经营者流转土地的成本则要高了许多。如 LQ 虽然也是本县人，但在流转土地时，由于规模较大，涉及其他乡镇的土地，至今在其所流转的 600 亩土地中仍有少部分农户不同意流转，形成了小块"插花地"。此外，也有一些大城市的投资公司前来考察，准备利用该地苹果优生区的优势流转土地投资建立优质苹果生产基地，但最后都无果而终。

> 北上广的一些投资公司都在找地方投资，比如阿里巴巴，他在全

---

① 孙新华：《农业规模经营的去社区化及其动力——以皖南河镇为例》，《农业经济问题》2016 年第 9 期。

② 费孝通：《乡土中国》，北京大学出版社，2012。

国各地各种优生区里面找各种产品，他们是有钱没地花，就看苹果哪里长得好！然后他看B县苹果长得好于是就来B县，广西甘蔗长得好于是就去广西。但是问题是什么呢，就是今年我跟一些投资公司聊，我说你们有钱也花不下去，因为你们无法落地，落地就是一块很大的事。阿里巴巴来了已经有十几次了，但是他现在连一块地都没有。为什么呢？因为落地，它是非常困难的。像我是本地人，而且我有一些错综复杂的关系，我流转土地都这么麻烦。你想一个外来的企业一听是阿里巴巴，中国首富，可能就得坐地起价……所以我们也不害怕这些大企业多少亿元的投资。（访谈资料20170818 - LQ）

乡村社会关系对新型农业经营主体的影响，既体现在土地要素资源的获得上，也体现在其生产经营过程之中。[1] 如农业生产活动有着特殊的季节性特征，在农忙季节通常需要大量雇工，以集中人力及时完成生产任务，但此时往往是农村人工短缺之时，若因雇不到人错过农时则会对当年的生产直接产生破坏性影响，而一些有着丰富乡村社会关系的经营者则能够及时雇到所需的人工妥善应对农忙季节的生产需求。因此，受限于农业生产的特殊性，农村熟人社会关系对新型农业经营主体的发展有着不可替代的作用。

（三）文化嵌入与新型农业经营主体的发展转型

在经济社会学语境中，文化主要指一套价值观念以及富有意义的实践活动。[2] 随着经济社会学的发展，文化观念对经济活动的影响开始被越来越多的学者所重视。在此方面，马克斯·韦伯提出了文化价值与经济组织关系的经典命题。韦伯认为，在新教伦理和资本主义精神之间有一定的"亲和"关系，从而促进了资本主义经济组织的发展。[3] 韦伯的这一命题内在地

---

[1]　徐宗阳：《资本下乡的社会基础——基于华北地区一个公司型农场的经验研究》，《社会学研究》2016年第5期。

[2]　Di Maggio P., *Culture and Economy*, in Neil Smelser and Richard Swedberg, *The Handbook of Economic Sociology* (University of Princeton Press, 1994).

[3]　马克斯·韦伯：《新教伦理与资本主义精神》，康乐、简惠美译，广西师范大学出版社，2007。

体现了市场的文化建构过程，这意味着市场活动不仅处于社会结构之中，也深嵌于一定的文化结构之中，受文化观念和社会道德的约束。亦如弗雷格斯坦所指出的，经济行动存在于特定的场域之中，并被一种地方性文化观念所形塑，"这些地方性文化包含认知因素，界定着社会关系，还帮助人们理解自己在一系列社会关系中所处的位置。地方性文化这一解释性框架使得行动者能够理解与其保持长期社会关系的其他行动者所采取的行动的意义"[1]。由此，在市场竞争中便得以形成一种共享的竞争规则，这也构成市场秩序稳定的基础。但是，如果经济行动者之间缺乏共享的意义系统，则行动者就难以形成稳定的预期，市场的不稳定性便会促使行动者改变行动方向以寻求更稳定的互动模式。

在此意义上，文化观念对经济行动的影响主要体现在两个方面：一是作为一种认知框架，为行动者理解其他组织的行动提供规范，并为其今后的行动方向提供指导；二是作为一种竞争规则，规定了行动者之间的关系性质，这主要涉及该领域的市场竞争将以何种方式展开，即一种稳定的市场秩序如何形成。[2] 在新型农业经营主体的发展过程中，同样内在地体现了地方性文化的上述影响。尤其是在面对激烈的农产品市场竞争环境下，为应对充满不确定性的市场环境，新型农业经营者们不仅要积极认同由政府及成功经营者所主导的关于产业发展的组织规范，同时要摒弃掉被证明是落后的、错误的产业发展观念，还要积极争夺市场竞争的控制观，以确保其在市场结构中的位置及市场秩序的稳定。

从 B 县苹果产业的发展历史来看，地方性产业文化的形成与政府的介入密切相关。20 世纪 90 年代中期，为推动苹果产业持续发展，B 县政府开始着力打造地域性品牌建设，先后投入大量资金承办国际苹果文化节、在人民大会堂召开新闻发布会、注册"B 苹果"商标、在中央电视台投放广告等。2010 年以后，县政府又明确提出了统一规范使用 B 苹果商标的相关规定，成立了 B 苹果公用品牌推广工作领导小组，组建 B 苹果产业联合会，

---

[1] 尼尔·弗雷格斯坦：《市场的结构：21 世纪资本主义社会的经济社会学》，甄志宏译，上海人民出版社，2008。

[2] 尼尔·弗雷格斯坦：《市场的结构：21 世纪资本主义社会的经济社会学》，甄志宏译，上海人民出版社，2008。

以加强 B 苹果包装箱、礼品盒品牌标识的使用和管理以及维权、行业自律等工作。这一由政府和行业协会推动的一系列品牌建设策略，不仅极大地扩大了 B 县苹果产业的社会影响力，形成了品牌效应，带来了当地苹果市场价值的提升，而且在全县范围内普遍形成了一种以品牌建设为中心的地域性产业文化。这对于新型农业经营主体的发展理念和发展策略选择产生了重要影响。

在品牌化的发展理念影响下，B 县的新型农业经营主体大多采取了完全不同于小农户的生产经营策略。长期以来，受文化和技术水平不高的影响，大多数小农户的苹果种植较为粗放，即使是一些技术水平高的苹果种植"能手"，所掌握的也主要是一些基本的病虫防治和果树修剪技术，较少接受系统的专业知识训练，很难达到标准化种植、品牌化经营的要求。因此，B 县的广大小农户在销售市场上基本没有谈判能力，面对市场波动、贩子压价等问题，他们只能被动地接受其他市场主体的控制。

相对而言，新型农业经营主体的经营规模较大，资金和技术实力较强，具备开展标准化种植、品牌化经营的基本条件，从而可以通过品牌化策略探索产值及利润较高的高品质苹果种植以及多元化的销售模式，避免小农户在普通品质（中低端市场）苹果种植和销售中所面临的被动接受苹果贩子宰制的局面。如家庭农场主 TLY，在将生产规模扩大到 100 亩以后，便开始改变自己此前小规模苹果种植的销售模式，探索以品牌化为核心的多元化销售渠道。

> 在销售上，肯定不能像以前一样，量大以后，销售就要按照自己的规模和标准，做自己的一个品牌。从施肥、用药到挂果，我肯定要做一个全部的安排，到最后我的苹果肯定要做一个二维码，要质量溯源，以后就知道是我的苹果了，我肯定是向这个方向奋斗的。我的女儿，原来是学计算机方面的，她也会帮忙做销售方面的工作，我这一块的公众号、电商、卖苹果就是她在管。（访谈资料 20170819 – TLY）

而对于一些经营规模更大的新型农业经营主体而言，则还尝试着垄断产品的流通渠道，如通过在供销终端建立直营店的方式，实现以品牌化为中心的产、销一体化模式，从而不仅可以避免陷入小农户在市场中的不利处境，还得以完全掌握了产品的市场控制权。如 LQ 在新建 600 亩果园后，便以此为基础注册了两个苹果品牌，并着手组建专门的销售团队。

> 我们这么大的种植面积，不能像一些种植大户或者是咱们的果农一样站在地头上等着别人来收购。首先，田间收购属于买方市场，价格是我们自己不能管控的。其次，我们也不知道终端的销售市场。去年我们临时组建了一个小团队在上海进行了一些调研，结果发现实际上果农不挣钱，终端销售也不挣钱，中间有四个流通环节，这些人有钱挣。目前 B 县的涉农企业，涉及苹果相关产业的所有企业，都没有自己的终端销售市场。去年我们就开始组建了我们的电商销售团队。我们的步骤就是在上海占领第一个销售市场，在上海注册一个电子商务公司，在西安我们注册一个中转公司，因为上海人工成本太高。在 B 县又成立了一个运营中心，将这三地连接在一起。（访谈资料 20170818 - LQ）

显然，这种以品牌化经营理念为核心的地方性产业文化，不仅形塑了新型农业经营主体的新发展理念，也为其实现向优质苹果经营以及产、销一体化发展转型提供了方向。

四 嵌入性发展与服务规模化

根据新古典经济学的一般理论，经营规模的扩大能够带来经营成本的节约，从而形成规模经济，这也被视为经济增长的主要驱动力量。[①] 在此意义上，新型农业经营主体发展规模经营的主要目的在于实现规模经济。不过，受我国人多地少的客观资源禀赋约束，通过扩大土地规模来实现规模经济面临诸多限制，如土地细碎化、较高的土地流转费用等。因而，在仍是以小农户为主体的农业经营格局下，如何扩大规模经济效应，带动小农户发展现代农业，便成为制约新型农业经营主体进一步发展的关键问题。

近年来，随着中央在宏观政策层面不断强调要强化新型农业经营主体的社会化服务功能，以带动小农户发展现代农业，各地亦围绕小农户和新

---

① Young, A., "Increasing Returns and Economic Progress," *The Economic Journal* 1928（152）.

型农业经营主体之间的合作机制进行了相关探索。2015 年，B 县供销合作社联合社从上级部门争取了 1000 万元的项目资金，用于支持本地的新型农业经营主体为小农户提供农业社会化服务，以带动小农户广泛参与到新型农业经营主体的纵向一体化发展模式之中。其中，B 县小农户和新型农业经营主体之间的一个最主要的合作方式即"托管"。所谓"托管"，即由新型农业经营主体为小农户提供农资购买、技术指导、产品销售等服务，并获取生产合作的部分"剩余索取权"。在 B 县，主要有两种托管形式：一是"全托"，即小农户将农资、劳动、销售等生产管理任务全部委托给新型农业经营主体，超过保底收益部分双方按比例分成；二是"半托"，即新型农业经营主体提供农资、技术和销售服务，生产劳动由农户负责，销售所得归农户所有，所需费用从农户销售所得中扣除。不过，"全托"仅限于缺少劳动力的少数农户，大多数农户接受的是"半托"模式。在"半托"模式中，农户的家庭劳动力资源能够得以充分利用，并获得相应的劳动报酬。

以该地较早开展"托管"服务的 M 公司为例，2015 年，该公司流转了 Y 镇 200 亩土地（每年每亩租金 500 元，期限 20 年），以建设有机苹果生产基地。但考虑到土地流转成本较高，2016 年为进一步扩大有机苹果的经营规模，在政府产业发展资金贷款的支持下，M 公司将其生产基地周边 62 户农户的果园"托管"了起来。公司成立了托管中心，下设技术服务队，技术服务人员主要由公司和县园艺站、试验站技术人员以及农村的技术骨干组成。在最基层的村一级，成立了农民委员会，由农户以无记名投票方式选出会长（一般是果园管理得比较好的农民），会长下面设组长，每个组长管 8 户农户，每次施肥的时候，由组长负责，8 户统一施肥，统一打药，统防统治，并且每户托管的农户都建有一个档案，对打药和施肥情况进行记录。公司还会定期请试验站或园艺站专家对会长和组长进行培训，并对会长和组长的工作进行考核，绩效好的会长和组长在年底给予一定的奖励。此外，公司统一供应的农资产品价格低于市场价格（肥料优惠 20%，农药优惠 50%），并以不低于市场价的标准保底收购（比市场价高 0.1 元每斤）。由于该模式效益显著，该公司托管的农户数大幅增加，果园规模迅速扩大，至 2017 年 7 月，该公司托管的农户数已增加至 367 户，托管规模扩大至 2000 亩。

对于新型农业经营主体而言，相对于以土地规模扩大为载体的规模经营模式而言，在这种以服务规模扩大为载体的发展模式中，其通过对政府农技部门和村庄社会技术骨干的有效整合，以及对农村熟人社会关系的有效动员，不仅极大地降低了交易费用，而且在不扩大土地规模的情况下，通过发展生产服务的分工与外包（即服务规模化）同样能够实现"服务规模经济"①。

> 对于我们公司来说，原来我流转了200亩地，能把人累死。土地流转要50多户，有的果农只有8分地，夹在中间没办法流转，做工作做得很困难。再一个投入方面，从幼苗到丰产期，每年每亩地需要投入一万多元，投入成本太高。托管后的投资就少了很多，按我这标准托管出来的苹果，我进行销售，一方面品质好了，另一方面公司的品牌也上去了。（访谈资料20170819 – LXY，M公司总经理）

而对于小农户而言，通过发展同这些新型农业经营主体的合作关系，借助其所掌握的较高的技术管理水平以及较丰富的市场资源，不仅能够有效实现生产管理技术的进步，而且能够分享更多的产业链延伸所带来的市场收益。

> 托管给我们带来了许多好处。原来加入托管前，使用农资的情况混乱，现在有了技术和统一防控的概念，管理意识增强了。产量由原来的每亩三四千斤，到现在的五六千斤。商品化率也提高了，托管前果子的商品化率在七成左右，托管后提高到八成以上。以前是（直径）70~75 mm的果子占得多，托管之后，80 mm的果子占大多数，产量提高了，果子个头也变大了，总体上卖价提上去了，农资投入的成本也降低了。（访谈资料20170821 – XXY，"托管"农户）

正是在上述"托管"式合作模式所带来的经济绩效的直接激励下，B县的小农户开始不断加入新型农业经营主体产、销一体化组织体系之中。据B县园艺站负责人估计，仅仅两年时间，当地新型农业经营主体的托管

---

① 罗必良等：《农业家庭经营：走向分工经济》，中国农业出版社，2017。

面积便已发展至 10000 亩左右，并且其规模还在逐年扩大。由此，新型农业经营主体服务规模化的扩展，不断重塑了小农户组织化的路径，实现了小农户的再组织化，并逐渐发展形成了以新型农业经营主体（产、销一体化）为核心，带动小农户广泛参与的新型农业经营体系。不过，需注意的是，在新型农业经营主体和小农户之间的合作关系中，并非仅限于经济上的"合约关系"，还得益于农村社会关系的广泛动员，以及政府财政资源的直接支持。因此，这更是一种"社会合约"，并呈现了鲜明的政策扶持特征，是新型农业经营主体在社会结构中多重嵌入机制作用的结果。

五　总　结

本章基于"嵌入性"的理论视角，以陕西省 B 县为例，揭示了新型农业经营主体发展的多重嵌入机制，并探讨了其带动小农户发展现代农业，构建新型农业经营体系的内在逻辑。在 B 县新型农业经营主体的发展过程中，制度环境建设及相应的政策资源输入为新型农业经营主体提供了稳定的制度保障和政策支持，并不断形塑了其组织的合法性。而相较于正式化的制度环境影响，非正式的社会关系网络则为新型农业经营主体搜寻政策、信息以及生产要素等资源提供了丰富的社会资本。此外，在政府的大力推动下，地方性产业文化的形成为新型农业经营主体提供了新的发展理念，确定了其发展转型的基本方向。在此基础上，随着新型农业经营主体服务规模化的扩展，小农户的生产经营活动不断被纳入新型农业经营主体产、销一体化的发展方式之中，进而使得当地以小农经营为中心的农业经营体系逐渐向以新型农业经营主体为中心的新型农业经营体系演变。总而言之，在上述政治、关系、文化多重嵌入机制下，新型农业经营主体不仅得以迅速兴起和发展，而且其发展方式的转型也深刻改变了当地的农业经营体系。

从政策层面来看，近年来 B 县农业产业发展方式转型的地方实践内在地契合了国家推进农业供给侧结构性改革的基本要求。在 B 县的实践经验中，通过依托新型农业经营主体的规模经营和规模服务优势，广泛带动小农户参与构建新型农业经营体系，从而有效地推动了区域性农业发展方式的转变，探索了深入推进农业供给侧结构性改革的有益经验。而尤为值得注意的是，其新型农业经营体系的构建，并非简单地以新型农业经营主体代替旧农业经营主体（小农户），而是以新型农业经营主体的服务规模化为核心，通过同小农户之间多种形式的合作关系所形成的一种以小农户为基础、以新型农业经营主体为带动的新型农业经营体系。在这一新型农业经营体系中，依托新型农业经营主体的多重嵌入机制，在实现小农户再组织化的同时，也实现了小农户和现代市场的有效对接，从而在小农户和现代农业发展之间构建了一种有机的关联机制。这对于探索中国特色的农业现代化道路有着重要意义。

第三章　传统农业迈向新型农业经营
体系的转型动力[*]

我国正处于农业发展转型的关键期，如何通过推进农业经营体系创新来实现农业发展方式转变，实现农民增收、农业增效以及农业整体效益的提高，是当前学界与政策界讨论的热点问题。党的十九大报告中指出，"发展多种形式适度规模经营，培育新型农业经营主体，健全农业社会化服务体系，实现小农户和现代农业发展有机衔接"。而如何发展多种形式的适度规模经营，一方面，各地在具体的探索实践中会面临一个基本矛盾，即从长远看，依靠农户"人均一亩三分"的过小经营规模的确不利于农业的现代化转型；另一方面，在发展规模经营的过程中需要正视农户家庭经营这一分散格局的基本现实。由于农户家庭经营牵动着农民福利与社会长治久安，通过激进的大规模土地流转很难形成稳定的、可持续的农业经营体系。因此，要改变农业分散、粗放的经营形式是需要时间和条件的，也需要照顾到小农户和现代农业发展的衔接机制问题。基于以上问题意识，本研究小组赴陕西省宝鸡市扶风县农村开展调研，试图通过对这种典型的小规模农业经营的表现、特征与逻辑进行理解，探索迈向新型农业经营体系的可能路径。

一　农业产业结构概述

扶风县位于关中腹地、关天规划发展核心区，是陕西省重要的农业大县。午井镇位于扶风县中部黄土台塬腹地，属扶眉岐三县交界区，距离城

---

[*]　本章内容由陈靖撰写。

镇较远,是典型的关中传统农业镇。从气候条件来看,该镇域属暖温带,适合种植小麦、林果及发展畜牧养殖和旅游业。从水利条件来看,镇域内大部分农地主要依靠冯家山灌溉工程解决灌溉问题。土地、气候与水利条件决定了该镇成为小麦优生区,本次调查涉及的小寨村、料地村、强家沟村均以小麦为主要经营作物。

从扶风县整体农业产业布局来看,全县有耕地53万亩,农民人均土地面积约1.44亩,2010年种植业占农业总产值比重在59%以上。现有土地中,常年粮食作物播种面积为78万亩左右,采取小麦、玉米轮作方式,每年小麦种植面积为43万亩,玉米为35万亩,平均单产水平在400公斤上下,总产达30万吨。粮食生产始终是扶风农民增收致富的支柱产业。午井镇全镇耕地约5.7万亩,粮经比大约7∶3,粮食生产仍占较大比例。经济作物主要包括猕猴桃、苗木以及葡萄,经济作物主要分布在几个较为集中的村庄,田家河村以苗木产业为主,而本次调查的料地村存在较为集中的猕猴桃栽植面积,约600亩。这些经济作物的面积只占全镇土地利用面积的较小比例。

总体来看,午井镇仍以粮食种植为主,以农户家庭为经营单位开展小规模经营,经济作物比重较小,村庄缺乏足够的"新型农业经营主体",围绕新型农业的产业体系并未建立,是典型的关中农业型村庄,保持着"人均一亩三分,户均不过十亩"的小规模经营。农户经营规模偏小,产业化程度低,竞争能力弱,主导产业效益不高,发展后劲不足。

二 传统农业经营体系的表现与逻辑

自分田到户之后,我国农业逐步形成了"家庭承包经营为基础、统分结合的双层经营体制",在相关法律制度框架下,全国基本形成了统一的耕地制度、经营制度与产业体系。扶风县自1982年农村经济体制改革以来,长期维持这种农业经营体系,以传统农业经营形态为主要特色的午井镇,在以家庭作为基本经营单位之外,承担"双层经营"功能之一的集体也在单家独户无法完成、难以承担及办起来不合算的领域发挥作用。可以说,这一经营体系适合于地方社会结构、社情民情,农业构成了其与农户、农村三者相互嵌入、密不可分的关系形式。因此，在新时代要推动农业经营体系创新，仍不能忽视作为基础性的社会要素，本节从以家庭经营为代表的农户、以村社集体为代表的农村角度来分析农业经营体系的构成基础，以寻找推动农业经营体系创新的可能空间。

（一）从"家庭经营"理解农业

客观来看，家庭经营在当前农业生产经营中仍居于基础性地位，无论是通过政府力量干预还是通过市场地租机制推动土地经营权流转实现规模化，都必须认识到，土地制度中的农民承包经营权地位、农业体系中的家庭经营本位是前提条件。从历史上看，我国农业长久地保持着家庭经营的特征，家庭联产承包责任制改革之后，农户基于土地承包权而开展的家庭经营重新具有了分散经营的特征，而关于农地承包关系"长久不变"的政策指向表明，这种农户家庭经营还将"长久""稳定"下来。这一基础前提意味着，小规模、分散性的农业经营格局仍将持续。从中国农业发展进程来看，这种小规模、分散性的农业经营格局，适用于中国以家庭为基本经营单位，同时作为社会生活单位的社会底色。

1. 家庭承包经营为基础的制度体系建构

1982 年前后，遵循全国范围内的农村经营体制改革要求，扶风县也普遍实施了"家庭联产承包"为主的责任制。由联产到队、到组再到户，反映了农民对于经营组织形式的主动选择，这一点绝不能以"小农经济意识"来解释，家庭承包经营本身反映了农业生产本身的特点及对经营组织形式的客观要求。午井镇长期以主粮种植为经营内容，农户基于自家承包耕地开展分户经营，围绕"户"这一基本经营单位、日常生活单位以及社会再生产单位，建构起了系统的农业经营体系。

（1）从土地制度上看，要促进农业与农村经济发展、维护农村社会稳定，就必须坚持和完善以家庭承包经营为基础、统分结合的双层经营体制，也就要求必须赋予农户长期、稳定而有保障的土地使用权。"散"、"长"和"稳"构成了土地制度的突出内涵。

"散"是指从土地权利体系来看，土地承包经营平均且分散地分配到"户"，且由于土地肥瘦、远近搭配问题，农户承包地也呈现细碎化问题。

料地村共 486 户，1855 人，人均耕地 1.3 亩。小寨村人均耕地 1.4 亩，户均 6～7 亩。历次土地调整中，大体会区分三等土地，按照当地灌溉条件、土地平整程度、距离村庄远近，小寨村土地按照习惯被分为三类：一类地灌溉方便，使用本地水利设施；二类地虽然浇灌不便，但仍然比较平整且能够使用机械；三类地指浇灌不便且不平整，地块规划也不规整的土地。按照按户承包的原则，小寨村每户村民基本都拥有 2～3 块地块。

"长"指按照承包周期讲，关于土地承包制度的法律体系在不断延长农户的承包权，土地作为农民基本生活保障来源，集体所有的土地为了保障其成员的生产生活来源，确立了基于集体成员权而获得的土地承包经营权。这就意味着，土地不仅仅是生产资料，而且是集体福利，在集体成员权长期存在的背景下，土地承包经营权也理应"长"期化。在农地承包制度的法律体系中，"长久不变"的提法已经表明了这种承包期之足够长的特色。

"稳"是指从政策层面上看，我国在对土地制度的政策连续性上，坚持了稳定和完善农户承包经营权的方向。土地作为生产资料，必须得到经营者的合理耕作、有效使用，稳定的土地承包经营权避免了对土地的掠夺性使用，或改变土地用途的可能。从农村具体条件来看，在农户尚未实现全面城市化，尚未纳入完善的社会保障系统之前，土地仍是农民家庭最后的生活保障。在调研中，有农民担忧在新的经营制度创新背景下，存在"土地被收回"的可能，可见农民对于长期而稳定的承包经营权仍是比较在意的。

（2）从经营主体来看，家庭承包经营的性质决定了农户作为最基本的经营者的身份，这当然首先基于土地的家庭承包经营权，而这一权属设置本身也是基于农户家庭三位一体的性质，即作为经营单位，作为日常生活单位，也是社会再生产的单位。从小寨村的案例来看，分田到户后共进行了三次土地调整：1982 年分田到户，1998 年二轮延包以及 2015 年土地确权前的全镇统一调整。土地调整的过程中，遵循了按人平均分配但按户承包经营的方式，这就决定了农业经营主体无法化约为个人，必须依托家庭作为基本经营主体。

首先，家庭经营确定了农业经营的逻辑是家计模式。家计模式的特征是农业经营是为了维持家庭生活，家庭是生产与消费的统一体，而生产的积极性取决于家庭消费的周期。从午井镇农业发展的历史与现状来看，这一特征仍非常明显，表现为农民以主粮种植为主，其关键目标是获取口粮。相对来看，基于市场目标的增产增效反而动力不足。

其次，家庭经营确定了农业经营的要素来源，是基于家庭内部劳动力配置而提供的。当前午井镇农户家庭已基本实现了"核心化"，大部分农户家庭人口约为4人。在以夫妻关系为主要形态的核心家庭，农民通过性别分工"男主外女主内"的方式形成了"半工半耕"的模式，即女性劳动力主要在家务农，男性劳动力外出务工。一些家庭则依靠家里老人耕作土地，实现代际分工。性别与代际分工的模式为当前午井镇的农业经营提供了基本的劳动力，辅之以农资技术、农业机械等要素，能够维持农户家庭经营的韧性。在市场化不断加深的今天，午井镇农业维持着稳定的、家庭经营的色彩，与此密不可分。

最后，家庭经营确定了农业多样性经营的可能。农民家庭具体情况千差万别，农户经营的需求、能力乃至积极性都可能存在差异，因而从具体的时空来看，农村中的经营形态较为多样。以小寨村为例，虽然小麦、玉米为主要经营作物，但村庄中仍存在养殖业、种植业，有部分农户依靠临街店面做小商贩，也有农户作为农机手跨区域作业。农业经营的多样性保证了村庄从业形态的多元性，同时也表明，家庭经营的实现形式是多样的，农户可以依据时空条件、经营状况以及市场行情做出适时调整，维持农村经济的稳定性。

（3）从权责体系来看，家庭联产承包之外，农户经营仍有"责任制"作为必要补充。从午井镇的政策实践来看，"责任制"的演化也经历了较为复杂的演变过程。农户在获得来自集体土地的承包经营权后，对于集体、国家所负担的"责任"在一段时间内，决定了农业经营的基本形态。通过调研，本章从几方面讨论了这种"责任"体制。

首先是耕地保护的责任。我国实行严格的耕地保护制度，除了在耕地面积上严格地约束外，土地用途也受到政策法规的限制。农户在开展农业经营时要严格遵循"农地农用"的原则，小寨村、料地村已有部分农户在开展或准备开展畜牧养殖，但耕地使用要求限制了他们经营的自主性，很多农户只能依靠自家老宅基地或承包村民小组中的四荒土地进行小规模养殖。在耕地保护责任之下，大部分农户遵循习惯和传统，只开展主粮种植，较为可能的转型方向，也仅仅限定在林果种植上。

其次是缴纳税费责任。2006 年以前，本地农户在承包地的基础上，还需要缴纳国家的农业税以及地方各种提留统筹及公共费用，因此在较长时间内，本地农户在主粮种植上较有积极性，且在公共物品维护上，地方水利体系、道路体系以及农技体系都较为完整。税费取消后，以国家项目制的方式完成农村基本农田水利建设的任务，但项目制运行必须有村社组织的配套工作，且项目资源分配并非全面覆盖，在午井镇的几个行政村中，小寨村作为工作绩效"一类村"，农田水利设施改善较为明显，一些"三类村"则缺乏项目，生产条件无法有效改善。在农业税费取消、惠农资金反哺的大背景下，一些村庄反而出现了支农资金、公共服务与公益事业难以进村的现象。

（4）从农业生产支持保护制度来看，除了来自宏观层面的农业综合生产能力提升项目，还包括落实到基层的种种农业生产支持保护制度。

首先是针对农业生产者的支持补贴制度。从 2004 年起，扶风县开始对农民的种粮行为进行直接补贴，之后补贴范围、补贴方式都进行了补充完善，其中补贴主要包括种粮直补、农资综合直补、良种补贴和农机具购置补贴等。补贴制度在一定程度上提高了农民的种粮积极性，也增加了农业经营的效益。但近年来，支持补贴制度的落实出现了新的现象，补贴效果逐渐出现不经济，由于土地经营流转而使真正的生产者无法拿到补贴的问题。

其次是粮食最低收购价制度，一般农户称之为"粮食保护价"制度。在近 15 年的保护价之下，农户的种粮积极性得以维持，很多农户也表示"种粮亏不了"。午井镇的农业村庄中，在生产支持保护制度之下，低效益的主粮种植格局长期无法得到改变，农民也缺乏产业结构调整的积极性。但自 2015 年开始，玉米种植因保护价的放开而出现了"种粮亏本"现象，午井镇的农民已经开始放弃轮作，只种植小麦一季作为口粮。从长期来看，农民不种玉米的现象还将存在，这将是本地农业经营调整的难题。

2. 家计模式下的农业经营逻辑

从农业经营的制度体系来看，农民家庭承包经营作为基础的特色仍将长期存在，即便其中的某些具体制度已经出现变动且已影响农户经营决策，但制度环境之下，仍需要从农户自身的角度来理解农业经营。波兰尼认为，家计模式是传统农业的典型特征，农户的经营行为是"嵌入"社会中的，市场逻辑受到社会逻辑的约束。从我国农业"家庭经营为基础"的前提来看，家庭生计的特征决定了农业经营的逻辑。

（1）为满足家庭消费的农业生产，可能迈向"糊口经济"。家计模式的逻辑之一，即农业生产是为了满足家庭消费，从午井镇的情况来看，农民家庭经营长期维持着低回报率的主粮种植，目的之一即为家庭提供基本口粮。农民日常生活中主食以面食为主，辅之以部分杂粮，肉食与蔬菜消费较少，关中地区简朴的食品消费即可通过自家承包地满足，因此改善产业结构的动力较为缺乏。这种逻辑使得农户家庭经营维持在低水平循环上。在调查中笔者根据农户的生产方式计算，每亩小麦只能有 400 元左右的纯收入，农业生产率与回报率都很低。但在家庭生计模式下，农户维持了满足"糊口"要求的基准，能够承担低水平经营的压力，这也使得农业经营呈现"传统性"特征。

（2）半工半耕特色。从家户生计结构角度来看，小农经济的"去劳动力化"特征，表现为"半工半耕家庭"的生计来源依靠务工与农耕两副拐杖，且越来越不偏重农耕。而从经营主体来看，"去劳动力化"表现为几种最新的农业现象。

①"老人农业"：老人农业是通过家庭劳动力配置，将辅助劳动力——老人重新纳入农业生产力领域，以扩大劳动的"自我开发程度"来实现代际/年龄分工，这种分工结构维持着小农家庭"半工半耕"的生计格局；老年人成为务农的主力。②妇女种田：青壮年劳动力的外流，农业劳动力女性化和老龄化趋势严重，导致农业出现粗放经营、复种指数降低和撂荒的现象。在午井镇的调查中发现，农民在人均 1.3 亩的土地上粗放地种植小麦、玉米等作物，村庄除少部分举家外出打工者将土地自发流转出去之外，其他农户均以老人和妇女为主要农业劳动者，青壮年男性劳动力及年轻女性常年在城市务工。③候鸟式经营：农民如候鸟迁徙般游走于城市与农村之间，农忙时节回乡种地，农忙之后立即返城务工，这种被称为"候鸟式农业"的经营模式非常普遍。本地以小麦、玉米为内容的主粮种植普遍出现"候鸟式经营"，由于小麦、玉米具有集中的农忙时期，外出务工农民需

要每年定期回乡两次，每次约半月来完成农作任务，大部分时间在城市务工获取收入。

农业产业无法为劳动力提供较高的收入回报，为了应对人地关系的新格局，农民在新的经济社会结构下做出积极调适，这些调适均指向了一种关键性的特征：以主粮种植为主的小农经营不断成为家庭生计中的辅助。农业收入对家庭生计的贡献份额不断降低，农业成为边缘产业且劳动报酬低，家庭内部劳动力配置主要偏向外出务工或高效农业，在主粮种植中不愿投入劳动力。外出务工及高效农业为农业的投工带来了机会成本，对于农民来说，种地"能收一把是一把，只要不耽误打工"，农民从主观上就希望"省事"。"省事"是不需经济理性抉择的行为取向，虽然需要支付越来越高的机械、化肥农药种子的费用，农业在家庭生计中的边缘化，使很多年轻人需要寄钱回家以供经营农业，这是新的"反哺农业"的形式。

（3）农业作为家庭再生产的最后保障。"半工半耕"的家计模式在当下因农户家庭劳动力的重新配置，已经出现了新的表现形式，即已经分家为"核心家庭"的扶风农村，代际重新分工，形成了"代际分工为基层的半工半耕"。小寨村大部分"新生代农民工"家庭常年在外务工，其中一部分已经在宝鸡、西安或者扶风县城安家置业，因此小家庭的承包地都托付给了留守在家的老年人。而本地第一代农民工大部分已经返乡，或者正在返乡，其最终归宿仍旧是乡村，因此从农民扩大家庭角度来看，将出现代际的城乡分居，而作为"第一代农民工"的群体将对土地、农业经营产生新的依赖关系，土地与农耕将作为其养老资源的构成部分。

对这部分老年人群体而言，务农的更大意义并不在于老年期获得经营性收入，而在于维持基本的生计需求，以使自己不至于成为子女的负累。他们更愿意从事农业。子女"进城"的距离并不遥远，在村的父母仍要为在城子女提供食物补充，因此农户对于土地的依赖仍将持续。这一地方性文化决定了本地农业经营仍将持续家庭分散、低效经营特征。

本节从制度体系、家庭社会特征以及地方文化角度解释了为何本地长期维持着低效的传统农业形态。可以作为对比的是，邻近的眉县以猕猴桃产业为主，大大提高了家庭经营的效益与回报率，而扶风北部的林果种植也转型为"劳动、资本双密集"的"新"农业，这些现象更加凸显了午井镇以主粮种植为主的农业经营"传统性",而这种"传统性"在很大程度上与本地家庭经营的基础性地位密切相关。

(二) 从"集体统筹"理解农业

"家庭承包经营为基础,统分结合的双层经营体制"中,除了家庭承包经营作为基础之外,"双层体制"还有必不可少的一环,即"统分结合"。集体的"统"的层面主要包括"一家一户办不好或不好办的事",应该由集体经营层次来承担。农业家庭经营固然有自己的优势,但由于农户经营分散且规模较小,农业的诸多生产环节无法由一家一户单独完成、难以承担或办起来不合算,应该由集体经营层次来组织、协调或承担。在强调稳定和完善农村基本经营制度的原则下,"统"与"分"的结合是需要着重强调并完善的。

1. 土地承包权配置的集体统筹

"家庭承包经营"的基础性地位,与土地承包经营权发包规则有关。农村耕地权力配置首先遵循民生原则,保障民生是我国农村集体经济制度的首要价值目标,农地具体地发挥着社会保障功能。在现有土地制度下,每个农民作为集体经济组织成员,以集体成员权形式享有集体土地权利。《中华人民共和国农村土地承包法》第5条、第6条规定了农村集体经济组织成员享有平等承包土地的权利,以及调整土地以获得土地承包经营权的公平诉求。而《中华人民共和国土地管理法》第14条规定,"在土地承包经营期限内,对个别承包经营者之间承包的土地进行适当调整"。这些法律法规确定了从集体层面如何发包土地的具体方式。从集体经济组织层面上确定了土地与农业经营作为基于成员权的福利,而民生原则也要求这种基于成员权的承包是公平的。这一原则长期以来作为村社共识,持续地发挥着作用,并且能够通过统筹解决农村中不断出现的利益矛盾。调研中发现以下现象。

(1) 集体成员利益的动态平衡。强调集体土地发包中的民生原则,是因为在农业与农村新的历史条件下,家庭经营已经出现一些新现象,需要坚持与完善民生原则,保障农村社会的稳定。扶风县属于关中平原传统农业产区,历来人地矛盾比较尖锐,保障民生的原则要求村社对集体土地实行平均发包，地方社会长久以来也形成了以平均分配为特征的民间共识。自 1982 年分田到户之后，村社都延续了动态调整土地的习惯，"三年一小调，五年一大调"，通过"增人增地、减人减地"原则维持集体成员权的平均。历次的土地调整，将会解决由人口动态增减、集体经济组织成员退出等引发的利益矛盾，由于农民利益的不断调整，村社保持了较强的公共性，对村民具有治理能力与动员能力，村庄公共事业与集体公益事业也能够基本维持。从料地村、小寨村的调查来看，基础设施的改善离不开村社较强的公共性，而这些来源于土地利益的动态平衡。一位村民小组长说，"你给社员不分土地，有的地多有的地少，社员不满意，小组的工作就没法开展"。在较长的历史时期内，村民对土地的依赖程度较高，因此满足集体经济组织成员要求的调整土地以获得土地承包经营权的公平诉求，是人地关系紧张的传统农业区的村社共识。

随着城市化的不断推进，农村人口大量外流，一部分农户由于流动而脱离农业生产，或者举家迁往城镇居住，有些村民或转为城镇户口，或因在城镇购房而迁出了户口，这些新现象带来了尖锐的利益矛盾，这一问题在调研中已经有集中表现。按照"农地农有、农地农用"的原则，集体应积极应对该问题并对成员利益进行调整。2015 年，按照土地确权颁证的流程要求，扶风县部分乡镇应集体成员要求，对土地进行了新一轮的调整。以小寨村为例，2015 年夏季统一进行了承包权动态调整，一举解决了存在多年的分配不均问题，其中人口增减的、户口外迁的农户，在这一次调整中承包权被重新收回并明确了新一轮的承包关系。当然，问题在于，在土地确权颁证后，农户承包地经地图测绘明确至地块，造册登记并颁证，这就断绝了利益调整的可能性，基层干部表示"现在确了权，颁了证，再想调整就不可能了，再有出生的，再有地不够的，谁也没办法，除非等下一次国家有政策了才有可能"。土地确权确至四至并颁证到户，固化了既有的承包关系，从长期来看将会使农村土地承包经营权出现分配不均，再也无法有效承担保障民生的功能。访谈中一位村民表示，确到自家的地谁也拿不走了。该农户约 65 岁，儿孙一辈都已经在城市生活并有户口，但他说，等到自己死了，地还是儿子的，"可以继承"。

（2）逐步解决"细碎化"问题，实现农户土地"小集中"，便于承接机械化作业与田间管理技术。在 1982 年分田到户时，午井镇与其他地区一样，按照土地的远近、土地肥瘦、灌溉条件等因素分级分等，再按照成员权均分，从而导致了农户承包地块分散化、细碎化的问题。按照小寨村的情况，最开始分田到户时土地要分为四等，每家每户各类等级土地都要搭配，因此一户多块地的现象是常态。在分田到户之初，农业生产方式还处于人力畜力阶段，因此分散细碎的农地分布格局并不会对生产效率起到太大的负面作用，且细碎化是为了保障公平，因此村民小组分配土地均出现了"细碎化"现象。

但随着生产技术、条件与主体的不断变化，"细碎化"逐渐对农业生产产生了负面效应。村民们反映，在 20 世纪 90 年代的农业生产中，灌溉用水必须依靠渠系系统，因而分布在不同末级渠系之下的农地带来较高的"转场"成本，往往"一块地浇完了，下一块地还得等几天"。分散细碎的土地格局弊端凸显。因此在 1998 年二轮延包之前，午井镇各村都实行了土地"大调整"，将四类耕地简化为三类，初步实现了小集中，但集中程度仍然不高。这一"细碎化"格局的弊端仍然延续下来。特别是在当前，由于生化技术以及机械使用的普及化，化肥和除草剂的使用使得不同地块的肥力和杂草数量没有太大差异，拖拉机和机耕道的使用使得土地的远近也不再重要，因此土地细碎化的公平合理性逐渐丧失，反而带来的耕作不便问题凸显。当前农业从业者老龄化、妇女化，细碎分散的土地将增加对劳动者体力的需求，这是目前午井镇农民特别是其中的弱劳动力从事生产遇到的困境，也是农民反映较为强烈的问题，但由于水利灌溉条件的硬约束，土地类型仍要区分为可浇灌和不可浇灌两类，农户土地"小集中"仍需要进一步加强。

2. 公共事业的集体统筹

在实行家庭承包责任之初，"统分结合"的原则包含发挥集体统筹功能的要求，以应对农地细碎化带来的农业生产不便。在"统分结合"原则下，农户与集体是可以在不同生产环节发挥各自优势的，是一种互补性关系。当然，"统分结合"原则需要一定的制度作为支撑，并有与之匹配的农地制度为落实。以集体机动地为例，作为集体的公共土地类型，机动地发包能够为集体带来部分承包费用，以作为集体公共事业的资金。但自税费取消之后，集体承包费用不再收取，三提五统中的"共同生产费"也不再缴纳，使得由集体提供或维护的公共事业迅速出现了崩溃。由此也可以反映出，在农业经营过程中，基于集体统筹的农业生产仍需要某些具体制度的支撑。在午井镇的调研中发现，农户经营中公共事业需求是刚性的，但目前由于一些支撑制度的失效，农户经营也面临一些困难。

（1）从公共事业来看，集体组织在农田水利治理中发挥着重要作用。午井镇位于关中台塬地区，地表水、地下水资源均比较缺乏，因此在农业生产中对水利灌溉的需求只能够通过冯家山水库灌溉系统满足，而在村社层面，末级渠系的维护与管理向来都是重大难题。从20世纪80年代以来，水利组织与维护都是通过三提五统中的"共同管理费"以及"义务工"制度来提供人力物力，但自90年代以来，由于集体统筹缺乏力量，村社退出了农业生产领域，复杂的中间环节造成单个农户无法与水利管理单位对接，致使农业灌溉组织难度增加，而替代性的市场机制则非常耗费成本，增加了农业经营成本。

（2）从统一经营来看，集体统筹在组织机耕、灌溉、植保、籽种等共同生产环节具有不可替代的作用，村社组织也承担着承接农机、农技服务的功能。当前农业生产技术更加趋于生化技术，农户在农药使用、科学施肥以及病虫害防治上具有共同需求，而单家独户经营容易发生技术滥用的风险，需要集体在其中统筹；在机械化普及之后，农机入地的过程也需要集体起组织和协调作用。在农业技术推广体制下，集体统筹的功能更加重要。因而，在农业经营体系中，这类一家一户办不好、不好办以及办起来不合算的环节，需要在分户经营基础上坚持与完善"统分结合"机制。

本节基于午井镇农业经营状况，讨论了当前传统主粮种植模式之上的农业经营体系。可以看到，这种经营业态与自分田到户以来不断完善的"家庭经营为基础，统分结合的双层经营"体系相契合。家庭经营的基础性地位仍在持续并将长期存在，农户通过承包地开展小规模经营，同时受到集体统筹机制的支撑，在农地配置、农田水利治理以及统一经营等环节上，统与分有机结合，构成了相对完整的农业经营体系。

（三）新时期农业经营体系面临的问题

当前，午井镇农业经营体系相对完整并在农业生产与经营中较好地发挥着作用。但相对来讲，在新的时空条件下，这种相对"传统"的农业经营体系在应对新现象、解决新问题方面，逐渐呈现难以为继或相对乏力的困境。新现象、新问题主要体现在以下几个层面：首先，在农业供给侧结构性改革背景下，午井镇主粮种植为主的较为"传统"的经营形态出现低质、低效的问题；其次，在农村劳动力不断外出，家庭劳动力老弱化的背景下，家庭经营越来越体现出其弱点；最后，农业市场化程度加深，农业社会化服务、农业生产技术不断提升，小规模经营越来越难以承接现代化生产条件，约束了农业生产提质增效的可能性。总体而言，这些新问题对传统的农业经营体系提出了转型升级的要求。

1. 农户家庭经营与农业生产效率的矛盾

在午井镇历次土地调整过程中，集体按照人头平均配置地权，对每家每户的承包地进行远近肥瘦搭配，造成了每户经营面积小且户与户之间土地"插花的格局"。从农地配置的民生原则来看，农户家庭承包经营为基础的现实需求仍比较强烈，这一点无可厚非。但在午井镇，这种农户家庭经营的状况，与低效农业经营内容相结合，就表现出了低质低效的问题，很难在支持民生方面起到积极作用，而邻近的眉县等地、扶风天度法门等地虽也是农户家庭经营，但其从事的是效益较高的林果种植，因此在民生方面作用明显。而在产业结构调整方面，小规模、分散化经营的格局约束了农业生产提质增效的可能性。

（1）主粮种植低效，农户经营积极性不高。自2008年城市化建设扩展之后，来自城镇建设的用工需求大大增加，使得本地农民越来越多地参与到外出务工潮流中；新生代农民工已经整体性地参与到沿海工业部门，这就使得农户家庭结构相对不再完整，在劳动力分工配置方面，农业从业者老弱化。相对于务工，务农的收入只能在家庭生计中占辅助性地位，因此农户务农积极性不高，被动留守的老年人、妇女等成为农业从业群体。这部分群体无论在劳动力质量、经营技术还是经营积极性上，都不足以实现农业高效经营，因此本地普遍维持了主粮种植习惯，仅仅保持了"糊口经济"特征。而近年来农资、农机价格不断上涨，玉米价格却在下降，这就使得部分农户被动"弃耕"，仅仅从小麦种植上获取口粮，"能种一点是一点"。

（2）农户经营分散化，规模化效应难以实现。午井镇周边地区高效农业的兴起，对本地农户也产生了一定的影响，部分农民也具有了调整产业结构、经营"新农业"的意愿。但林果种植需要实现规模化，才能提高种植者的普遍收益，本地大部分农户缺乏积极性，使得少部分主动求变的农户无法享受规模效应。料地村自20世纪90年代开始就有农户种植猕猴桃，但面积仅有50亩左右，这部分猕猴桃种植户在销售过程中面临困难，需要自己运送到眉县一带出售。而且本地水利系统主要供给小麦、玉米的季节性灌溉，猕猴桃种植面积小，灌溉设施不提供服务，这导致部分果园曾因干旱而绝收。小寨村近年也在推广猕猴桃种植，但由于规模小，尝试种植的农户在农资、农机服务上找不到对应提供者，种植难度较大，因此很多种植户一两年见不到效益，都采取了拔苗毁园的行为。过于分散化、小规模经营的种植格局在短期内无法迅速实现规模化，这些主动求变的农户就要承担过高的尝试成本，却享受不到规模化带来的红利，因此高效农业无法迅速推广。

2. 统分结合需求与统筹机制缺位的矛盾

在小且散的农业经营格局之下，农户对公共领域的需求是刚性的，水利灌溉、机耕道修建、土地整理、品种改良、种植结构调整等单家独户无法解决的问题，都需要发挥集体统筹的作用。但在地方实践中，集体的组织形态、统筹能力、统筹方式等普遍发生弱化，因此原本由集体统筹提供的公共物品，逐渐由市场化、社会化服务主体提供，而这些提供方式是高成本的，这种成本会直接转化为农户经营成本。

（1）从公共物品提供来看，集体通过公共物品治理的方式来参与农业生产过程。以水利管理为例，稳定的农田水利管理体系需要集体经济组织在水利管理单位与用水户之间发挥桥梁作用，解决管水、放水、分水与末级渠系维护等复杂的中间环节。但随着村民小组一级逐渐弱化，村社缺乏公共物品提供的经费，难以协调分散经营的农户利益，因此在20世纪90年代前后，午井镇普遍实行了"包水人"制度，即村社中愿意承担中间环节任务的人，可以从水费中抽取报酬，但当前由于人工价格升高，"包水人"管理成本上升，平摊到户的水费也逐渐升高。水费上升，部分农户就不愿再灌水，间接使得管理成本叠加在用水户头上，用水成本更加提升。小寨村、料地村、强家沟村已经出现了相同的问题，即国家提供的末级渠系硬化工程已经完成，但由于农户经营的分散化，组织成本高，村社集体协调动员能力下降，市场化主体费用过高，出现高质量的渠系铺设到田间地头，但农户已经不再用水的现象。

（2）从生产服务体系来看，农户经营品种相对集中，因此在生产技术、农业服务等方面具有共同需求，将生产服务的需求组织起来，这也是集体统筹机制发挥作用的地方。但由于村社组织行动能力不断弱化，集体功能的发挥也逐渐让位于市场主体。以农技推广为例，缺乏村社组织的协调与动员，县、乡农业技术部门难以有效将农技服务与成千上万的农户有效对接，由此产生了"最后一公里"问题。在强家沟村，部分葡萄种植农户对技术需求较为迫切，但县级果业部门技术人员与分散的种植户打交道的成本过高，村社集体又难以有效组织农户，因此种植户只能向市场化的农资店寻求帮助。小寨村的养殖户也面临同样的问题，县乡防疫部门与养殖户对接不畅，养殖户更多地依靠与饲料经销商交流获取技术信息，而这些生产服务是需要费用的，通过肥料、饲料等销售搭售来向种养户收取。

3. 小农户与大市场的矛盾

当前农业生产已经走向了市场化经营，农资与机械构成了农业生产的主要手段，也是投入的主要份额；而在当前的生产技术之下，粮食亩均产量已经基本达到天花板，而在主粮价格增长缓慢，且部分农产品如玉米价格已出现下降态势的市场环境下，主粮种植已经达到产出极限，但同时农资机械等投资"地板"又在不断抬升，农业经营的利润空间在不断缩小。对于农民来说，小生产还有很多不利之处，不利于机械化，不利于技术进步成果的推广采纳，在购买生产资料和出售农产品时，难以讨价还价，难以获得价格优惠等。

以粮食销售为例，地方粮食收储体系共分3~4级，虽然国家出台了粮食最低收购价，但在每年新粮上市之初，国家指导的最低收购价还未出台。因此面对存在风险的粮食市场，个体农户很难与收储主体博弈，往往无法获得高价格。而从小农户到最终的大市场，其间会有多级收购主体。如午井镇的小麦主要向面粉厂、粮库等销售，但农户无法与终端市场主体打交道，在粮食收购网络中，单家独户的农户只能与走街串巷的"车车队"交易；"车车队"将零散收购的小麦集中拉往本镇域内的粮食收购点，午井镇周边有 15 家左右的收粮点；收粮点存储到一定量的粮食，向更大的经销商售卖；而较大的经销商是向面粉厂、粮食库销售。在与大市场对接的过程中，小农户只能与基层的"车车队"交易，或者自己运到收粮点。因此即便是在国家最低收购价之下，农户要在中间环节赚取利润后才能拿到地域保护的价格。当前，部分粮食品种放开国家保护价，参与更广阔的全球市场竞争，因此市场风险更高，以玉米为例，玉米价格连续两年持续徘徊在低价水平，本地农户种植玉米已经开始亏本，因此大部分农户已经放弃了玉米种植，改一年两季为一年一季。

三　迈向现代农业：动力机制的讨论

整体而言，午井镇三个村呈现的相对传统的农业经营形态已经开始面临新的问题，在新时期要发挥农业的民生作用，实现效率与公平的双重目的，就需要在既有的农业经营格局上，提质增效，推动农业供给侧结构性改革，推动传统农业向现代农业迈进，并在现代农业的基础上建构新型农业经营体系。新型农业经营体系是相对于传统农业经营体系而言的，新型农业经营体系是对以家庭经营为基础、"统分结合"的双层经营体制的继承、发展与创新，新型农业经营体系既要解决传统农业经营体系所应对的基本问题，又要解决新的生产经营条件下的新问题，还要在坚持农村基本经营制度的前提下，完成助力农业供给侧改革的现实使命。根据午井镇的社情民情，迈向现代农业的过程需要某种动力机制作为创新驱动力。

上文讨论了午井镇农业处于传统农业结构、低水平循环的状态之下，这种循环具有内在自治性，是农户家庭逻辑、村社逻辑以及传统农业经营体系几重逻辑综合的产物。维持低水平循环，意味着迈向现代农业的力量是不足的，供给侧结构性改革的实现需要某些支持机制的作用，才能推动现代农业的转型与新型农业经营体系的构建。

（一）内生动力机制

1. 以家庭经营为基础的多元化经营

以家庭经营为基础的多元化经营作为一种产业结构转型的内在动力机

制，是指农户由于生计转型的压力或要求，主动寻求主粮种植之外的多元化经营，以寻求更高的经营收益。家庭生计的基本结构——家庭经营与核算——使得家庭内的物力、人力投入更能发挥资本功能、获取最大收益，这是家户理性的一种体现。农村土地的家庭承包责任制既塑造了小农经济的基础——小规模、细碎化耕作，也维系了小农经济的基本单位——农户家庭的稳定性。农户的"家庭生计"以小规模耕作为基础，却不只依赖于耕作。多元经营是家庭生计的重要机制，多元经营既包括在农业生产中的多种类型，也包括在农业生产以外的兼业，在传统农业乃至农业现代化进程中，这两类多元经营形式长期稳定地存在，使得小农经济保持了较强韧性。

农业领域中的多种类型，是指在小规模主粮种植之外，从事林、牧、副、渔业经营。当前城市化进展迅速，午井镇农村大量劳动力流出使得人地关系朝着缓和的方向发展，然而小规模、细碎化的农地状况使得主粮种植仍维持了"小农"样貌，主粮的农作物种植之外必须发展其他类型的经营。在小寨村与料地村，部分农户在粮食种植之外，发展经济作物和畜牧业等附加值较高的内容，主要方向包括养殖业、种植业等，这些经营内容能有效吸纳家庭中的剩余劳动力。

以养殖业为例。在午井三村，养殖户不在少数，但都是以家庭为单位进行养殖，并未出现大规模养殖户。家庭养殖户一般以废弃宅基地、四荒等地建造简易猪舍，养殖数量在 50～200 头。小寨村二组养殖户张训奇共养殖 108 头猪，依靠自己两口子劳动力投入完成日常饲养，饲料来源包括自家种植玉米、周边收购玉米以及市场上购买饲料。类似张训奇这样的养殖模式，在小寨村为普遍模式。他们在自家承包地经营之外，由于家庭生计需要，且无法外出务工，就在本村开展多元经营，扩充生计来源。小规模粮食种植与小规模养殖相互补充形成了特色的家庭经营形式。

这种依托家庭经营的尝试，在地方产业调整中也可被称为"农业结构调整"，这种多元经营形式发挥了家庭的基础性作用，有效配置了家庭中的劳动力，而随着经济作物比重的大量增加，农户收入水平也不断提高，农户生计更有保障，因而是可以持续发展的，但不足之处在于规模仍相对较小，无法形成"一村一品"等产业集聚效应。

2. 村社自发流转下种植大户的生成

当农户单家独户小规模、分散化经营不断遭遇低质低效的困境时，一部分对土地依赖较浅的农户，土地流转的积极性提高。近年来经过国家政策引导和扶持，各地出现了一批流转土地的适度规模经营的农户。在小寨村，除了农户之间因外出打工而出现少部分亲属间"托付"土地的自发流转行为，2016 年以来还出现了一批通过村社自发流转土地而形成的50～100亩的规模经营者，其以小麦、玉米为经营内容，规模相对稳定。

这种村社自发流转模式在小寨村二组较为典型。二组组长张保军 50 岁左右，是本村养殖户，猪的养殖规模在 200 头左右，依靠自己家劳动力投入。为了有稳定的玉米作为饲料来源，他用猪粪肥田，并有效使用自己购置的联合收割机，张保军在本村民小组流转土地共计 290 亩。张保军承包的土地用于种植玉米，作为猪的饲料来源，同时也种植一季小麦，大概能够维持相对规模化的经营。但在日常经营中，张保军主要依靠自家劳动力，以及自家机械劳作，因此较符合"家庭农场"逻辑。对于二组村民来讲，将土地流转给本组人，能够以人情、面子等社会连带做约束，可以放心将土地流转出去。而在当前小麦种植效益不高、种植玉米亏本的背景下，按850 元/亩的租金，农户愿意将部分连片程度较高的土地流转出去。

这类"适度"规模的种粮大户，在近些年的政策体系中可被称为"家庭农场""职业农民"等，对于这些新型的土地经营主体，政策设计者试图培育有耕作意愿、有生产技术的一批稳定的耕作者群体。无论是"职业农民""家庭农场"还是小农家庭，只要能解决上述三个问题，在保持一定的、稳定的收入的情况下，也就能形成稳定的种植者群体。

保持一定的、稳定的收入，就要求经营者具有增加利润或者降低成本的方式。龙头企业能够增加利润，但利润增加的部分主要在产前和产后环节，龙头企业一般将种植环节"甩"给其他经营主体。小农家庭和中等规模经营者能够"隐秘"地降低某些成本，如相对来说很少需要地租支出，通过自己"免费"的劳动力投入来免除雇工，又可以通过精耕细作来增加产量。这样的经营方式或许不能使人"致富"，但能够获得不低于外出打工的收入，这样的小规模经营能抵御自然风险和市场风险，因此稳定的收入可以维持稳定的种植者群体。

小农家庭也能保持一定的、稳定的收入，但必须通过"半工半耕"来增加家庭收入，如此才能维持生计平衡；适度规模经营者可以通过土地面积的适度扩展来增加收入，如此不需要外出务工也能通过务农维持生活，这两类主体，能够构成稳定的种植者群体。这也是当前农村自发生成的两类主体，他们有种植意愿，且具有基本的耕作习惯和技术；每个村庄都有这样一批无法外出或不愿外出的中年农民群体，也有大批因年龄问题而返乡的农民群体，在合适的政策扶持下，他们将成为稳定的"职业农民"。

（二）外生动力机制的讨论

农户通过扩展多元化经营来扩充家庭生计来源，在小规模经营之外寻找生计结构转型，这是午井镇农业产业结构调整的内生路径之一。这种方式能够充分发挥农户家庭经营精耕细作的优势，维持农村社会稳定，缺点是难以形成扩散效应。而村社内生的"种粮大户""家庭农场"模式相对能够扩大经营规模，实现集约化经营，但在家庭经营为基础的格局上，类似主体数量还是较少。在以主粮作物为主的日常经营中，由于生产成本较高，加之支付较高的土地流转费用，依靠规模而实现的盈利空间也较为有限。在午井镇三村，依靠内生性动力来推动现代农业的发展，并非没有可能，只不过需要较多的耐心。除发自家庭、村社的内生动力之外，政府力量推进的农业产业结构调整也在推进过程中，这些力量构成了地方农业转型的外生动力机制。

1. 政府主导型农业产业结构调整

在我国农业的发展过程中，国家农业政策变革、地方政府在农业部门中的具体行政，都在深刻影响着农业产业的变迁，农业是一项弱势产业，但关涉国计民生的重大问题，而粮食作为公共物品牵涉社会稳定乃至国家主权，因而长久以来我国农业发展都离不开国家干预。诸多农业问题的解决与治理都需要县乡政府来完成，其不仅仅是对中央政策进行落实，更重要的是地方政府能动地出台自己的政策。

《扶风县国民经济和社会发展第十二个五年规划纲要》提出扶风县以富民强县为目标，以加快转变经济发展方式为主线，着力构建"绿色产业、特色园区、宜居城镇、基础设施、人力资源、民生保障"六大支撑体系。

在农业上，提倡"以科技为支撑，以效益为中心"，快速推进农业产业化进程。在经营规模上向适度规模培育大村大户转变；在增长方式上向集约经营、提高效益转变；在发展方式上向建立激励扶持引导机制转变。午井镇也在此基础上，制定了《午井镇关于加快产业发展促进农民增收，推动贫困户产业全覆盖的实施意见》《午井镇脱贫攻坚产业发展五年规划》《午井镇落实"五个一万"增收脱贫行动实施方案》《午井镇2017年农业产业结构调整实施方案》《午井镇2017年农业产业发展计划》《午井镇脱贫产业发展工作成效考核办法》等一系列文件、措施。来自政府推动的农业产业转型主要体现在以下几个方面。

（1）以项目制、财政补贴为杠杆，打造果业示范园，调动农民种植猕猴桃的积极性。在调查中我们发现，午井镇在镇域范围内打造"渭北环线十里产业长廊"，以省果业集团、华泰果蔬公司为龙头，带动四户、午井、高望寺、料地、小寨、强家沟等村栽植猕猴桃和各类杂果。目前料地村已发展到500亩左右，而小寨村则推动了180亩左右，建园后还未能挂果。小寨村村干部介绍了地方财政的补贴方式。首先，结合扶贫攻坚政策，本镇贫困户如果建园种植猕猴桃，镇上一次性补贴1200元/亩；其次，普通农户若要建园种植，倡导农户抱团建园，当某块区连片栽植面积在50亩以上时，每亩补贴现金400元；最后，通过向上争取项目，在项目试点村建设猕猴桃示范园，如小寨村一组争取到了项目并建设了70亩的果园，用项目资金建设了果园围栏，打了三眼机井并设置了泵房。

（2）以下乡资本、工商业企业为龙头，带动地方产业结构转型。2017年6月份以来，午井镇通过扶风县招商引资引进陕西果业集团、陕西齐峰果业有限公司等一批大型农业产业化龙头企业作为农业园区建设的主体，开展猕猴桃集约化生产，影响并试图带动本地农民开展猕猴桃种植。陕西果业集团在午井渭北南环线两侧流转土地建立高标准猕猴桃产业示范核心区，设计面积1万亩，目前在高望寺村、料地村等村庄大规模流转土地约1200亩。按照午井镇的计划，依托这些龙头企业的示范带动作用，计划3~5年内示范带动全镇发展猕猴桃产业3万亩以上。除此之外，陕西齐峰果业有限责任公司计划建设2000亩高标准猕猴桃产业示范基地，基地计划落户在午井镇南坡村。外来工商业企业下乡，除了在土地流转方面与农户建立利益关系外，地方政府计划依靠企业种植基地的示范扩散效应，带动农户开展果树种植，实现更大范围的现代农业发展。

（3）以既有产业形态为基础，建设标准化的产业示范基地。以"渭北环线十里产业长廊"为例，这是在本地猕猴桃既有产业规模基础上，通过项目申请，打造集中连片的产业示范园。镇农经站工作人员表示，在摸清楚本地猕猴桃种植现状之后，选取了料地村、高望寺村相对已成小规模的果园，打造规模更大、面积更连片、种植更规范的示范园区。同类型的产业示范基地还包括，在畜牧业方面，以生猪、蛋鸡为重点，强化龙头企业带动，推行畜牧标准化生产，加快畜牧养殖小区建设，截至 2017 年，午井镇牛存栏 1065 头、笼养鸡存栏 23.5 万只（其中千只以上养鸡大户 160 户）、生猪存栏 3.5 万头（其中 10 头以上养殖户 80 户）、羊存栏 4004 只；在粮食生产方面，打造"小麦优质粮基地"，规划面积共 3 万亩，同时发展良种种植示范基地 2 万亩。按照农经站的汇报材料，至今午井镇共建立猕猴桃、油用牡丹、绿化苗木、生猪、白鹅、信鸽等特色种养产业示范基地 8 个。

2. 龙头企业带动机制：以陕果集团猕猴桃产业基地建设为例

龙头企业带动机制主要是指，在这些开展集约化、专业化经营的龙头企业运营中需建立与其他经营主体特别是小农户的利益关联。在现实中，很多龙头企业带动机制会采取一些具体的连带形式，如"公司＋农户""公司＋基地＋农户""公司＋批发市场＋农户"等农产品产、加、销一体化的经营组织形式。无论具体形式如何，龙头企业带动机制要求企业成为带动农业产业化发展的策动力，而带动的关键是与其他主体特别是小农户间实现有机衔接。

2017 年以来，在扶风县政府的大力推动和县级相关部门、午井镇党委政府的积极配合支持下，通过陕西果业集团扶风有限公司的不懈努力，截至目前，午井镇万亩标准化猕猴桃示范基地项目一期的 2228.08 亩土地流转工作已完成，共支付土地流转费用 187.7863 万元；项目建设已定桩划界 2013.15 亩，画线定距 900 亩，开沟 100 亩，水肥一体化规划技术方案已编制完成，苗木、化肥等生产资料准备工作已基本就绪，项目建设加快实施。省果业集团计划从 2017 年秋季起，用 1～2 年时间，在午井镇沿渭北南环线四户至小寨村区域内，建成高标准猕猴桃产业示范园 1 万亩，辐射带动其余

10 个村发展猕猴桃产业 3 万亩，为午井镇早日建成省级猕猴桃产业示范镇奠定坚实基础。目前，该规划区有挂果猕猴桃园 400 亩、新栽猕猴桃园 2300 亩，区内渠网健全，道路完善，有深机井 19 眼，2017 年拟新打 5 眼，区域内 6 个村前期可流转土地 8000 余亩。

期待果业集团成为地方农业产业转型的策动力，这一点毋庸置疑。省果业集团为省农业厅下属的国有企业，在林果种植、加工、销售环节都具有明显的优势。引进龙头企业并迅速扩张示范园面积，能够在短期内迅速达到本地现代农业的发展程度，并形成技术推广的扩散源。从学理上讲，龙头企业的优势可以迅速发挥，但关键点在于，龙头企业通过何种方式来"带动"地方产业发展，"带动"小农户的发展。

从目前果业集团的建设模式来看，龙头企业主要依靠地方政府干预来完成大规模土地流转，与农户的流转协议也是通过乡镇政府推动，与村社组织签订，土地流转之后果业集团种苗建园，与农户之间的关联也仅存在于土地流转租金之中。这并非良性的"带动"机制。乡镇工作人员表示"农民既能拿到地租，又能给果业公司打工，学到技术"，这一点不够稳定、不够深刻的关联并不能作为"带动"机制的构成部分。地方政府期待果业公司经营起来之后，对农户起到激励作用，农户可以从中学到基本技术，这一点似乎可以期待，但在多地的调查中我们发现，企业化的农场在经济作物领域并不适合，猕猴桃产业是劳动力密集投入的行业，较适合的规模仍是家庭经营。只不过目前果业集团仍未进入挂果丰产期，具体的经营模式尚未出现，其带动作用需要继续追踪。解决"带动"问题的未来方案应该不是建立一个统一的"扩散中心"，而是发展出多种具体可行的利益连带形式、产业组织形式以及共生共荣的农业产业组织"体系"。

四 塑造新型农业经营体系的可能性

总体来看，午井镇作为以主粮种植为主的"传统型"农业经营格局已经产生了较多的问题，而农户、村社以及地方政府正在通过各种方式推动农业产业结构的转型，一些现代农业的尝试与实践正在展开。迈向现代农业、建构新型农业经营体系是午井镇这类传统农作区的目标与方向，也是基于既有农业经营体系变革之内在要求。从既有的社会经济基础与已有转型实践来看，塑造新型农业经营体系，需要注意以下几个方面的问题。

（一）坚持家庭经营为基础，实现小农户与现代农业的有机衔接

关中地区人多地少的资源禀赋决定了基于农户家庭的小规模经营是农业经营体系的微观基础，且在可预见的将来，小农户仍是农业产业的最基本的经营主体。小农户的家庭经营可能并不会以农业经营为唯一方向，小规模、兼业化、多元经营是家庭生计的普遍特征。因此，在迈向现代农业的过程中，必须正视小农户的家庭经营作为基本前提。

1. 应正视家庭经营在新型农业经营体系中的基础性地位

从午井镇的社情民情来看，虽然也出现了劳动力的大量外流，但从小农户的家庭角度来看，这种人口流动存在两种典型特征。首先，以家庭为单位，农民的流动是具有代际分化色彩的，即年青一代作为"新生代农民工"的代表，他们已经选择在城镇就业甚至安家。午井三村各个村民小组，30岁及以下的年轻人几乎没有，但其父辈，即第一代农民工群体大多早已返乡，或者为子女带小孩，或者在乡镇范围内打零工，留守在村的现象普遍。代际分工机制决定了农村中仍将有数量庞大的小农户，他们并不会举家迁到城镇；第一代农民工仍会选择返乡。其次，关中地区"安土重迁""落叶归根"的传统文化，也影响了农民的生活选择，大部分农民的生活面向仍是回村，即便是为儿女在城市买了房，他们的最终选择还是回村。在小寨村有很多退休职工群体，他们即便在外工作多年，最后还是愿意回乡养老。这些因素决定了在可预见的时期内，农民家庭的基本外形仍然会保持在村庄中，而承包地则会成为这些不太完整但仍会居住在村的小农户家庭的一份保障。

从社会层面理解了小农户家庭的韧性，也就使我们不得不正视小农户的家庭经营所内含的民生原则，即在地方社会的农业经营中，土地与农业仍要负担"养人"的职能。而更为普遍的家庭形式是，当家里有了孙子孙女，很多农民要回乡带孙辈，此时他们的年龄在50~60岁，仍是从事农业劳动的适宜群体，因此农户家庭在小规模经营上具有积极性。眉县、大荔的农业转型经验启示我们，小农户家庭在现代农业中能够充分发挥其优势，

而这些中老年农民作为农业从业者主力群体，经营热情较高，积极性较高。小农户的家庭经营虽然具有"小而散"的弊端，但其优势在于能够精耕细作，应对自然、市场风险的能力较强，这是长久以来我国农业家庭经营的优势。当前，农户虽然仍具有"小而散"的特征，但同时通过多元化经营、兼业化经营而使家庭经营具有了灵活多样的特征。对于地方产业体系来讲，这种兼业化的优势也是必要的。理解了农民家庭经营的基础性地位，就能够因地制宜地制定推动农业转型的路径。

2. 应注重建立小农户与现代农业的有机关联

小农户的家庭经营居于基础性地位，但这种"小而散"的家庭经营也存在不可回避的内在弊端，家庭经营相对于公司化、农场化经营，其优势主要表现在农业生产环节，家庭经营的精耕细作、家庭分工的灵活多样，保证了小农户在种养环节上的独特优势。但现代农业体系更为复杂，生产环节专业分化程度高，小农户难以达到资源利用、科技利用与市场拓展等方面的要求。同时，现代农业需要达到一定程度的集聚效应，而"小而散"的农业经营难以动员、缺乏组织，社会化协作较为缓慢，因此在新型农业经营体系下，需要与其他经营主体重新建立协作机制。

党中央在十九大报告中提出的"小农户与现代农业的有机衔接"，结合午井镇的社情民情与产业基础，"有机"衔接要着重打造产业关联机制。这种关联性必须是实质、深刻且有效的，具体可以从几个方面入手。首先，从组织小农户的角度，推动小农户与其他经营主体建立紧密的合作与联合。午井镇目前已经培育出一部分龙头企业、农民专业合作社以及种粮大户等形式的新型农业经营主体，如奇峰果业专业合作社、华泰果业专业合作社等，应该从提高农民合作水平和程度入手，使农户通过合作、联合获得更高经济收益、更强的竞争能力。其次，推进农业的服务全程化，帮助小农户节本增效。大力扶持各种农业社会化服务组织的发展，把小农户不想办、难办到、办不了的事情办好，解除小农户"后顾之忧"，尤其是要支持供销社、邮储银行发挥特有的优势，为农户发展现代农业提供全方位的服务。

实现小农户与现代农业发展的有机衔接，是一个系统工程，也需要有足够的培育耐心。在正确认识小农户的家庭经营为基础的前提后，应着力构建小农户与现代农业发展衔接的"桥梁"，克服"亲大农、远小农"的倾向，真正通过构建现代农业产业组织体系、现代农业生产服务体系、现代农业经营体系，将千万小农户引领到现代农业的轨道上来，通过参与现代农业发展，成为新型农业经营体系的重要构成力量。

3. 应着力提高小农户的组织化程度

以小农户为本位的现代农业发展，并非意味着要以小农户为唯一的经营主体，小农户间的联合与合作也是农业经营主体培育的新方式。从经营规模上看，小农户的联合也能够实现一定的规模化，如农户承包地的"互换并地"、社会化服务下的农户横向联合、农户间承包地的流转、土地股份合作、工商企业租赁农户承包地等。在一定意义上，高度集约化的小规模经营由于其要素投入的成倍增加，也可以看成规模经营，如设施大棚即属于这一类。因此，发展规模经营绝不能简单地理解为推进土地大规模流转，走大规模经营道路。此外，通过小农户的合作组织来对接小农户与大市场，提升小农户应对现代农业转型需求的能力，也是提高农业经营体系"四化"的题中之意。发展农户联合与合作，形成多元化、多层次、多形式经营服务体系，发展集体经济、增强集体组织服务功能，培育新型合作组织，发展各种农业社会化服务组织，鼓励龙头企业与农民建立紧密型利益联结机制，着力提高组织化程度，鼓励农民开展多种形式的股份合作和合营，引导和支持兴办多元化、多类型的合作组织。积极推进以土地承包经营权入股的土地股份合作社，充分发挥土地、劳动力、资金等生产资料和资源的聚集效应，优化农村资产资源的市场配置效率，提高农民生产经营合作的积极性和主动性，这样既保持了农户家庭经营的基础性地位，又能通过体制机制创新，将小农户纳入现代农业经营体系之中。

（二）完善政府的农业治理职能，有效推动农业转型

农业是一项弱势产业，但关涉国计民生的重大问题，而粮食作为公共物品牵涉社会稳定乃至国家主权，因而长久以来我国农业发展都离不开国家干预。在传统农业迈向现代农业的过程中，同样离不开国家在其中的干预。本章将国家干预具体化为"农业治理"，是指诸多农业问题的直接干预与事务治理都需要县乡政府来完成，不仅仅包括对中央政策的落实，更重要的是地方政府能动地出台自己的政策，推动农业产业结构调整与农业经

营体系创新。在这一过程中，要发挥政府的农业治理职能，在农户、村社办不好、不好办或办了不合算的环节发挥作用，共同推动现代农业的实现与新型农业经营体系的完善。

1. 完善农业转型的动力机制

对于类似午井镇的传统农作区而言，农业处于低水平循环固然有其社会内在逻辑，但也要看到，部分农户仍存在通过改善经营结构的方式来实现提质增效的可能，但个体化的尝试毕竟作用有限，农业由低水平循环向高水平循环的过程中，需要一定的支持机制发挥作用。如料地村猕猴桃产业长期维持在不足百亩的水平，因此经营户无法像眉县经营户那样，享受因产业集聚带来的红利，料地村农户在农资购买、技术学习与产品销售上，都需要花费更高的成本，这间接提高了其经营成本。由此来看，源自农户内生的发展动力无法推动农业的迅速规模化。

政府干预作为农业转型的另一种动力机制，能够通过政策诱导、公共物品提供以及市场关系协调等为农业转型提供更强有力的动力。眉县猕猴桃产业发展过程中，政府在一定的产业基础上，实施了一系列推广面积、扩大规模的政策，使得全县种植面积迅速扩大，实现了规模经营并带来集聚效应。在干预农业转型的经验中，政府可以在一定的产业基础上，推动集中连片经营，实现一定地域的集聚。

政府干预在农业治理中发挥作用的途径需要进一步完善。长期以来，各地"逼民致富"的案例也不胜枚举，政府在推广某种农业品种时，往往出于行政意志而与市场逻辑相左，因此也产生了很多干预失败甚至造成重大问题的案例，以至于农民说"政府越让种什么，就越不能种什么"。政府干预不能代替市场逻辑，更不能代替农民做决定，而是在市场与农民缺位的地方作为第三方主体，弥补产业体系中的薄弱环节。以眉县和大荔为例，两地主导农产品已经具有了一定的知名度，因此打造优质品牌、开拓市场份额、拓宽产业链利润等需求较为旺盛，这些环节是由政府相关职能部门来完成的。

2. 提升农业治理的能力

新型农业经营体系提出了"四化"的要求，即集约化、专业化、组织化、社会化。"四化"是紧密联系、相互促进、互为条件的一个整体，其中集约化和专业化属于"分"的层次，着眼于提高农业生产效率；组织化和社会化属于"统"的层次，着眼于提高农产品的市场竞争能力。可见，在新型体系建构过程中，也存在"统分结合"的内在要求。

在"分"的层面上，集约化要解决的是农业经营中"物"的投入不足问题，特别是先进适用技术和现代物资装备不足的问题。专业化要解决的是农业经营中"人"的支撑问题，要以一定的经营规模为基础，以使专业户获得与兼业户或外出务工人员相当的收入水平。"分"的层面上的需要，可以通过新型农业经营主体自身来发挥优势。

在"统"的层面上，组织化要解决的是"市场"对接不足问题，通过把分散的小农组织起来，建立有规模、有组织、有科学管理的合作形态。社会化要解决的主要是"服务"不足问题，服务主体包括各类公共服务机构，农村自发形成的农业合作经济组织，涉农企业以及农业院校、科研院所等，服务主体具有专业性，服务对象具有广泛性。"统"的层面上的需求，则需要政府干预作为必要的回应手段。提高新型农业经营体系的"四化"水平，关键在于不断提高"统一经营"层次水平。"统一经营"不够，已成为我国农业生产经营体系的重大缺陷，是与现代农业发展不相适应的关键所在。"统一经营"要求稳定并完善农村基本经营制度，要抓好"分"和"统"这两个环节，在"分"的环节要稳定承包关系、规范促进流转，在"统"的环节由更高的主体——政府——加强创新、强化服务功能，努力推动农业生产方式转变，为建构新型农业经营体系发挥治理作用。

第四章　冬枣产业转型的社区
动力机制[*]

大荔县冬枣产业是在近十年才发展起来的，并且在短短几年中冬枣种植从零星小块种植扩展为大规模、集约化经营，由原来的主粮、杂果为主的分散种植结构转型为设施冬枣为主体产业，且县域内设施冬枣的面积仍在快速增加。特别是冬枣优生区安仁镇各村，种植面积从 2012 年至今已基本全覆盖，短期内实现了农业结构的转型，并且迅速走上了产业发展的快车道，其农业转型经验，能够对当前供给侧改革背景下农业转型升级提供启发。本次调查在大荔县安仁镇小坡村、伏坡村开展，同时关注了红星村产业转型的状况，探究了农业转型的动力机制。

在供给侧改革背景下，农业产业转型的路径之一即由低价值的粮食生产转向更多的高附加值农产品，产业转型迈向进一步资本密集也进一步劳动密集、能够吸收更多劳动力的农业，促使农业劳动产值持续上升。[①] 黄宗智称这种转型为"隐性农业革命"，其经验表现是生产者凭借从低价值粮食转入高价值的肉、禽、鱼以及菜、果等"新农业"的生产，促使务农人员收入提高，农业劳均产值增加。[②] 从需求一侧来看，由于城市化发展、市场容量的扩大，人们的食品消费结构已经朝向蔬菜、肉食及水果等部分倾斜，食品消费结构促使市场需要更大规模、更高质量的农产品，而从供给一侧来看，主粮生产的低价值导致农业生产面临转型，而生产成本的地板抬升与农产品价格天花板限制，促使生产者亟须通过提质增效来完成农业转型。大荔冬枣产业近十年的发展历程正是在双重动力下完成了转型升级。"新农

---

[*]　本章内容由陈靖撰写。
[①]　陈锡文：《论农业供给侧结构性改革》，《中国农业大学学报》（社会科学版）2017 年第 2 期。
[②]　黄宗智：《中国的隐性农业革命》，法律出版社，2010。

76

业"的发展需具备一定的条件：首先，"新农业"的产生要从既有的经营惯性中脱离出来，其动力机制何在；其次，"新农业"的经营需要具备一定规模，当"规模效应"呈现之后，才能够成为地方主导性产业，通过公共物品的共享、市场体系的稳定来奠定产业可持续发展道路。本章基于大荔二村的调查资料，试图回答这两个问题。

一　产业转型的"规模效应"

"新农业"的发展需要在达到一定规模之后才能实现经济效益的提升。在中国当前农业生产经营制度下，土地"按户承包"、单家独户分散经营的形态仍将长期存在，这种分散格局是限制"新农业"发展的共通因素。但实际上，在诸多"新农业"能够发展起来并蓬勃兴盛的案例中，如何实现"小农户"走向大规模，其间又存在一些共通的特征，如一般地区性的产业兴起，其发展路线为"先行者发起、实现经济效益、引发群众模仿、初步形成规模、生产体系完善、实现持续发展"。调查中发现，安仁镇自20世纪80年代开始先后发展过西瓜、苹果、酥梨等产业，其发展路线也基本遵循这一规律。这一发展路线中存在两个关键环节：一是产业的先行者如何产生、发展起来并实现经济效益（即产业带动机制）；二是当群众被带动起来并形成规模，如何通过规划引导来实现产业的高效运行（产业治理机制）。产业带动机制与产业治理机制是实现"新农业"快步发展的关键，但其核心都在于如何实现并发挥"规模效应"，其路径在于通过某种组织化路径来实现产业带动与治理。

（一）产业发展的"带民致富"命题

"新农业"的发展必须摆脱农户分散经营的限制，分散经营的主要弊端在于无法形成"规模效应"，实现市场机制的补给。地方政府曾作为实现规模效应的动力机制之一，[①] 如很多地方推行的"一村一品"项目，地方政府

---

① 刘军强、鲁宇、李振：《积极的惰性——基层政府产业结构调整的运作机制分析》，《社会学研究》2017年第5期。

行为介入农业转型，产生很多"逼民致富"的案例。① 实际上，政府推动农业产业结构调整失败的教训不少，但政府通过引导与政策扶持的实践也表明，在缺乏市场力量、民间社会力量推动的情况下，农民很难突破"小农户走向大规模"，必须通过某种组织化力量来实现这种突破。在一些地方治理过程中，基层干部被赋予了"带动村民致富"的职责。"带民致富"固然是执政理念的贯彻落实，但更关键的是试图通过治理手段来突破组织化不足的困境，而分散小农户如何形成地方规模化经营，其中的关键性组织力量就在于带动主体，即产业先行者如何产生，并通过初步规模化来实现效益。

1. 先行者如何带动

在诸多民间自发农业转型成功的案例中，"第一个吃螃蟹的人"即产业发展的先行者至关重要，"典型引路、辐射带动"是产业带动机制的主要内容。而先行者往往要承担较大的试验成本，并且多是个体承担。安仁镇小坡村是当前冬枣种植面积最大的村，已有1.1万亩设施冬枣，而该村最早的带动者为现任村书记薛安全。在大荔县，红枣品种经历了20世纪90年代的梨枣、雪枣等品种，但都未形成规模。小坡村在90年代也有极少数人尝试过梨枣、水枣等，未形成规模也产生没有效益。2003年，时任村主任的薛安全带领村组干部，以村集体林场机动地（490亩）为基地开展红枣种植试验，这成为小坡冬枣发展的第一阶段。

红枣种植试验的起源在于村社机动地的配置困境。自分田到户以来，安仁镇各村在村民小组一级保留了小组长职务，按照相关规定预留了5%左右的机动地。机动地的用途在于，按照"增人增地、减人减地"的集体土地承包规则，调整因人口变动而出现的土地不均，同时也从机动地中划批合理的宅基地。小坡村13个村民小组都预留了机动地，机动地未使用的部分，则通过集体发包的方式由承包者经营，并向村民小组交纳承包费，承包费作为小组集体开支，包括小组长工作补贴，小组内公共事务如修渠修路、公共卫生打扫等支出。除村民小组机动地外，小坡村在行政村一级因

---

① 马明洁：《权力经营与经营式动员——一个"逼民致富"的案例分析》，载《清华社会学评论》（第1辑），澳门：鹭江出版社，2000。

集体时期留有 490 亩的集体林场，其作为村集体资产，也能够产生收益。1997 年薛安全任村委会主任后，由于当时农业税费负担较重，小坡村 2/3 的土地为质量低下的黄小坡地，盐碱化问题较严重，集体开支不足，必须通过对机动地的盘活经营来增加收入。2003 年，薛安全做出了一项强制决定，即村两委与小组长共 27 名干部，每人必须完成 10 亩机动地的发包任务，如果个人发包不出去则由该干部自己承包。按照这一强制性的行政任务，每位村干部都必须完成发包任务，但由于 2000 年黄河滩地盐碱化未能改良，很少有人愿意承包滩地，这部分土地大部分只能由村干部自己接手，而薛安全则接手了 200 多亩。

村干部接手的 490 亩集体林场机动地，成为村两委班子开展产业转型的第一步。在村组干部有了共同需求之后，薛安全通过个人垫资的方式，开始在土地上开展种植试验。2003 年薛安全垫资从山西拉来一车雪枣苗，个人出资为 490 亩土地开沟栽树，作为一项尝试，当时支持的村干部较少。雪枣种植后日常管理也是摸索着干，到 2005 年前后雪枣挂果，但由于本地栽植数量少，市场打不开，需要各种植户自己搬筐去销售，一位村干部说，当时还要自己挑笼子到集上去卖。市场打不开，薛安全与各村干部也都想了别的办法，如嫁接梨枣、换品种等，由于品质不好，多年的尝试都未产生质的改变，只有极少数农户跟着栽植了枣树，栽植面积也不超过千亩。之后嫁接冬枣，慢慢开始有了收益。但由于冬枣成熟期正赶上本地秋季连阴雨，很多种植户的冬枣都变成裂果，甚至烂在了地里。

2. 典型带动下的规模形成

2011 年前后，小坡冬枣产业发展进入第二阶段，首先是一些种植户开始着手解决防连阴雨裂果的问题，一些村民买来塑料桌布搭在冬枣树上防雨，但效果不好，一些种植户看到蔬菜大棚受到启发，买来塑料薄膜与竹竿，在枣树上搭起大棚防雨，效果很好，于是自 2010 年开始，薛安全开始动员村干部搞冬枣大棚，并在冬天完成了 180 亩地的大棚搭建。而早期搭棚的种植户李建华由于解决了连阴雨裂果问题，并且当年冬枣树管理得好，到未成熟季节已经有浙江客商来下订单"断园"，李建华的 10 亩大棚冬枣一次性买断获得 23 万元，亩均收入 2.3 万元。薛安全说，"农民从没见过那么多钱，两捆子红板，往那一撂……就因为这个示范，我们村上冬枣产业从此大踏步前进"。李建华的经营成功产生了两种示范效果，一是让村民看到了种植冬枣是有利可图的，二是冬枣种植采取大棚技术能够获得稳定的产量与收益。于是自 2011 年秋季开始，小坡村绝大多数农户开始投资建园栽植冬枣，掀起了冬枣园建设热潮，而自 2014 年开始，这一批建园的农户也陆续开始有了收益。

红星村（又称小苟村）的冬枣种植略早于小坡村，但形成规模也是在榜样的作用之后，该村能人马绍兴等 2000 年前后栽植梨枣，后在梨枣树上嫁接山东沾化冬枣，但冬枣是大田种植，未能解决连阴雨带来的问题，多年来冬枣收益有好年景也有亏本，示范作用是有限的。小坡村冬枣种植较晚，但在摸索出大棚种植技术后，成为产业规模化的推广动力。李建华的"断园"示范所引发的建园潮，使得小坡村近 15000 亩的土地完成了 90% 的冬枣大棚覆盖，特别是黄河滩地近万亩的盐碱地经过前期治理，迅速完成了建园，并形成了"万亩冬枣示范基地"，建园的热潮从小坡村扩展到临近的步昌等村。冬枣种植的发展速度也远远超出了第一阶段时薛安全的预期，当时只是觉得"收益能超过粮棉就可以了"，但亩均近两万元的纯收益使得带动机制变得非常顺畅。规模一旦形成，围绕冬枣生产而形成的市场体系也迅速完善起来，目前大荔冬枣种植面积已经达到 30 万亩，且新园仍在年年增加。安仁镇周边各村已经形成了完整的供销体系，市场也在逐渐打开。一旦形成生产规模，市场体系的完善就是自然而然的，而引起规模效应的节点，就在于李建华经营成功所形成的榜样效应。我国大部分特色农业产区的发展，也大多经历了"村看村，户看户，群众看着示范户"的带动过程。

（二）产业带动中的能人作用

在形成"一村一品"或"一镇一品"的地方农业产业规模过程中，能人是普遍存在的，如小坡村的薛安全、李建华，红星村的马绍兴等。能人效应体现在其致富本领、技术优势以及创业精神等方面，能够对群众产生一定的感召。这些能人在产业发展中具有特殊功能。

1. 能人的技术扩散作用

大荔冬枣的发展过程中，起示范带动作用的技术能手是关键群体，如小坡村李建华、红星村马绍兴等。这部分群体采用了相对先进的种养技术，他们的经营获得了较高的经济收益，因而引起周边村民的效仿，简言之，技术能人通过邻里效应和示范效应带动普通农户对专业技术的学习和跟进。

自 2000 年 3 月，红星村务农能手马德孝、马全胜、马绍兴等科技能人便率先栽植冬枣 50 公顷，在他们的精心劳作下，2002 年，这些冬枣树全部挂果并获得丰收，每亩产枣量为 500 公斤，每公斤冬枣卖 16~20 元的价格，亩收入在 8000 元以上，全部收回了建园投资。红星村种植冬枣较早，但早期冬枣种植效益与产量不稳定，限制了技术扩散。小坡村的冬枣产业在 2011 年李建华"断园"后进入快车道，主要原因在于李建华等摸索出大棚技术，塑膜大棚的搭建不仅解决了连阴雨带来的困扰，更因温室大棚所带来的生产周期缩短、冬枣提前上市而获得高额收益，这使得村民跟进的热情更高。

农业生产本身的特点决定了这种模仿是很容易实现的。一方面，冬枣产业是一个进入门槛较低的产业，对经济主体的经济规模和资本的要求都不高，技术的掌握对农户来说都是不成问题的；另一方面，大荔冬枣仍处于扩张阶段，核心技术为冷棚搭建，技术要求较低的特点也决定了这一类型的能人效应的扩散。由于长期从事农业生产，大部分农民对于新技术往往比较容易掌握，且大荔处于人多地少的精细农业区，农户具有较强的经营意愿，农业转型的转换成本较低。一个例证是，本地自种植梨枣开始，一旦某个品种经济效益不行，村民立即就会转换为效益更高的品种。因此，能人的示范效应一旦产生，就会导致周围农户的大量跟进。在农业产业发展的初期，对于收益更好的项目、品种或技术，技术能人的带动对普通农户的发展尤其重要。

2. 能人的动员作用

小坡村的冬枣产业发展与薛安全的行为密不可分，但薛安全本身并不是经营能手，而是基于村干部身份发起了小坡冬枣的基础建设。小坡村冬枣产业的发起者薛安全最早的考虑是如何有效利用本村的盐碱地，2/3 的土地属于滩下盐碱地，被薛安全称为"远看水一片，近看全是碱"，而农业生产也是"种一葫芦打两瓢"，大部分荒滩均是抛荒地，一些村里缺少土地的农户甚至会去外村包地种。2001 年春季，薛安全作为村主任，提出了"引洛下滩，修渠栽枣，治理盐碱，综合开发黄河滩"的土地改良设想，计划将本村未利用的荒滩改造为良田。盐碱化改良的关键措施是"灌水排碱",其中水利体系供给是重中之重。小坡村位于洛惠渠下游灌区,往往在夏季灌溉高峰期时上游放不来水,本村缺乏足够的水源供给,因此从 2003 年开始,薛安全组织村组干部一起埋管、加泵,昼夜加班,打井修渠,开始了压碱还田的工程建设。通过找关系、跑项目、争资金、打包上级资金等工作共打下了 10 眼甜水机井,彻底解决了夏灌水荒的问题。2004 年"引洛下滩"工程,共投资 300 万元从岗上洛惠渠建设三条支渠及配套渠系,其中国家项目投资约 180 万元,小坡村承担 120 万元建设费用,包括末级渠系建设、支渠土方工程及配套建设等,而薛安全在其中负责协调,并垫资近 20 万元促成水利体系的完善,这成为万亩荒滩改良的关键举措。在经过改良的滩下土地上经过 3~4 年探索,冬枣成为小坡村发展的突破口,薛安全率先在他的 200 亩枣园中做试验,全部嫁接冬枣,聘请西北农林科技大学专家李新岗教授讲课,请有经验的枣农进行技术示范搞传帮带,大大提高了村民对枣树的管理水平。为了打开冬枣销路。2006 年,在他的带领下,村干部们捡破砖烂瓦垫铺路面,经过半个月的辛苦努力,终于整修垫平三纵三横的生产路,特别是对主干道路面进行了硬化。2007 年薛安全被推选为小坡村党支部书记后,带动全村发展冬枣种植面积 5500 余亩,使全村农民人均收入增加 2800 元。为了确保冬枣提前成熟,避开自然成熟期的阴雨天灾,2010 年他又通过跑项目,得到与信用合作社合作的机会,贷款与村组干部带头搭建大棚 180 亩,当年收入 260 万元。截至 2013 年,全村冬枣面积已达到 9600 亩,年产量 1.5 万吨,产值 7000 万元。仅冬枣一项农民人均纯收入在 1.6 万元以上,全村收入的 90% 来源于冬枣产业。薛安全的能人作用表现在,作为基层主职干部,他的积极行政以及私人垫资对公共物品供给起到不可忽视的作用,积极行政表现在对上跑项目,并使用个人资金来完成项目配套。在项目配套建设中,通过行政手段对基层干部的动员作用尤为明显。

伏坡村的设施冬枣发展过程也是通过干部的积极行为来推动的。小坡村的冬枣发展是在改良过的盐碱地中发展起来的,而伏坡村则是在杂果园推倒重建中发展起来的,果农面临双重成本,即旧果园拆建的沉没成本,以及新枣园设施的建设成本。为了加快伏坡村设施冬枣的发展速度,伏坡村在 2011 年时任村书记的跑项目努力下,获得了上级农业发展项目支持,村两委班子在村内通过流转的方式集中了约 200 亩耕地，并签订了 20 年长期流转合同，当年春季开挖 60 多座温室大棚，搭建成本村第一批坑式温棚，由村两委通过项目配套灌溉、电网等设施，并向信用社贷款挖掘土方、建造温坑，成本约 6000 元一座。农户可以承包认领坑棚，认领后农户出资订购由村两委统购的钢材、薄膜、卷帘机等。由于温坑大棚属于新鲜事物，村民尚不能接受，村两委只能通过跑项目的方式建造第一批示范大棚。新建大棚以 500 元/亩的方式承包到农户（主要是土地流转租金），共有 40 多户农户承包了示范园的坑棚。近年新任村书记穆波又通过争取项目的方式为 200 亩示范园配套了硬化道路、照明设施等，在村两委的示范带动下，近年来伏坡村温坑大棚发展到约 300 座，其中有不少村民在羌白、范家等镇包地建棚，已发展起 60 多座冬枣坑棚。

在"带民致富"的命题下，很多地方有失败的教训，但这一命题本身意涵在于，农户如何由分散、独立的小户经营发展为规模化产业集群，其中必定要有机制来负担组织成本，在农业治理的逻辑下，地方政府要承担农业发展的治理职责，也就必须通过一定的行政措施来推动产业的示范带动。[①] 在这一过程中，基层主职干部的思路、能力甚至财富都可以成为"能人带动"的基础，如小坡村冬枣产业发展中基础设施配套是关键，跑项目是积极行为的表现，但更重要的是村社要为国家的"项目落地"进行物资、工程等的配套，在基层村社缺乏公共性资源的硬约束下，只有通过私人化提供公共物品的方式来应对。实际上小坡村村书记薛安全、村主任郑新社都是因为公共工程"垫资"而获得村民认可的，"垫资"逻辑在小坡冬枣产业发展中具有特殊的地位。

二　产业转型的村社基础：小坡冬枣何以迅速形成规模？

产业体系的跟进与完善是规模形成后自然而然的结果。小坡村产业能

---

① 龚为纲、黄娜群：《农业转型过程中的政府与市场——当代中国农业转型过程的动力机制分析》，《南京农业大学学报》（社会科学版）2016 年第 2 期；赵晓峰、赵祥云：《农地规模经营与农村社会阶层结构重塑——兼论新型农业经营主体培育的社会学命题》，《中国农村观察》2016 年第 6 期。

够迅速形成规模，取决于先行者薛安全以及示范户李建华等人的作用，能人带动作用固然重要，但能够迅速规模化，其奥妙在于村社机制，即独特的村社内部土地配置机制、公共物品供给机制、社会动员模式成为迅速规模化的前提，而村社机制也成为构造地方产业形态的基础。

（一）村社土地配置机制下的产业布局

自家庭联产承包责任制实施之后，我国农业形成了"人均一亩三分，户均不过十亩"的分散经营格局，这种"小农经济"形态长期维系，并在2000年以来形成了以家庭分工为基础的"半工半耕"格局。安仁镇冬枣产业的发展带来了劳动力的密集化，在小坡村、伏坡村等冬枣产区，农户极少出现"半工半耕"，绝大多数农户采取家庭全劳力经营冬枣的策略，在既有的土地配置机制下，维持了户均十亩左右的经营规模。

1. 土地承包经营制度下的家户经营

按户承包所形成的经营规模，最终形成了中国农业分散但均质的格局，其均质性源于集体土地承包经营，其基础是按人平均承包土地。小坡村的15000亩耕地，分为13个村民小组，按照20世纪80年代分田到户的规模，岗上的土地人均1亩左右，滩地人均2亩左右，但在盐碱地得到治理前，滩地生产能力较低，岗上的土地成为农户精细耕作的主要场所，而农户多种植果树以增加收益，果树转换为枣园，则要付出更多的成本，成为约束冬枣面积扩展的原因。而小坡村的冬枣产业最早在黄河滩地发展起来，经过改良的滩地相当于白地，建园成本相对较低，是小坡冬枣成为万亩园区的特殊原因。

而农户迅速扩大冬枣种植面积与社内分配土地的规则密切相关。冷棚与温棚冬枣不同于大田冬枣，因为大棚设施的修建必须有足够的土地面积，且土地连片程度达到一定标准才能够建设大棚。在小坡村冬枣面积扩展中，户均耕地相对集中是先决条件。我们调查发现，各社在分田到户时，大部分村民小组在土地发包时意识到土地细碎化的危害，因而在好赖搭配时仅区别了岗上土地与黄河滩地两类，按户承包时两块地都得到了集中，如七组李高民家共7.2亩地，岗上1.8亩，滩地5.4亩，分为两块；在另一些村民组，虽然分田到户时土地较为细碎化，但在其后进行了集中调整，如八组组长家有 10.5 亩地，岗上 4 亩，滩地 6.5 亩，分为了三块，他为了种植棉花方便，私下与人对换了半亩，但在 1998 年二轮承包之前，组里将土地全部打乱重分，实现了岗上、滩地的集中化。集中化的土地适宜建设大棚设施，① 至少需 1 亩的连片土地，如果参照伏坡村建设标准化的温坑钢架大棚，则需要 5 亩的连片集中地，土地的集中化成为设施冬枣扩张与改进的先决条件。

根据村社中按人均分、按户承包的土地配置原则，小坡村形成了户均 10 亩左右的经营面积，而按照这种相对均质化的经营规模，村内形成的是分散的辐射格局，在冬枣面积扩张阶段，能人与普通农户的关系亲疏问题对能人效应的扩散影响较小，而普通农户自身的情况在很大程度上影响了能人效应的扩散，农户自身的家庭劳动力情况、拥有土地的数量以及农户对新技术的感兴趣程度等都会影响能人效应的扩散，影响农户是否会进行专业化生产。在小坡村相对均质的分散经营规模下，能人带动效应扩散是呈放射状的，那些对技术能人所带来的新项目较感兴趣的且具备从事专业化生产条件的农户往往成为能人效应扩散的积极响应者。这也是小坡村能成为万亩冬枣生产基地的主要原因，其根源在于均质化的土地配置格局，使得能人带动、典型辐射的机制充分发挥了效用。可以作为对照的是，伏坡村温坑钢架棚作为冬枣生产的最先进技术，由于大棚建设对土地集中化的要求较高，需要东西走向的、面积在 5 亩左右的长条形土地，而村内除了通过集体流转形成的 200 亩耕地外，大部分土地都很难满足建设条件，这也就限制了温坑钢架棚的推广。相对来说，1~2 亩的土地若能基本成长条形，就可以搭建冷棚，这也是安仁镇域内冬枣生产以冷棚为主的主要原因。而在整个大荔县，2016 年数据显示冬枣面积现已在 30 多万亩，其中日光温室大棚冬枣 3 万亩，春暖棚（俗称冷棚）冬枣 25 万亩，占绝大多数。

---

① 按照日光温室设计原理，冬枣宜采用无后坡日光温室结构，温室采用钢竹混合骨架结构，棚体跨度 10~12 m、长 80~100 m、脊高 4.5~5.0 m（计 1~2 亩地）；大棚骨架依据轴线公式原理，设计出流线型圆拱骨架结构，材料可选用全钢骨架或钢竹混合结构，跨度 10~14 m、长 60~80 m、脊高 2.5~3.5 m（计 1~1.6 亩地），此类大棚两头砌墙，提高抗风、防灾能力，抗风能力不低于 8 级，抗雪荷载能力达 20 kg/m² （相当于 15 cm 厚度的积雪）。

2. 机动地机制下的公共物品提供机制

小坡村冬枣能在短短 7 年内达到万亩规模，村内 90% 的土地完成了冬枣大棚建设，关键因素在于村社能够通过公共物品提供完成黄河滩地盐碱化改造，并对冬枣园区进行了水利道路电网配套，形成了基础性规划，也使得冬枣生产能在短期内以较低交易成本拓展为万亩园区。可以作为对照的是，红星村整村土地仅为 2500 亩，土地面积不足，最终发展为集约性的钢架双膜棚，而伏坡村土地面积为 3000 多亩，黄河滩上的 1000 多亩地完全未改良，仍属于无法利用的荒滩，其未能像小坡村一样改良黄河滩地，原因在于缺乏供给公共物品的村社机制。改良盐碱地的工程，需要修灌溉渠、排碱渠，通过上灌下排来压碱还田首先必须有排碱渠、灌溉水系的供给，而一旦种植面积成规模，就需要通过配套生产路、电力系统以及滴灌设备等来提升生产的便利程度，以推进种植面积的聚集。

在村庄内部的公共物品提供过程中，除了由"搭便车"所带来的集体行动困境，还存在由私人所有权而带来的"反公地悲剧"困境，[①] 特别表现在当前土地承包经营权的家庭所有愈加清晰化与精细化，使得村庄在公共物品提供过程中涉及占地问题时，私人所有权成为工程建设的阻碍。小坡村在冬枣产业发展中赖以为基础的水利设施提供，是在村社统筹机制下发挥作用的，解决了因公共物品占地而产生的"反公地悲剧"困境。

（1）以机动地调整解决"反公地悲剧"困境

村社的统筹机制依赖于机动地机制。按照相关规定，集体（一般为村民小组）可以留出 5% 的集体机动地，用于集体收入，以及因人口变动而引起的土地调整。在小坡村，村民委员会与村民小组都预留了机动地。村民委员会的机动地主要来自集体时期遗留的林场占地，约 500 亩；而各村民小组也有自己的机动地，如 11 组共有 60 亩机动地，现全部被发包出去。这部分机动地主要位于坡下滩涂。可用于土地调整的机动地机制，解决了小坡村在公共物品提供过程中的占地问题。2001 年"引洛下滩"工程需要修建斗渠工程，全长 21.8 公里，配套支渠 13 条，需要占用某些农户的滩下承包

---

① 刘燕舞：《农地制度实践与农村公共品供给——基于三个地域个案的比较分析》，《上海行政学院学报》2011 年第 5 期。

地，就使用机动地进行补偿。补偿机制存在两种形式：一是在村民小组内，如果是组里修渠修路，占了一两家的地，就从村民小组的机动地中补偿相应面积，农户不至利益受损；二是对于村民委员会一级占地，如果是为了公共利益，各享受到公共设施的小组就进行均摊，分摊不均的部分，由村委会集体机动地划出一部分，对小组进行补偿。村内、组内的土地统筹机制，使得小坡村的公共设施建设非常迅速，农户利益不会受损，因此村民对农田水利基础设施建设的认同度较高。机动地机制在小坡村的农田水利基础设施供给中发挥了巨大作用。

机动地机制解决了基础设施供给中的占地问题，同样表现在一些配套设施建设中。小坡村建立了一个可容纳 100 多名客商的冬枣交易中心，这个交易中心之所以能建立，一个重要原因是集体有机动地，否则无法解决土地的征用问题。交易中心旁边建有一个占地 22 亩的物流中心，交易中心和物流中心的地都是薛书记拿村集体的机动地给换过来的。机动地机制使得村社内部的公共土地资源可以低成本、高效率地转换为基础设施、配套设施、公益设施等公共物品占地来源，大大降了交易成本与建设成本。

（2）以机动地机制解决组织成本问题

机动地机制在调整土地利益方面发挥了不可替代的作用，在公共物品的供给过程中可以迅速解决占地纠纷，以较高的速度建设基础设施，为普通农户建园提供配套设施。而且由于基础设施配套较为便利，村社在配套过程中能够做到全覆盖。如"引洛下滩"水利设施供给中，基本做到滩下土地全部惠及，为小坡村的规模化奠定了基础，这也是红星村、伏坡村所不具备的。村委会的集体林地、村民小组的机动地作为村社重要公共资产，也为公共设施、公益事业的供给提供了资金支持。8 组组长表示，自己组内共有 60 亩机动地，机动地的承包费就是自己作为组长的津贴、组内修渠疏渠的主要资金来源，虽然当前村民小组的治理能力已大大下降，但治理责任并没有减轻，黄河抢险、疏浚渠道、打扫组内卫生等活动的资金，还是来自机动地。以修建渠道为例，由村到组的末级渠系是由村民小组承担的，最近一次修渠，7 组需要筹资 6500 元，8 组需要 17000 元，这是村里摊派到组的任务，组里没有钱，就只能延长承包期，预收承包费，组长表示"很多都是从机动地的承包费里来的，有地就包地，没地了就延长承包期"。

小坡村村委会的集体林场机动地一年有 20 万元左右的承包费收入，2004 年修村里的主干路，申请的一事一议项目，国家出路面钱，村里出土方，用的是集体的机动地收入；2004 年还修了渠道，国家出了 190 万元，村里出了 150 多万元，也是从集体机动地收入里出的，村、组的机动地收入都动用了。在缺乏集体收入的纯农业型村庄，机动地是可以支配的唯一公共资金来源。虽然在小坡村的基础设施配套过程中存在"寅吃卯粮"的现象，但通过机动地承包费预支，村社能够较快地完成基础设施配套，使小坡村冬枣产业走上快车道。小坡村的全村水利建设是在 2000~2006 年陆续完成的，进行的是引洛工程建设。引洛工程一共花了 300 万元，国家投入了 180 万元，村集体投入了 120 万元。斗渠有 4~8 米高，长 3.5~4.5 公里；分渠 0.7~4 米高，长 21.8 公里。村集体投入的部分是由薛书记先垫钱，之后用村里机动地的收入还上的，组里的机动地收入也用来还款，一共还了 100 万元，国家后来给这部分补了 20 万元。小坡村会计评价 2004 年"引洛下滩"水利工程为"一年花了十年的钱"，主要原因是国家水利项目只负责工程建设，土方工程必须村里配套，没有集体收入，村里只能向各组机动地收入部分筹集，而各组只能通过延长承包期的方式筹集到摊派款。在一定意义上，村社组织对集体资产的经营，为产业规模化奠定了扎实基础。

（二）村社统筹机制下的产业集聚

小坡村、红星村的冬枣产业都是在农户家庭经营基础上发展起来的，延续了自分田到户以来"家庭承包经营为基础、统分结合的双层经营体制"原则。在这套体制之下，"统"与"分"的结合是产业发展的关键，在"分"的层面上，村民家庭已经表现出了产业转型的积极动力；在"统"的层面上，一家一户办不好、不好办以及办了不合算的事情，是由村社组织来承担的，解决了家庭经营的公共需求问题，也通过"统筹"的机制，推动了农业产业迅速迈向规模化。

1. "一事一议"制度下的动员机制

在小坡村冬枣产业迅速规模化的过程中，通过低成本、高效率的途径提供了完整的农田水利基础设施，这是其产业转型的核心奥秘。农田水利基础设施的提供，需要得到来自国家项目制的资源输入，但在承接项目制的过程中，村社组织需要发挥其治理职能，有效承接项目制的落地。上文讨论了村社组织如何利用既有的机动地机制，解决公共物品提供过程中的"反公地悲剧"问题，以及资金不足的问题，这是通过集体资产经营的方式来解决问题，本节将讨论在统筹机制下，村社迅速推动产业集聚的动员机制。

在公共物品提供过程中，费用问题是刚性需求。尽管当前存在项目制供给，但项目制运行过程中仍存在一些问题。首先，自上而下的项目制要落地，就需要基层自下而上地承接，这个过程中将会产生费用，如小坡村水利系统修建过程中，涉及对农民占地的补偿，只能由基层村社组织来承担；其次，项目制实施过程中，有些项目需要地方政府配套资金，但地方政府往往缺乏财政资金，压力只能转嫁给村社组织，村社组织必须承担配套资金供给；最后，很多项目只完成农田水利基本框架，末级渠系等不包括在项目制中，需要村社组织来完成，如"引洛下滩"工程中国家项目只负责干渠、斗渠的修建，毛渠则需要村社自行配套，如果村社无法供给末级渠系，国家兴建的大水利也无法有效利用。因此，对于缺乏集体收入的村社组织来讲，必须以某种可持续的形式来应对资金不足的问题。

除了上文提到的集体资产经营之外，国家明文规定的"一事一议"制度，也成为提供公共物品的必要途径。"一事一议"财政奖补制度强调"谁受益，谁负担"，在税费取消之后，留下了从受益农户集资的可能性。在"引洛下滩"工程中，除了项目外，还需要基层配套土方工程。村社组织以机动地解决了占地问题，但土方工程也需要资金，村委会以"一事一议"制度，向村民小组摊派筹资指标，由村民小组自筹。按户籍人口 100 元/人摊派，村民小组动员受益农户进行集资。集资资金共需 40 万元，村社干部入户做工作，动员农户出钱。总体来看，通过村社动员，绝大部分农户缴纳了摊派资金，但也有少数农户因为各种原因不愿缴纳。2013 年修建园区生产路时，需要村里配套地基工程，也是由村委会以机动地承包费负担一部分，再向村民小组和农户摊派一部分，共同完成基础设施建设。"一事一议"制度依赖于村社组织的动员能力，在一些地方，村社组织已经很难通过对村民动员的方式来兴建公共设施，但小坡村完整的村社动员体制，使得"一事一议"制度仍能发挥积极作用。

2. 项目制进村背景下的打包机制

税费取消后，农村存在的公共物品需求主要由国家项目制来提供，[①]"专项资金"主要由上级职能部门以"发包"形式输入乡村，最终项目落地的乡村则通过"打包"的方式，使源出多头的"专项资金"在同一事物上共同发挥作用。以伏坡村为例，该村冬枣产业2011年才起步，但在短期内实现了产业的集聚，并且以钢架棉被式"坑棚"为主，实现了标准化建园。伏坡村目前形成了300亩的高标准示范园，已经升级为省林业厅的示范园基地。

伏坡村示范园建设源自对项目的"打包"，发挥了"专项资金"的最大效益。在产业集聚的示范基地，伏坡村通过省林业厅的建设项目将园区内道路、绿化与给水排水工程进行了全面覆盖，几类项目共计投资200万元。小坡村的产业集聚与升级改造也离不开国家项目的支持，自2013年以来，在自有产业的基础上，省市县的各类项目都能够落地到小坡村的滩下示范园区，目前整个园区承担的项目资金总额已经达到了9000万元，分别来自交通局的生产道路、水利局的滴灌系统、电力局的变压器、商业局的路灯广告牌等，通过项目制的"打包"，在一定产业集聚基础上进一步改善基础设施，提高生产的便利程度，使得园区内的农户能够共享基础设施提升所带来的福利，维持了园区产业的稳定性，这也是小坡村形成万亩示范园区的原因之一。乡村充分利用自上而下的项目资金，通过"打包"机制综合利用外来资源改善基础设施，为产业的更进一步扩张和更深一步提升提供了基础条件。

3. 村社统筹机制下适度规模经营的生成

在小坡村、伏坡村与红星村的产业集聚过程中，除了村社层面的园区建设，农户层面的规模化也对产业集聚起到一定的推动作用。农户适度的规模经营，是由村社的土地发包机制所推动的。冬枣产业的规模化离不开一些"能人"的带动作用，其中适度规模经营者能够发挥带动效应，其生成过程是与村社统筹机制紧密相关的。

---

① 龚为纲、黄娜群：《农业转型过程中的政府与市场——当代中国农业转型过程的动力机制分析》，《南京农业大学学报》（社会科学版）2016年第2期。

以伏坡村为例，2011 年产业转型一开始，该村就形成了 200 亩集聚的高标准"坑棚"，其原因在于，伏坡村冬枣产业是由村社组织牵头推动的。这 200 亩土地是原 2 组、3 组的承包地，一部分是原设施黄瓜大棚。2011 年伏坡村村委会向县信用社贷款，通过村社做工作将 200 亩土地全部流转到村委会，再由村委会借助贷款资金建设标准化坑棚。村委会统一建设了 60 座坑棚，设施建设加栽苗建园，每棚投资达 6 万元，建成的坑棚向农户发包，按照 2.2 万元/棚的价格收取承包费。伏坡村村委会统一建园、农户承包的模式大大提高了产业的集聚速度，在短期内形成了高标准化的示范园，这些承包户在承包之初就获得了丰产丰收，由此带动了伏坡村的建园潮，很多农户在建园中效仿这种高标准坑棚，在 7 年内设施冬枣面积由 200 亩扩张到 2000 多亩，标准化坑棚达到了 360 座。村委会在坑棚发包过程中，先由被流转户优先承包，之后有意愿的农户可以承包，有不少承包户选择承包 2 座棚，最多的承包了 4 座棚，200 亩的示范园共由 40 户承包。在发包承包过程中，伏坡村形成了一定数量的规模经营户。以曾任村主任的 5 组村民为例，他个人承包园区坑棚、个人流转土地建设坑棚共计 16 座，按照每棚 2.2 万元的租金承包出去后，个人能够获得不错的收入。相对而言，小坡村的产业起步早，农户个人建园，未能形成高标准的坑棚，但一些农户享受到村社统筹的便利，也形成了以"冷棚"为主的适度规模经营。在小坡村产业发展早期，滩下村委会的集体林场承担着村级集体收入的功能，在 20 世纪 90 年代末由于村级负担过重，这 500 亩集体土地就通过长包的方式发包给部分村民。在当前全民种枣的氛围下，农户经营的面积越大，则家庭收入越高，因此较早承包了集体土地、村民小组机动地的农户，成为超出一般农户的适度规模经营者。

（三）村社治理机制下的产业升级

在小坡村、伏坡村的冬枣产业快速规模化的过程中，村社组织在其中的作用是不可替代的，小坡村的村社干部带动与伏坡村的村社组织统一建园构成两村产业集聚的突破点。而村社组织承担了示范带动的探索成本之后，由农户效仿而形成的扩散效应便也如期而至，两村也在短期内形成了产业转型。在转型过程中，由于农户分散经营之外产生了公共物品、公益事业等"统"的需求,因此产业维持与产业升级的过程中,仍需要村社组织发挥"农业治理"的功能。

1. 村级示范园建设

在经历了 7~8 年的产业规模化之后,小坡村逐渐形成了"家家有冬枣,户户有大棚"的经营格局,以单家独户经营为基础,冬枣产业高速集聚,全村已达到 1.2 万亩的种植面积。伏坡村虽实现规模化较晚,但在近几年,冬枣面积已经达到 85%,部分农户在自家承包地面积之外,在羌白、范家镇等地流转土地建园。实际上在整个大荔县,冬枣种植已经成为政府倡导的优先发展产业,枣园面积仍在迅速扩大。

问题在于,大荔冬枣的品质与大棚质量密切相关,大荔冬枣能够超越沾化冬枣占领市场份额,其主要原因在于建设大棚后大荔冬枣提早到 6 月中旬就能上市,且设施大棚保证了大荔冬枣具有皮薄脆甜的特征,因此能够迅速占领市场并站稳市场。而设施大棚也分几类,不同设施大棚能够保证冬枣提前上市的时间不同(见表 4 - 1)。

表 4 - 1 冬枣的投入与产出

单位:万元

类型	首次投入	平时投入	毛收入	提前上市时间
单膜棚	1	0.3	1~1.5	八月中上旬
双膜棚	1.1	0.4	2~3	八月上旬
钢架棚	2~3	——	2~3	七月下旬
钢架棉被棚	3~4	——	4~5	七月上旬
地下温棚	6~7	——	10 以上	六月中旬

按照一般市场规律,上市越早的冬枣,越能卖出好价钱,因此在大荔县,地下温棚(坑棚)较多的范家镇冬枣最早上市。2017 年的行情是,地下温棚的冬枣价格为 18~20 元/斤,有几天达到了 25 元/斤;但十几天后钢架棉被棚冬枣上市,地头收购价约 15 元/斤,双膜棚价格赶上高峰期,也能卖到每斤 10 元以上;笔者调查的时候单膜棚价格已经降到 8 元/斤,甚至 5~6 元/斤。带领村民种冬枣的薛书记讲,"大荔冬枣五类大棚中,每类比后一类早上市两周左右",由于设施大棚质量不同,冬枣上市有早晚,早上

市能够卖出更高价格。

小坡村冬枣产业发展时间略早，农户承包土地面积相对其他村更大，也使得很多农户在建园时考量面积增加，而未能照顾到质量。小坡村冬枣设施大棚以单膜棚为主，农户为了节省建设成本，很多都采用了木头、竹子代替钢架，覆膜时也主要选择单层膜。这种俗称"冷棚"的形式，占了小坡村绝大多数。伏坡村由于发展较晚，很多农户建园之初就选择了钢架棉被棚或地下温棚，收益反而更高。对于村社组织来讲，提升设施大棚的质量，是其提质增效的主要方向。由于很多农户已经依靠冷棚开始见效益，所以在推动设施大棚升级改造中积极性并不高，一些农户本着"能收一点是一点，能省一点是一点"的想法，依靠冷棚获得 1 万～2 万元的毛收入，每家 8～10 亩也能获得不错的收入。钢架棉被的"坑棚"目前亩均收入在 4 万～5 万元，伏坡村副主任告诉笔者，温棚冬枣每年 6 月 15 日左右上市，2017 年均价在 15～20 元/斤，坑棚密植程度比冷棚高，因此产量也高，本村产量较高的坑棚能达到 6800 斤，每棚十二三万元的毛收入很普遍。以"断园子"① 为例，小坡村冷棚一般每亩"断园子"在 2 万元左右，但钢架双膜棚则能达到 4.5 万元。

对于小坡村来讲，农户通过土办法建设的冷棚虽然现在能够保证有收入，但随着本地冬枣面积的扩展、设施大棚建设越晚越高端的趋势，冷棚冬枣将随着时间的推移不断趋于衰落。小坡村副主任李高红表示，现在本村冷棚较多，总体来看"1/3 是能赚到大钱的，2/3 是稍微赚钱的"。在这种"稍微赚钱"的低水平上，要通过设施大棚的质量提升改造来提升亩均收益。因此村社组织已经在通过各种办法来推动村民改造大棚，跟上不断发展的形势。在最早发展起来的 500 亩集体林场土地上，原来由村干部、村民小组长等承包的冬枣大棚，现在正在通过各种项目补贴来推动经营户改造大棚。围绕这一部分钢架双膜棚，小坡村建设了示范园；伏坡村也在 200 亩集中的面积上通过打造示范园来为村民提供示范推广。范家镇、伏坡村

---

① 大荔冬枣中的"断园子"是指，一些客商为了抢占货源，往往以买断枣园的方式来收购农户的冬枣，即客商根据估算的产量和价格，给农户一个总价，买断所有的枣，此后园里所有的枣都与枣农不再相关，由客商找人来采枣并运走，并在采枣期间分 3 次按最初议定的价格付钱给枣农，当地人称为"断园子"。

的坑棚以及暖棚的成功已经给小坡村经营冷棚的农户提供了成功样板,村社组织也在通过打造示范园的方式为村民提供建设样板,实际上也已经有部分农户开始加大投资来改造低端冷棚,将之升级为钢架双膜的暖棚,但要形成集聚效应,仍需一定的时间和耐心,也需要村社组织发挥作用。

2. 合作组织的建设

除了通过改造升级设施大棚提早冬枣上市期外,通过扩展产业链环节,升级冬枣种植模式,也可以提升冬枣产业的收益率。在农户家庭分散经营的基础上,小农户面对大市场的结构性失衡问题就随之出现,小坡村通过加强农民合作社建设的方式,一定程度上提升了农民合作能力,同时也扩展了农民参与产业链的深度,为产业升级提供了可能。

以村书记及村干部为主要参与群体,通过动员干部的方式,小坡村建立起了农民合作社组织。村书记薛安全提到,建立合作社,是与自己的"五年计划"相关的,在自己的第三个五年计划(2013~2018)里,有意将小坡村的高标准园区由几百亩扩展到几千亩,争取下个五年计划内建成大荔县万亩示范园。在示范园建设过程中,一定需要对农户进行组织,而由其牵头成立的"大荔绿源农庄"专业合作社就是支撑条件之一。目前合作社号称有500户,但实际上真正参与的社员并没有这样大的规模,社员李高红估计,有100户左右,除了承包集体林场土地的村干部外,还有80户左右的农户。合作社计划开展统一管理、统一培训,以有机冬枣为目标,提升小坡冬枣的品质。但目前主要业务集中于农资统一购销,依靠薛书记开办的"绿源农庄"公司,为社员提供冷库存放服务,也能够享受电子商务销售的服务。薛书记讲,自己开展的电子商务销售最多一天能有6000单,自己也建设了300吨的冷库,能够为社员优先服务。合作社的农资统一购销中,薛书记依靠与上级农技部门的联系,为社员定制了施肥计划,社员李高红讲,目前合作社成员主要使用有机肥,这是与普通农户所不同的,因为这是专业技术人员给出的方案,合作社可以统一购销,入社社员能在合作社下属的农资店取药、取化肥,可以针对合作社社员赊销,这是比较方便的。小坡村村主任郑新社也牵头成立了合作社,成员有70~80户,主要业务是统一购销农药,合作社为成员提供了统一的农药配方,合作社联系农技人员开展技术培训。郑新社计划,依托自己的市场关系,以后将与安徽市场接轨建立合作关系,与本社社员开展订单业务,合作社自产自销,直销到安徽市场。

农民专业合作社的建立,一定程度上提高了农民生产中的协作程度,并与农资销售商开展了基于社员关系的赊销,但其更重要的作用在于,为其后的产业升级转型提供了组织基础。薛书记牵头的"大荔绿源农庄"专业合作社已经有了明确的目标,以后将开展有机冬枣种植,合作社已经组织成员赴山东沾化进行了考察,学习了有机冬枣的种植经验。目前合作社社员在钢架双膜大棚改造中积极性很高,施用有机肥、低毒农药的比例较高,这与合作社的较强动员能力有关。同时,合作社也通过社员入股的形式参与了农资店、冷库、电商中心的建设。农资店有 40 户社员入股,每户2500 元入股金,以电商中心为例,部分社员以 2000 元/亩的资金入了股,薛书记是入股的大头,2015 年建设起电商中心后投入运营。这些资产也成为合作社的经营内容,为社员提供生产服务。

3. 交易纠纷的社区调解

小坡村冬枣产业发展起来之后,吸引了大量的外地客商进入,在村域范围内迅速形成了完整的购销市场,围绕冬枣产业链不同分工的经营主体也迅速生长起来。在市场运行过程中,维护市场秩序的任务并不能总由经营主体承担,很多交易纠纷无法处理,就成为村社组织的治理内容,村社组织介入交易纠纷的调解机制为建立良性的市场秩序奠定了基础。

小坡村域内交易纠纷主要分为几类:一是客户与果农的交售纠纷,很多农户摘枣时烂枣、青枣放在筐底,筐面放好枣,客商与代办定了价后发现烂枣多,又反悔不愿收,果农与客商和代办争吵,这类纠纷占到交易纠纷的绝大多数,也是村社干部调解的主要方面;二是断园子纠纷,主要表现为客户与果农已经签订了断园协议,果农因枣价上升而毁约,或客户由于行情变动毁约,不愿支付尾款;三是农户之间的纠纷,前些年出现多例农民偷其他农户冬枣的案例,偷枣者也是村机动地承包人,村委会收回了其承包的 18 亩机动地,之后村委会也制定了相关规约,偷一斤罚十斤,杜绝了偷枣现象;四是物流之间的纠纷,近些年网络销售多了起来,小坡村周边出现了多家快递点、物流点等,步昌、安仁等地的快递/物流点也到村里来流动收件,快递/物流点之间因业务竞争而出现了多次打架纠纷,需要村委会以及村与村之间的协调；五是代办之间的矛盾纠纷，主要表现在收枣高峰期，代办们为了抢占有利的收枣地点，将货车等停在园区生产路边，村主任讲，到了下枣的季节，生产路根本通不了，村干部都要到园区去维持秩序，园区内流动收枣点阻碍交通，果农根本到不了小坡村街面的代办点，因此代办之间也会产生口角、打架等，每年要处理多起，甚至还要请交警部门来协调。

产业集聚效应一旦形成，围绕冬枣产业链的分工也立即会产生社会分化，不同经济主体之间的纠纷将会密集产生，纠纷的密集也要求基层组织在交易过程中深度介入，维护地方市场的交易秩序。在治理资源较为稀缺的西部农村，基层村社组织既无足够的治理资源，也无强有力的治理手段，因此在交易纠纷产生后，能够进行积极治理的主要方式，一是村党支部书记对村社干部进行行政动员，这一点上小坡村表现出的动员干部的能力是较强的；二是村社干部通过人情、面子等非正式资源，尽最大努力进行调解。实际上，每年都有大量的纠纷通过村社干部的调解解决了，但也有诸多利益关系较为深刻、纠纷形式比较复杂的事务，村社无法协调，只能上交到上级部门，或者通过执法、司法等专业途径来解决。小坡村村主任表示，村社干部都在尽力而为，毕竟牵涉村民和客商的利益，长期看良好的关系对谁都有好处，但这些年报警的、打官司的比较多了。在利益密集的地方，纠纷也将会密集起来，村社组织的纠纷调解机制对于维护地方市场交易秩序起到的积极作用是不容忽视的。

三 治理农业：推进农业供给侧结构性改革的动力

总结小坡村、伏坡村的产业发展经验会发现，一地产业的转型与发展，不仅仅源自开展经营的农户以及各利益相关者的积极行动，产业的集聚与市场秩序的形成，离不开社会机制在其中的作用，两村的冬枣产业集聚、经营与升级，其间村社组织的作用非常明显，而随着产业进一步深化，地方市场将产生更多一家一户、单个市场主体办不好、不好办以及办了不合算的事情，这就需要具有公共治理职能的村社组织、地方政府积极介入，作为产业发展与转型的有机构成力量。本章中强调地方政府与村社组织在地方产业发展中负有"农业治理"的职责，也分析了大荔冬枣产业发展中值得提炼总结的农业治理经验。在农业供给侧结构性改革背景下，大荔冬枣产业面临迈向转型升级的压力，而这一过程也要求农业治理方面的转型升级。农业转型升级过程中，市场与产业是如何被组织起来的，在产业发展与转型升级过程中，这一"农业治理"的政治和社会过程如何发挥作用，是影响地方性产业实现供给侧结构性改革的重要维度。

虽然分散的小农户家庭经营可以调整其经济逻辑以适应农业供给侧结构性改革，但小农户仍然具有其天然弱点，难以解决由"小而散"迈向规模经济的难题，也难以解决有机衔接现代农业发展的难题。具体到大荔两村，当冬枣这种"新农业"代替了传统的粮棉农业之后，农户在经营中遇到很多难以自行解决的问题——包括冬枣基地的建设、大棚技术的改进、冬枣销售渠道的维持、冬枣产业集群带来的品牌建设等，这些问题都需要村社或其他外部力量来解决。特别是随着本地冬枣种植面积逐渐扩大，作为先行者的小坡村面临着如何转型升级、提质增效的压力，因回应村民的公共服务需求而出现新的治理任务，即村社组织除上级的行政性事务以外，需要将更多的精力用于农业治理之中，着力解决小农户与现代农业发展有机衔接的问题。

在农业供给侧结构性改革背景下，我国农业面临从整体上提高综合效益的压力，各地面临农业产业结构调整的压力。"新农业"作为小农户家庭经营基础上的一种现代农业形式，有效吸纳了农村劳动力，提高了农户家庭收入。小坡村、伏坡村依然保持着小农户的家庭经营形式，但村民普遍从传统的粮棉种植转向高收益的冬枣种植，小农户的经营逻辑与经营方式相比传统的小农家庭经营已发生了根本性的变化，即由自给式经营转向商品化经营。河滩村的发展历程探索了一种以小农户为主体，以村社制度为支撑和发展动力的农业现代化转型。在一些地方，地方政府积极干预，通过新型农业经营主体培育的方式来推动农业转型，包括通过土地流转、制度优惠等策略，引导和干预农地规模化经营。而小坡村的农业转型路径，不是通过地方政府的干预，也不是通过分散的个体小农户的自我探索，而是在村社治理、集体统筹机制下完成的。村社干部被动员起来，先以集体机动地开展种植试验，初具规模化效应后通过吸引客商、村庄能人借力打开市场，村社组织动员分散农户，统筹安排农民互换耕地，促其连片经营，从而以村为单位成规模地发展冬枣产业，建立品牌，抢占市场份额。在这个过程中，村社集体土地的统筹机制、集体资源的经营机制、村社组织的动员机制对冬枣产业发展起到了推动作用，使得社区生产条件改善、基础设施配套、公共物品供给能够在短期内完成，为小农户家庭经营提供了规模化发展和产业转型升级的基础条件。除了形成产业集聚效应的公共物品供给的社区机制之外，在面临产业转型升级的新时期，村社组织通过农业治理机制的创新，积极回应了"新农业"所内生的统分结合与统一经营的需求。

小坡村农业转型的动力机制来源于社区，依靠村社组织的农业治理来回应产业可持续发展及转型升级的要求，为我国农业转型提供了新的经验借鉴。小坡村案例的意义在于，为回答小农户与现代农业发展有机衔接的问题提供了经验启示，即小农户依靠社区组织和集体资源参与现代农业发展并分享收益，形成以村庄整体推进的农业转型。同时，也展现了新时代以"家庭独立经营，集体统筹"的双层经营为特征的村社治理机制在乡村经济发展中的重要作用。另外，此案例也提醒我们，政府承担农业治理任务、干预农业发展具有一定的必要性，但在政府干预之下，必须重视农村社区的主体性与能动性，国家的项目资源和支持政策固然重要，但农业发展转型必须依托村社集体的统筹经营机制和村社组织的农业治理机制，一旦"新农业"在地域范围内形成了集聚效应，村社治理也需要从以行政性事务为主转变为以向小农户提供经济性服务为主，这些变化使传统的村社更富凝聚力，而且某种程度上弥补了小农户经营的内在弱点，使其可以更好地应对市场经济环境，使得小农户能够与现代农业发展有机衔接。

第五章　农业转型中新型农业经营体系的
构建与调适[*]

一　引言

党的十九大明确提出"实施乡村振兴战略"。正如 2018 年中央一号文件指出,"乡村振兴,产业兴旺是重点。必须坚持质量兴农、绿色兴农,以农业供给侧结构性改革为主线,加快构建现代农业产业体系、生产体系、经营体系,提高农业创新力、竞争力和全要素生产率,加快实现由农业大国向农业强国转变"。因此,推动农业供给侧改革和加快新型农业经营体系建设是实施乡村振兴战略的首要问题。

农业供给侧改革的内容非常丰富,其中农业产业结构调整是非常重要的内容。随着经济发展和城乡居民收入的提高,我国的食品消费结构正从原来的 8∶1∶1 型(八成粮食、一成肉食、一成蔬菜)快速转化为 4∶3∶3 型(四成粮食,三成肉、禽、鱼、蛋、奶,三成蔬果)。整个转变过程应该在 2015～2025 年结束。^① 我国居民食品消费结构的这一变化将为我国农业产业结构的调整提供巨大空间,即由以大田作物生产为主,转向蔬菜、水果等经济作物生产和养殖业为主。据统计,2010 年蔬菜、水果、肉(禽、鱼)三者产值的总量占到农、林、牧、渔"大农业"总产值的 66%,不

---

  * 本章内容由孙新华、赵祥云撰写。

① 黄宗智、彭玉生:《三大历史性变迁的交汇与中国小规模农业的前景》,《中国社会科学》2007 年第 4 期。

止四倍于大田作物的 15.9%（即便后者的播种面积占总播种面积的 55.9%）。①

问题是，农业产业结构调整所带来的巨大利益空间将由谁来分享。这就涉及农业经营体系的构建。黄宗智认为，我国食品消费结构的转变及其带动的农业产业结构的调整将为小农户的充分就业和收入提高提供可能。②但是正如贺雪峰所分析的，"中国农业的获利机会也会被资本下乡、科技进步、劳动生产率提高及区域差异所分解，最终，绝大多数农村的农业从业者依然难以获得充分就业的机会，尤其是不能从农业中分享可能有的利益"③。

事实上，近年来我国工商资本、合作社和家庭农场等新型农业经营主体迅速崛起，其主要的经营领域是经济作物和养殖业。据统计，到 2016 年底，家庭承包耕地流转总面积已经达到 4.7 亿亩，占家庭承包经营耕地面积的 35.1%。第三次全国农业普查数据显示，全国现有 20743 万户农业经营户，其中，规模农业经营户为 398 万户④。韩俊曾表示，工商资本的规模经营有 85% 用于非粮食生产。国家发展和改革委员会于 2012 年进行的一项调研显示：在西部某些省份，工商企业流转耕地后，非粮化程度已经在 90% 左右。原因很简单，以粮食为主的大田作物的价格偏低，利润率偏低。而资本的天性就是利润最大化，经营者流转到耕地后会选择利润回报率更高的作物。因此他们种植的作物多为蔬菜、水果、苗木、花卉等高附加值的作物或者搞观光旅游发展农家乐等。

然而，我国人多地少的基本国情决定了在未来相当长的时期内，小农户都将构成最主要的农业经营主体。尽管近十年来新型农业经营主体、规模农业经营主体迅速发展，但是我国的小农户仍然有 2 亿多户，并种植着全国近 65% 的承包地。习近平总书记强调，"不能片面追求快和大，更不能忽

---

① 黄宗智：《中国农业发展三大模式：行政、放任与合作的利与弊》，《开放时代》2017 年第 1 期。
② 黄宗智：《中国农业面临的历史性契机》，《读书》2006 年第 10 期。
③ 贺雪峰：《农业的前途与农村的发展》，《读书》2008 年第 10 期。
④ 规模农业经营户指具有较大农业经营规模，以商品化方式经营为主的农业经营户。其中，种植业的规模化标准为：一年一熟制地区露地种植农作物的土地在 100 亩及以上、一年两熟及以上地区露地种植农作物的土地在 50 亩及以上、农业设施占地面积在 25 亩及以上。

视了经营自家承包耕地的普通农户仍占大多数的基本农情"①。与此同时，农业蛋糕做大后也绝不能将小农户排斥在分蛋糕的行列之外。因为乡村振兴，生活富裕是根本。农业产业的发展成果应该主要由广大小农户来分享。

习近平总书记在党的十九大报告中明确指出，"发展多种形式适度规模经营，培育新型农业经营主体，健全农业社会化服务体系，实现小农户和现代农业发展有机衔接"。这是改革开放以来第一次在党的文件里提出"小农户"概念，而且是积极地将小农户纳入现代农业发展的轨道之中。② 这较之于之前仅仅通过发展新型农业经营主体来推动农业现代化是巨大飞跃。这意味着新型农业经营主体和小农户都可以成为农业现代化的实践主体。2018 年中央一号文件也明确提出，"统筹兼顾培育新型农业经营主体和扶持小农户，采取有针对性的措施，把小农生产引入现代农业发展轨道"。

因此，如何在农业产业结构调整中构建合理有效的新型农业经营体系，一方面让新型农业经营主体和小农户共同分享农业产业结构调整带来的巨大利益，另一方面通过新型农业经营主体和小农户的协调发展助推农业产业结构调整和农业供给侧改革顺利进行，在乡村振兴背景下具有重要的现实和理论意义。

2018 年 5 月，笔者及所在研究团队 9 人在陕西省 H 县进行了实地调研。调研主要围绕当地产业结构调整中的新型农业经营体系发展展开，就相关问题分别访谈了农业与科技局领导，果业局、园区办相关负责人，乡镇领导和乡镇农办主任、典型园区的负责人、各类小农户等，对该县产业结构调整和新型农业经营体系有了较为全面的了解。下文将对这次调研的主要材料展开分析。

本章将农业产业结构调整中的新型农业经营体系构建分为两个方面：第一，产业结构调整方面，重点考察当地的产业结构调整是否顺利，各种农业经营主体在推动产业结构调整中发挥了何种作用，有何不足；第二，新型农业经营体系方面，重点探讨在产业结构调整中各类农业经营主体的

---

① 《习近平主持召开中央全面深化改革领导小组第五次会议》，《人民日报》2014 年 9 月 30 日。

② 陈锡文：《实施乡村振兴战略，推进农业农村现代化》，《中国农业大学学报》（社会科学版）2018 年第 1 期。

经营状况怎样，各类农业经营主体的关系如何，是否存在问题等。应该说这两个方面属于"一个硬币的两面"，你中有我，我中有你。

在具体结构上，第二部分总体介绍该县的农业产业结构调整以及这个过程中的农业经营体系构建。第三到第五部分以各类农业经营主体的经营状态和相互关系为主线、以产业结构调整及其效果为副线探讨该县农业产业结构调整中新型农业经营体系的构建及其经验教训。具体而言，第三部分主要分析新型农业经营主体的经营状况和问题；第四部分主要探析集体经济组织组织小农户的经验和教训；第五部分主要讨论小农户的生产及其困境；第六部分对以上分析进行总结，得出基本经验和主要教训，并基于此提出具体政策建议。

二 产业结构调整和农业经营体系构建

（一）H 县的概况

H 县隶属陕西省渭南市，地处关中平原东北部和渭北旱塬东部，黄河西岸。H 县平均海拔为 721 米，呈阶梯地形，自东南向西北逐渐升高，海拔为 342～1543.2 米，地貌类型依次为河谷阶地、黄土台塬和低中山。南北长 41.8 公里，东西宽 35.6 公里，总面积为 1437 平方公里，其中耕地面积为 93.2 万亩。在总面积中，塬面占 65.6%，沟壑占 18.2%，素有"一山一滩川，二沟六分原"之称，境内沟壑纵横，台塬错落。辖 11 个镇 1 个街道办事处 215 个行政村（社区），总人口为 51 万人。

H 县是国家扶贫开发工作重点县、国家卫生县城、国家园林县城、中国生态魅力县、全国美丽乡村建设先进县、全省城市建设先进县、省级文明县城、省级环保模范县、国家义务教育发展均衡县、中国著名文化旅游县、陕西省教育强县、全省双高双普县、中国诗经之乡、中国红提之乡、中国民间文化之乡。2016 年底，全县生产总值达到 76.71 亿元，地方财政收入完成 1.8 亿元（剔除营改增及煤炭一次性收入因素），城乡居民人均可支配收入分别达到 26600 元和 8600 元。

我国第一部诗歌总集《诗经》的开篇之作《关雎》"关关雎鸠，在河之

洲，窈窕淑女，君子好逑"便出自 H 县，《诗经》305 篇中有 30 余篇都是
出自或描写 H 县的，其中不乏"所谓伊人，在水一方""明明在下，赫赫在
上"等名篇名句。这里至今仍流传着周文王与妃子太姒的爱情故事，H 县
因此被誉为中国爱情诗之源。H 县还是商代元圣、中国厨祖伊尹故里，佛教
净土宗第十三代祖师印光的故乡。

　　H 县地处黄土高原与关中平原衔接地带，光照充足，气候适宜，土层深
厚，灌溉便利，是国家级生态示范县和无公害水果生产基地县。粮食总产
量为 24.1 万吨；果林面积为 52 万亩，其中苹果 25 万亩，红提葡萄 15 万
亩；奶牛存栏 4.46 万头，水产品产量为 4.5 万吨。有省市级现代农业园区
14 个，洽川乌鳢、H 红薯、九眼莲获国家地理标志登记保护，31 个农产品
通过"三品一标"认证，H 红提葡萄获"中国果品区域公用品牌五十强"。
2016 年以来先后与大北农、石羊集团、金宇浩睿、恒源林牧和英东光电等
企业签订了总投资 39 亿元的生态农业合作协议。到 2021 年，H 县预计将建
成 70 万亩优质水果基地、10 万头奶牛养殖核心区，成为百万头生猪养殖基
地县和特色水产品养殖示范县。[①]

（二）H 县的产业结构调整

1. 产业结构调整

　　H 县的农业生产历来以传统的大田作物为主，主要是小麦和玉米，农户
多数选择一年一季或两年三季，少数农户选择一年两季。由于该县地处渭北
旱塬，水利条件并不理想，全县 93.2 万亩耕地中只有 45.34 万亩水浇地，即
一半以上的耕地靠天收。而且这些水浇地并不是均匀分布的，主要集中在河
谷阶地。处于黄土台塬的城管街道办 11 万亩耕地中水浇地只有 2 万亩左右。

　　水利条件对当地的农业生产和产业结构调整都构成了限制。靠天收的
耕地种植小麦的话，雨水好时产出有 700 ~ 800 斤/亩，旱年产出只有 100 ~
200 斤/亩，一般年份产出在 400 ~ 500 斤/亩，而水浇地一般可以达到 1300
斤/亩。靠天收的耕地种植玉米的话，雨水好时每亩产出在 1000 斤左右，旱

---

① 主要数据参见《县情简介》（2018 年 6 月 15 日发布），H 县人民政府网，http://www. hey-
ang. gov. cn/info/1032/1213. htm。

年产出只有 200～300 斤/亩，一般年份产出在 700～800 斤/亩，而水浇地一般可以达到 1800 斤/亩。所以，一年一季农户收入只有 200～300 元/亩，基本是自己的劳动所得。所以，种田的基本是中老年人，年轻人都选择外出务工或经商。

近十年来，H 县的农业产业结构也经历了较大的调整。具体表现在，粮食播种面积有所减少，经济作物大幅增加，畜牧业、经济林都获得较快发展。表 5-1 对比了 2005 年和 2017 年 H 县的农业产业结构。从中可以看出，粮食播种面积由 2005 年的 83.7 万亩减少到 2017 年的 75.25 万亩，减少了 8.45 万亩，降幅达 10%。经济作物大幅增加，从产量上看，蔬菜产量增加 690%，水果产量增加 310%。在畜牧业方面，肉类和奶类总产量、生猪和羊的出栏量、奶牛和家禽存栏量都有不同程度的增加。在经济林方面，核桃和花椒都获得长足发展，其中核桃产量由 2005 年的 50 吨增加到 2017 年的 2250 吨，增加 4400%；花椒产量由 2005 年的 350 吨增加到 2017 年的 4960 吨，增加 1320%。H 县产业结构调整的趋势恰与前文所讲的食品消费结构的转型不谋而合。

表 5-1　2005 年和 2017 年 H 县农业产业结构的对比

大类	小类	2005 年	2017 年	变化幅度（%）
粮食作物	粮食播种面积	83.7 万亩	75.25 万亩	-10
经济作物	蔬菜产量	2.51 万吨	19.93 万吨	690
	水果产量	10.34 万吨	42.11 万吨	310
畜牧业	肉类总产量	7924 吨	11649 吨	50
	奶类总产量	6080 吨	72951 吨	1100
	生猪出栏	7.61 万头	13.83 万头	80
	羊出栏	4744 只	36172 只	660
	奶牛存栏	1811 头	3.7 万头	1940
	家禽存栏	43.07 万只	65.95 万只	50
经济林	核桃产量	50 吨	2250 吨	4400
	花椒产量	350 吨	4960 吨	1320

资料来源：数据来自 2005 年和 2017 年的《H 县国民经济和社会发展统计公报》（以下简称《公报》），参见 H 县人民政府网站，http://www.heyang.gov.cn/2018zwgk_list.jsp?urltype=tree.Tree TempUrl&wbtreeid=1220。

2. 果业的发展

H 县近年来的主导产业是果业。从 2017 年度《H 县国民经济和社会发展统计公报》（2018 年 5 月 14 日发布）来看，2017 年果业总面积为 38.77 万亩，其中苹果 21.33 万亩，红提 10.36 万亩，时令水果 7.08 万亩。访谈中果业局给的数据是，截至 2018 年 5 月，全县果业总面积达 52 万亩，其中苹果 25 万亩，红提 15 万亩，时令水果 12 万亩。该县的发展目标是，到 2020 年，果业面积达到 60 万亩，其中苹果面积 30 万亩，红提 20 万亩，时令水果 10 万亩；粮食面积达到 50 万亩，其中小麦 20 万亩，玉米 30 万亩；蔬菜面积达到 10 万亩，其中，设施瓜菜 5 万亩。①

我们的调查也主要集中在果业尤其是作为新兴产业的红提和时令水果。所以，这里重点梳理下该县果业的发展历程。表 5 - 2 是笔者基于 2005～2017 年分年度的《H 县国民经济和社会发展统计公报》绘制的 13 年间 H 县种植业结构变化情况，从中可以看出以下几个方面的信息。第一，种植业中粮食和果业出现此消彼长的状态。2005 年粮食种植面积为 83.7 万亩，2009 年达到最大面积，为 85.95 万亩，此后持续下降，到 2017 年减少到 75.25 万亩；与此同时果业得到迅速发展，从产量上可以看出这种趋势，产量由 2005 年的 10.34 万吨增加到 2017 年的 42.11 万吨，种植面积到 2017 年达到 38.77 万亩。这是推动该县种植业总产值持续增加的直接原因。第二，果业的发展推动力由之前的苹果逐渐转向红提和各种时令水果。从表 5 - 2 可以清晰看出，2009 年之前，该县的果业主要集中在苹果产业，其产量占果业总产量的 90% 以上，红提和其他时令水果所占分量很少，以至于《公报》中只统计了苹果的情况。但是 2009 年以后，苹果的种植面积开始逐渐减少，2012 年占果业总面积的 72%，产量基本稳定在 29 万吨左右；而红提和时令水果都得到较大发展，尤其是在 2012 年以来的近 6 年，到 2017 年红提种植面积达到 10.36 万亩，时令水果种植面积也达到 7.08 万亩，两者之和在果业总面积中占比逼近 45%。从而形成了苹果、红提和各类时令水果三足鼎立的局面，当然其中以老牌的苹果产业和新兴的红提产业为主，以各类时令水果为辅。

---

① 《中共 H 县委办公室 H 县人民政府办公室关于加快农业转型升级打造生态农业品牌的意见》（H 办发〔2016〕18 号），2016 年 10 月 26 日。

这里的时令水果主要包括油桃、樱桃、酥梨、冬枣、西瓜等品种。

表5-2 2005~2017年H县种植业结构变化情况

年份	粮食		果业								总播种面积（万亩）	种植业总产值（亿元）
			总体		苹果		红提		时令水果			
	面积（万亩）	产量（万吨）	面积（万亩）	产量（万吨）	面积（万亩）	产量（万吨）	面积（万亩）	产量（万吨）	面积（万亩）	产量（万吨）		
2005	83.7	16.1	—	10.34	—	9.49	—			0.85	—	5.5
2006	81.26	18.05	—	13.64	—	12.63	—			1.01	—	6.18
2007	79.85	20.39	—	16.9	—	15.33	—			1.57	—	7.89
2008	75.53	20.56	—	25.65	—	24.35	—			1.3	—	9.4
2009	85.95	24.75	—	27.49	—	25.17	—			2.32	107.72	10
2010	85.73	27.49	—	31.38	—	28.47	—	1.41		1.5	113.58	13.29
2011	80.04	20.18	—	33.74	—	29.17	—	2.7		1.87	108.1	18.44
2012	76.1	22.0	34.24	38.87	24.7	29.4	6.97	3.9	2.57	5.57	101.8	20.35
2013	76.06	20.7	34.24	35.05	23.03	29.28	7.8	3.28	3.95	2.49	101.6	23.53
2014	75.68	19.74	33.69	35.53	20.25	26.71	8.30	4.56	5.14	4.26	101.9	25.35
2015	74.04	20.76	35.24	37.49	20.1	28.13	8.35	5.16	6.79	4.2	102.4	25.56
2016	75.67	20.36	35.46	39.34	—	29.86	—	5.24	—	4.24	—	26.44
2017	75.25	20.4	38.77	42.11	21.33	30.63	10.36	7.07	7.08	4.41	—	27.33

资料来源：数据来自2005~2017年分年度的《H县国民经济和社会发展统计公报》，参见H县人民政府网站，http://www.heyang.gov.cn/2018zwgk_list. jsp？urltype = tree. Tree TempUrl&wbtreeid = 1220。《公报》中缺少时令水果的具体数据，表中的数据是由果业总体数据减去苹果和红提的数据得来。

3. 政府的推动

H县农业产业结构的调整，除了来自市场的调节和农户、工商资本等各类市场主体的自发选择，还得益于县政府的推动。表5-3是H县2018年农业产业发展补助标准，其中对新发展的农林牧副渔等主要类别都出台了具体的补助标准。调查显示，该县的产业发展补助已经实施了好几年，只是前几年的标准没有那么高和那么系统。比如2016年H县对果业的补助标准如下所示。

（1）防雹网建设。果业优生区搭建果园防雹网，每亩给予防雹网和挂钩实物补助贫困户 1000 元（以政府采购价格为准）。

（2）现代果业园区节水灌溉建设。果业优生区 500 亩以上自根砧果园配套肥水一体化管网，每亩补助 1000 元（贫困户 1200 元）。

（3）设施果业建设。对设施冷棚红提、冷棚冬枣、冷棚樱桃建设每亩补助 800 元（贫困户 900 元）；避雨设施红提、冬枣建设每亩补助 400 元（贫困户 500 元）。

（4）果业新建园。对新发展连片规模 50 亩以上，成活率 90% 以上的果园，苹果矮化栽培每亩补助 300 元（贫困户补助 480 元）；冬枣每亩补助 200 元（贫困户补助 300 元）；葡萄、樱桃每亩补助 300 元（贫困户补助 450 元）。①

表 5-3　2018 年 H 县农业产业发展补助标准

单位：元

项目名称		单位	补助金额	备注
养殖业	牛	头	1000	
	梅花鹿	头	1000	
	猪	头	200	5 头以上
	羊	只	100	5 只以上
	鸡（禽类）	百羽	200	百羽以上
果业	红提	亩	1000	1 亩以上
	苹果（矮化中间砧）	亩	500	1 亩以上
	酥梨	亩	500	1 亩以上
	樱桃	亩	500	1 亩以上
	桃	亩	500	1 亩以上
	杏	亩	500	1 亩以上
	冬枣	亩	500	1 亩以上
林业	苗木花卉	亩	1000	1 亩以上
	核桃	亩	500	1 亩以上
	花椒	亩	500	1 亩以上
	油用牡丹	亩	500	1 亩以上

---

① 《中共 H 县委办公室 H 县人民政府办公室关于加快农业转型升级打造生态农业品牌的意见》（H 办发〔2016〕18 号），2016 年 10 月 26 日。

项目名称		单位	补助金额	备注
种植业	莲菜（水生植物）	亩	1000	1亩以上
	太空果蔬	亩	1000	1亩以上
	黄花菜	亩	500	1亩以上
	大葱	亩	500	1亩以上
	西瓜	亩	500	1亩以上
	红薯	亩	500	1亩以上
	药材	亩	500	1亩以上
	牧草	亩	200	1亩以上
设施农业	日光温室	棚	10000	1亩以上
	设施冷棚	亩	2500	1亩以上
	避雨设施	亩	1000	1亩以上
水产养殖	特种养殖池塘	亩	3000	1亩以上
	普通池塘	亩	2000	1亩以上
	改造池塘	亩	1000	1亩以上
	引进新优产品	万尾	1000	万尾以上
基础设施	按扶贫产业园中贫困户发展产业面积	亩	1000	50亩以上

资料来源：《H县人民政府关于印发H县2018年统筹整合财政涉农资金实施方案的通知》（2018年5月17日发布），H县人民政府网站，http://www.heyang.gov.cn/info/2536/46867.htm。

政府的扶持和补助对该县农业产业结构的调整起到了重要的推动作用。H县政府的作用不仅表现在资金的扶持，而且体现在对全县产业的规划和指导上。以果业为例，该县农业局下设二级局果业局，专门负责全县果业的总体规划、技术指导和市场管理等工作。

（三）H县的农业经营体系布局

1.农业经营体系初步成型

原来H县在粮食生产和苹果种植中农业经营主体基本都是小农户。随着近年来大批劳动力外出务工，在粮食作物生产中出现了一些几十亩的适度规模经营主体，但是并不是很多。这是因为随着机械化的推进，粮食生产非常简单，小农户只需负责基本的田间管理即可，所以很多家庭虽然年轻人外出务工，但老人依然可以管理耕地。苹果种植也主要是小农户作为主体。

H 县的新型农业经营主体的大量出现主要是 2012 年以后的事情，这与红提和时令水果的大发展基本是同步进行的，与现代农业园区的发展也基本是同步进行的。笔者调查发现，这三者的内在关系是这样的：当地积极推动现代农业园区建设，从而带动了各类新型农业经营主体的发展，当然绝大部分园区是由比较大的新型农业经营主体承建的，而这些园区和新型农业经营主体主要选择附加值比较高的经济作物，而非粮食作物，从而推动了该县红提和各类时令水果的发展，这与县政府的产业结构调整方向和产业扶持政策也是相符合的。现代农业园区和新型农业经营主体发展红提和时令水果也带动了小农户种植红提和各类时令水果，从而使 H 县红提和时令水果种植者形成了以现代农业园区为龙头、以新型农业经营主体为主体、辐射带动小农户的新型农业经营体系。

2. 现代农业园区的发展

截至 2017 年底，全县共有各类新型农业经营主体 867 家，其中省市级农业产业化重点龙头企业 24 家，农民专业合作社 252 家（国家级示范社达到 4 家，省级百强社 4 家，省级示范社 6 家，市级示范社 8 家，省级优秀青年示范社 1 家，优秀妇女合作社 2 家），家庭农场累计 591 家（省级示范家庭农场 16 家，市级示范家庭农场 37 家）。

截至 2017 年底，全县共有现代农业园区 53 个，其中省级园区 7 个，规划面积 12.5 万亩，核心区面积 5.4 万亩；市级园区 8 个，规划面积 6 万亩，核心区面积 1.4 万亩；县级园区 38 个，规划面积 8.3 万亩，核心区面积 4.2 万亩。总规划面积达 26.8 万亩，占全县耕地面积的 28.8%，核心区面积 11 万亩，占耕地面积的 11.8%。53 个现代农业园区的经营主体基本都是各类新型农业经营主体，不是龙头企业就是农民专业合作社。从表 5-4 可以看出，53 个农业产业园的经营主体有 14 家龙头企业、33 家合作社和 5 家个体，有 1 个省级的农产品加工园区由开发区管委会经营。具体而言，省级园区的经营主体中，7 个省级园区中政府经营 1 个，龙头企业和合作社各经营 3 个；而市级园区和县级园区的经营主体则以合作社为主。不过这里需要说明的是，正如全国多数合作社基本由大户和经济精英垄断，H 县的多数合作社也基本由城乡工商企业或经济精英操办，因此这些园区的实际经营主体为企业或个人，而非真正意义上的合作社。当然在这些合作社经营的园区中有少数是由小农户经营，由村集体或村庄能人将其包装为合作社。

表 5 – 4　H 县现代农业园区经营状况

单位：个

	经营主体				经营类型							经营规模			
	龙头企业	合作社	个体	政府	综合	果业	蔬菜	花卉	药材	粮食	加工	2000 亩以上	1000 ~ 2000 亩	500 ~ 1000 亩	500 亩以下
省级	3	3	0	1	2	2	0	0	0	2	1	7	0	0	0
市级	2	6	0	0	1	7	0	0	0	0	0	3	5	0	0
县级	9	24	5	0	1	28	4	3	2	0	0	5	4	12	17
总计	14	33	5	1	4	37	4	3	2	2	1	15	9	12	17

资料来源：主要数据来自 H 县园区办分级统计的《2017 年现代农业园区建设情况统计表》。

从经营类型上看，现代农业园区绝大部分以果业为主，特别是以红提和时令水果为主。从表 5 – 4 可以看出，53 个现代农业园区中有 37 个都是以果业为主，4 个属于种植、养殖、休闲旅游等综合型（其中的种植也以果业为主），4 个以种植蔬菜为主，3 个以种植油用牡丹为主，分别有 2 个以药材种植和粮食种植为主，1 个从事农产品加工。

从经营规模来看，现代农业园区都比较大。具体而言，面积在 2000 亩以上的有 15 个，1000 ~ 2000 亩的有 9 个，500 ~ 1000 亩的有 12 个，500 亩以下的有 17 个。分级来看，级别越高经营规模越大。7 个省级园区经营面积都在 2000 亩以上，8 个市级园区都在 1000 亩以上，县级园区 2000 亩以上和 1000 ~ 2000 亩的分别只有 5 个和 4 个，主要都是 1000 亩以下的园区，而且 500 亩以下的园区有 17 个。

3. 政府的措施和目标

从 H 县现代农业园区的发展历程来看，主要起始于 2012 年，这与陕西省的政策密切相关。2011 年 3 月 24 日，陕西省政府在定边县召开全省现代农业产业基地暨现代农业示范园区建设启动大会，标志着陕西省现代农业园区进入实质性发展阶段。计划到"十二五"末，陕西省将建成省级现代农业园区 300 个以上，各级各类农业园区 2000 个以上。农业园区面积占全省耕地面积的比例将超过 15%。每个农业县区都有 2~3 个省级现代农业园区，通过园区的要素聚集和集中展示，率先推进局部农业现代化，引领全省现代农业发展。2012 年陕西省政府出台《陕西省人民政府关于深入持续推进现代农业园区建设的意见》（陕政发〔2012〕53 号），文件指出，对经命名的国家现代农业示范区和省级园区，省上分别给予 1000 万元、500 万元的奖励扶持，各项政策、资金、项目都要向园区进行倾斜。接着，2012 年渭南市政府下发《关于进一步加快现代农业园区建设的意见》（渭政发〔2012〕29 号），文件指出，在全面落实中央、省扶持政策的基础上，市财政从 2012 年起设立专项资金，采取以奖代补的形式，对市级命名授牌的"现代农业园区"，每个奖励 100 万元。再接着，2012 年 H 县政府下发了《关于加快现代农业园区建设的通知》（H 政发〔2012〕27 号），文件指出，在全面落实中央、省、市扶持政策的基础上，县财政采取以奖代补的形式，对市级园区奖励 50 万元，省级园区奖励 100 万元，国家级园区奖励 500 万元。

H 政发〔2012〕27 号文还规定了 H 县现代农业园区建设的组织结构及责任。县政府成立了"H 县现代农业园区建设领导小组"，由县长担任组长，主管副县长任副组长，成员由全县所有涉农部门的主要负责人组成。领导小组下设办公室（简称园区办），专门负责落实工作。

从 H 县省、市级现代农业园区的命名时间来看，2012 年省、市级园区各 1 个；2013 年市级园区 1 个；2014 年省、市级园区各 1 个；2015 年省级园区 3 个，市级园区 1 个；2016 年省级园区 1 个，市级园区 2 个；2017 年省级园区 1 个，市级园区 2 个。县级现代农业园区也基本是在 2012 年后逐渐发展起来的。

从园区办编制的《H 县现代农业园区建设知识读本》中，我们可以清晰看出 H 县政府及相关管理者对现代农业和现代农业园区的认识和定位。笔者将主要内容摘录如下。

抓现代农业就是抓农业园区，抓现代农业就是抓市场主体，抓现代农业就是抓先进模式，抓现代农业就是抓规模经营，抓现代农业就是抓设施农业，抓现代农业就是抓生态农业。

建设农业园区成为发展现代农业的基本方法。农业园区不仅是农业要素集聚的展示区，还是主导产业发展的样板区，更是农业功能扩展的

111

先行区；不仅是区域现代农业的孵化器，还是促进土地流转的新载体，更是工商资本反馈社会的大平台；不仅是农业科技成果转化的示范窗口，还是农业产业化经营的组织形式，更是转变农业发展方式的重要手段。

现代农业主体等同于市场经营主体。农民往往受传统观念和生产要素的束缚，难以成为现代农业的主体。龙头企业、农民专业合作社的崛起和壮大，提高了农民组织化程度，已成长为现代农业的主体。工商资本成为现代农业的投入主流。

现代农业园区的主体：省市县各级园区申报条件中都明确规定，必须是以生产、加工、销售或技术服务为主要功能的农业产业化龙头企业、农民专业合作社组织等具有独立法人资格的市场经营主体。

规模化成为现代农业的第一标志。

现代农业园区的规模：省级园区的规划面积在关中地区要在5000亩以上；市级园区要在3000亩以上；县级园区要在1000亩以上。

现代农业园区的功能：①生产、加工功能。现代农业示范园本质上是一个农产品生产区，农产品生产及加工是其基本功能。但这种农产品不是一般的农产品，而是用最新品种、先进适用的农业生产技术和精细加工技术生产出来的优质精品，以适应和满足国内外日益提高的消费需要。②示范、推广功能。现代农业园区主要通过引进示范现代农业新技术、新品种、新成果并加以推广应用，示范现代农业建设、农业高新技术企业的经营管理及成功经验并加以推广应用。③集聚、扩散功能。现代农业示范园区作为区域农业生产力新的制高点、现代农业与农村经济新的增长点，具有明显的生态、区位、政策等方面的优势，这将加速技术、人才、资金、信息向示范园区的集聚，在推动和促进示范园区的建设和发展的同时，具有较强的向外辐射扩散，带动周边地区农业与农村经济发展的作用。④科普培训功能。现代示范园区通过各种方式进行现代农业的科普教育与人力资源及先进技术的培训。

从以上表述中，我们可以非常清楚地把握 H 县政府对现代农业经营体系的定位，择要可以总结为以下四个特征。

第一，现代农业园区是当地政府推动农业现代化的主要抓手。通过推动现代农业园区不仅可以促进土地流转、加快新型农业经营主体发展，而且可以借此推动主导产业的发展。前文数据正是体现了这一点，各级现代农业园区主要是通过土地流转发展以红提和时令水果为主的果业。

第二，现代农业园区的经营主体是龙头企业和合作社。各级政府都对现代农业园区的经营主体做了较为具体明确的规定，即必须是农业产业化龙头企业、农民专业合作社等具有独立法人资格的市场经营主体。由于文件对经营主体做了这种规定，所以表5-4显示各级园区的经营主体主要是龙头企业和合作社，龙头企业固然都是工商资本，而合作社实际的掌控人其实都是当地的富人群体。

第三，规模化是现代农业园区的首要特征。不管是政策规定还是从表5-4中对全县各类园区的经营规模的统计来看，各级园区的经营规模都非常大，更重要的是这些园区经营的类型不是机械化程度比较高的粮食作物生产，而是机械化程度低、劳动力投入比较大的以水果为主的经济作物生产。

第四，将现代农业产业园作为示范、带动周边新型农业经营主体和小农户的窗口。从对现代农业园区功能的总结中可以看到这点。

三　现代农业园区的困境与转型

在H县调研期间，笔者及调研组成员重点调查了不同级别和类型的现代农业园区的发展情况。调研发现，现代农业园区确实推动了该县果业的大发展，但是其本身在经营中面临着巨大的经营困境，从而使园区的可持续发展受到很大挑战，也限制了当地果业的继续发展，因此也倒逼园区不得不做出相应的转型。所以，系统梳理现代农业园区的经营状况、发展困境以及自发转型，对于思考新型农业经营体系的构建和农业产业结构的调整均具有重要价值。这里首先梳理三个典型现代农业园区的发展状况，接着重点分析它们共同面临的困境及其给当地果业发展带来的影响，最后探析这些园区正在或即将进行的转型及其基础。

（一）典型案例分析

1. 市级园区：FH园区

FH现代农业园区（以下简称FH园区）2016年成功申报为市级现代农

业园区。该园区成立于2014年12月,当年便申请为县级现代农业园区,同时成立果蔬专业合作社,并在此基础上成立H县FH农业有限公司。

FH园区位于县城高速路口以东2公里处,园区土地涉及城关街道办的3个社区的耕地。园区规划面积6000亩,园区规划为一个中心区(农产品展销电子商务物流检测中心,占地300亩)和五个园区(设施红提葡萄观光采摘区;樱桃蔬菜家庭农场;桃、设施草莓休闲农庄;现代设施苹果园区;苗圃繁育基地)。其中,设施红提葡萄观光采摘区属于该园区中心区,总面积300亩,重点发展设施红提促成栽培,使用双色地膜覆盖,推广大棚膜下滴灌、避雨栽培、葡萄防虫网、遮阳网、套袋等技术;樱桃蔬菜家庭农场位于葡萄种植园的西南部,总面积500亩;桃、设施草莓休闲农庄位于葡萄种植园的东部,总面积1000亩;现代设施苹果园区位于葡萄种植园的北部,总面积200亩;苗圃繁育基地位于葡萄种植园的南部,总面积200亩。

项目规划总投资8000万元,目前已投资1800万元,建成面积3000亩,实现"四通一平",冷库、滴灌等现代装备先进,主导产业为设施红提、草莓、冬枣、苹果、樱桃种植和生猪养殖。其中,栽植设施冷棚葡萄300亩(100个大棚),设施避雨栽培葡萄100亩,设施草莓100亩,设施蔬菜温棚500亩,樱桃500亩,苹果200亩,桃园1000亩,现代养猪舍100亩,苗圃200亩,农业展厅、电子商务物流中心和气调库占地300亩。在基础设施方面,打282米深井3眼,配备全园滴灌4000亩;硬化道路10公里;架设变压器专线3路,安装电路5000米,建设员工宿舍1400平方米。FH园区计划通过3~5年的发展,建设成为集示范推广、观光休闲采摘、农产品深加工以及电子商务物流中心于一体的现代生态农业园区。预计年实现利润3000万元,同时带动600人在园区务工,增加劳务收入。

FH园区作为市级园区属于典型的龙头企业经营的园区。园区负责人F某在此之前一直经营房地产业,是H县兴业建设工程有限公司董事长,主要在西安、渭南、H县等地经营房地产,后来成立H县FH农业有限公司。虽然FH园区已经是市级园区,而且经常受到各级领导和各地的视察和参观,对外光鲜十足,但是从园区产业的经营来看并不理想,作为其主要经营内容的红提和时令水果不仅产量低而且品质也不是很好,水果的销售收入无法支付流转费、农资和人员工资，需要从公司的其他收入中填补。

与农业经营不良形成鲜明对比的是该园区在项目经营上风生水起。除了其他园区都能获得的奖补资金和项目支持外，还获得了其他大项目的支持，比如市级园区奖励 150 万元，省供销联社的产业扶贫项目 100 万元，冷库 500 万元，FH 移民搬迁配套产业园扶贫基金项目 1000 万元等。这些项目资金当然不是直接给现金，需要 FH 园区做一些事情，但是园区从中是可以获得很大一部分利益的。以搬迁配套产业园扶贫基金项目为例，该项目由 H 县城市建设投资开发有限公司投资，一期承接扶贫资金 1000 万元，由 H 县 FH 农业有限公司具体实施，项目周期为 24 个月，2018 年 4 月起至 2020 年 3 月竣工，可带动建档立卡贫困户 1000 多户，主要的帮扶措施为优先贫困户务工、承包分红、保底分红、电子商务宣传帮销及科技培训等。目前黄花菜种植已投入 400 万元，连续分红 4 年，每年保底分红 80 万元，FH 园区不仅可以借用这笔资金用于自身发展，而且会有 80 万元的收益。

FH 园区在当地也具有一定的代表性，由于规模较大，资金较为雄厚，农业经营亏损对园区的运行并不构成直接的挑战，工商企业可以从其他领域收益和项目资金中弥补农业生产的亏损。而正是由于其经营规模比较大，也更能成为当地产业发展的亮点，更有优势承接政府的各项大项目，从而从中获利。换句话说，园区的农业生产并非构成其收益的来源，甚至是需要弥补的地方，其经营的重点是项目，以从中获得收益。但是经营项目和经营农业又是密不可分的，没有了农业生产做支撑，其项目经营就失去了平台，没有了项目支持，农业生产也很难长期持续。这类园区在 H 县有一些，但不是太多，一般每个乡镇都会有 1~2 个。

2. 县级园区：HS 园区

HS 园区现为县级现代农业园区，负责人为城关街道办一个社区的主任 H 某，2014 年成立 H 县 HS 农业有限公司，并在本村两个村民小组通过村委会流转耕地 800 余亩，每亩租金 450 元，流转期限为 30 年。这些土地都紧靠县道，交通便利。园区成立了果业合作社和家庭农场，2015 年被评为省级示范家庭农场。

目前园区已建设桃园 240 亩，红提园 90 亩，杂果园 20 亩，观光草莓采摘园 40 亩（设施温棚草莓 15 棚），各种高中档药材 180 亩，小麦、玉米

240 亩。基础设施配套齐全,其中道路 1.5 公里、办公用房 300 平方米、300 米深机井 2 眼、水肥一体化全套设施 1 套、农机具数十台、滴灌设施 500 亩、喷灌设备 300 亩。现已建成连片的"田成方、树成行、路相通、旱能灌、涝能排"的现代农业园区,这在旱塬还是相当不容易的。

至今,HS 园区已经投资 860 万元,前期 100 万元是园区负责人 H 某的发小投资的,后来主要由园区负责人 H 某自己经营。目前 H 某投入自有资金 200 万元左右,其他 500 多万元都是贷款。H 某本人现年 40 岁出头,在做社区主任之前主要在村外做生意。

园区负责人 H 某坦诚地告诉我们,投资三年来园区一直处于亏损状态,目前只有小麦和玉米是赢利的,但是利润非常微薄,因为租金较高,而产出较低。而桃、红提和其他时令水果都是亏损的,无法支付租金、农资和人员工资等成本,中药材虽然有一定利润但还没有收获。唯一一次大的收获是 H 县修国道占了园区 10 多亩土地,青苗费和附属物赔了 100 多万元。他承认,再这样亏下去,园区 2~3 年就维持不下去了。

3. 县级园区:DY 农场

DY 农场现为县级现代农业园区,2013 年由城关街道办的农民 D 某创办,当年在本村流转土地 300 亩,2014 年又将邻村的 300 亩耕地流转过来,使园区面积达到连片的 600 亩。土地流转租金为 500 元/亩,期限为 20 年,不过每 5 年租金上调 10%。

园区负责人 D 某,现年 40 岁左右,年轻时就外出打拼,长期在县城做门窗和免烧砖生意,前十年县城房地产非常景气,自己的生意也比较好。近几年随着县城房地产开发达到一定程度,门窗和免烧砖生意开始走下坡路,于是 D 某开始转向农业。他告诉我们当时他在电视上看到习近平总书记到美国的大农场考察,"看着美国的大农场,非常现代化,自己也想建一个属于自己的农场"。恰好这几年国家和地方政府也在大力扶植新型农业经营主体的发展,因此他决定将创办家庭农场作为自己以后投资的主要方向。

2013 年种植了 100 多亩红提,还有一些苹果、蔬菜等,2014 年流转的土地主要种植小麦、玉米。小麦、玉米可以赚钱但是利润微薄,于是在 2018 年又将种植小麦、玉米的土地全部种上了红提,包括阳光玫瑰、早夏黑、西桌子等多个品种。拥有蓄水池 1000 立方米，办公厂房 240 平方米，库房 200 平方米，拥有水肥一体化全套设备 1 套、拖拉机 1 台、手扶车 1 台，配套旋耕机、打药机各 1 台。

这些年 D 某陆续往农场里投资了近 800 万元，之前的资金主要是自己做生意赚的钱，只是在去年才开始贷款 150 万元。他也想申请国家的项目资金，而且为此他还竞选上了村委会主任，以便有更好的平台来争取项目。目前他已经担任村主任一届，但是并没有申报到太多的项目。获得的项目主要有三项：①2017 年政府拨给了 10 万元，作为带动贫困户的设施补助；②2017 年农技中心在园区配备了水肥一体化设备，价值在 60 万元左右；③2017 年农场还申请了扶贫办的扶贫项目，上报的是 80 万元，最后只批下来 30 万元，这 30 万元有规定的用途，其中 50% 用于园区建设，另外 50% 需要作为股本替贫困户入股家庭农场，每年贫困户分红不得低于股金的 6%。目前这项资金还没有到位。

从经营效果来看，正如 D 某所说，前两年种小麦、玉米是挣钱的，近两年种植红提用工量太大，是亏损的。2017 年一年农场就赔了 60 多万元，其中包括务工费用 18 万元多，大棚损失 28 万元，农药化肥 10 多万元。而由于农业前期投资大，"收入周期长，也卖不上钱，现在很想退出，但是也退不了，因为没人接"。

D 某这种骑虎难下的局面在 H 县的现代农业园区和新型农业经营主体中具有很强的代表性。他们已经在园区和土地上投入了大量资金，但不仅没有带来收益，还年年亏损，而且这些投入并不能形成多少固定资产，通过转手可以变现，所以他们如果选择退出基本就是血本无归，如果继续经营则意味着继续不断亏损。

4. 一般园区：JH 园区

JH 园区虽然建设较早而且投资较大，但是一直属于粗放经营且在招商引资后基本不与政府打交道，所以一直没有成为县市级现代农业园区，而只是一般的农业园区。

JH 园区全称为 JH 现代设施农业示范区，建于 2012 年，占地 260 亩左右，位于城关街道办 Z 村。投资者是在西安经营星级酒店、火锅店、证券公司等生意的一个富商，生意兴隆，资金实力雄厚，由县政府通过招商引资而来。截至调研期间，JH 园区已经投资 2000 多万元，建有温室大棚 60 多座，其中投资 200 多万元、占地 4 亩的联动温棚 1 个，地棚 21 个。园内主要种植草莓、红提、杏、蔬菜等各种经济作物。园区的土地处于干旱地区，用水是个大问题，为了解决园区灌溉问题，老板在园区内花费 100 多万元打了一口深井来满足整个园区的用水需求。此外还建设了养殖区，养有鸡、鹅、羊等。目前正在建设集饭店、居住、观光于一体的观光旅游区和儿童游乐区等休闲场所。

该富商原在西安市长安区租了 100 亩地经营农业，赚了点钱，后来就在 H 县流转土地建设园区准备大干一场。目前老板基本上在西安管理生意，园区由一名比较信任的员工管理，但是由于管理不善，缺乏技术人员，每年亏损严重，有些大棚甚至处于废弃状态。前几年每年销售收入还能在 60 万元左右，这两年由于没有技师，缺乏技术指导，每年毛收入 20 万元左右，而每年仅管理人员和劳动力等人员工资就 30 万 ~ 50 万元，水电费也有 10 万元，因此处于严重亏损状态。与此同时，园区也在大量减少各项投资。据园区管理人员介绍，前几年每年亏损 60 万 ~ 80 万元，这两年每年亏损 30 万 ~ 50 万元。但园区老板资金实力雄厚，可以用在西安的经营收益弥补园区的亏损，而且园区还没有完全建设好，老板对园区赢利还存在一定期望。因此在农业经营维持现状的基础上还在继续投资其他产业，并逐渐对农业经营状况做出调整。

5. 小结

以上四个园区虽然都地处城关街道办，但是涵盖了市级、县级和一般园区三大类，从经营主体来看也囊括了工商企业、合作社、家庭农场等，其中既有来自村外的又有村内的村民。应该说，这四个现代农业园区在当地具有很强的代表性。从这四个案例中我们可以看出一些共同的特征。

第一，从经营主体来看，园区经营主体尽管包括工商企业、合作社和家庭农场三大类，但基本都是具有相当经济实力的城乡富人群体，从园区投资上就可以看出，园区建设动辄投资几百万元或上千万元，非一般群体所能承担。而且尽管大部分园区都成立了农民专业合作社，但实际上只是名义而已，真正的经营主体还是这些富人群体。

第二，从经营类型来看，与前文全县的整体情况一样，这四个园区都是既有综合的也有专业的，但大都是以经营经济作物为主，绝大部分是以红提和时令水果为主，只有 JH 园区是以经营蔬菜为主。尽管 HS 园区和 DY 农场在建设初期还种植一定数量的小麦和玉米，但是在追求利润最大化的驱使下，它们都纷纷转型为经济作物种植。

第三，从经营面积来看，四个园区的经营面积都普遍较大，FH 园区面积达 3000 亩，HS 园区和 DY 农场面积分别为 800 亩和 600 亩左右，JH 园区虽然面积只有 260 亩左右，但是其设施比较高端，投入较大，复种指数较高。

第四，从经营效果来看，四个园区从农业经营来看无一例外仍没有赢利，只是有的经营主体由于本身经济实力较强可以用自己所经营的主产业收益来补助园区，如 JH 园区和 FH 园区，FH 园区可以获得大量的政府项目，可以通过经营项目来助力园区的发展，其他经济实力较弱的经营主体则面临着难以为继的局面。

（二）现代农业园区的经营困境及其原因

1. 经营困境的主要表现

从以上四个园区的经验来看，它们在园区的生产上都面临着很大的困境。第一，最直接的表现就是都处于持续亏损的状态。赢利是现代农业园区追求的最终目标，也是其能够可持续发展的根本所在。连年的亏损是当前该县现代农业园区面临的最大困境，对其发展构成了致命挑战。

第二，新兴产业有规模但是产量和质量无法得到保障。从四个园区的经营面积和经营类型来看，园区在红提、时令水果和蔬菜等新兴产业上都发展了很大的规模，但是从园区的生产来看，产量和质量都不如经营面积较小的种田能手甚至一般种植户。这与当地政府借助现代农业园区推进农业产业结构调整的目标背道而驰。因为只有种植规模的扩大，而没有产量和质量的提高，产业结构调整就很难持续发展。

第三，园区的生产管理存在问题。从几个园区负责人和管理人员反映的问题来看，现代农业园区普遍存在生产管理问题，即园区的产业选择和布局、生产技术的使用、农资的采购、用工的管理等方面都存在不同程度的问题。

现代农业园区以上三个方面的经营困境并非完全割裂的，而是密切相关的，甚至存在明显的因果关系。应该说，正是无法真正做好园区的生产管理，才导致产量和质量提不上去，进而导致产出抵不上投入，从而导致园区的亏损。园区的生产管理既是园区经营困境的一种表现，也是导致产量、质量存在问题和园区亏损的直接原因，所以也就构成了经营困境的直接原因。因此，这里有必要重点分析园区生产管理方面的困境。

2. 生产管理困境：园区经营困境的直接原因

现代农业园区的生产管理完全不同于一般的种植户。据当地的果农介绍，一般一对夫妻如果完全依靠自有劳动力最多可以种植 6 亩红提。这是因为红提生产管理的工序特别烦琐。主要工序包括冬天的剪枝、埋藤（因为当地冬天温度太低，需要挖沟把藤枝埋到地下，以免冻坏）、春天以后的挖藤、上架、摘心、疏果、套袋、水肥管理、病虫害防治、摘果、销售等，有人计算全程下来每亩地需要投入 55 个工。一对夫妻种植 6 亩红提，主要使用家庭劳动力，他们既是管理者又是劳动力。而且对于自家劳动力，在农业生产中是不计入生产成本的。劳动不计入成本，因此不存在边际劳动成本上升的问题，他们投劳时只考虑投劳与总产出的关系，只要边际劳动投入的产出不是负值，小农就会继续追加劳动。[①] 因此，这些果农的最终目标是产出的最大化。

随着种植规模的扩大，就需要不断地追加雇工。因为当前在红提和时令水果的种植中机械化程度还比较低，主要体现在耕地和打药、运输等环节，生产中的绝大部分环节还主要依赖于人工。如果园区负责人或新型农业经营主体也参与劳动，其在生产中既是劳动者同时也是管理者，带领工人一起劳动。但是园区负责人基本都是原本不从事农业生产的富人群体，因此他们一般不懂生产而且也不会参与劳动，主要负责整个园区的规划和宏观管理，具体到田间管理中的技术管理和劳动管理则主要依靠雇用的技术人员和管理人员。所以相对于一般果农将管理者和劳动者合二为一，园区则将很大一部分管理功能交给了雇用而来的技术人员和管理人员，而主要的劳动功能交给了雇用而来的工人来完成。

---

① 罗必良：《农业经营规模的效率决定》，《中国农村观察》2000 年第 5 期。

以县级园区 HS 园区为例，除了园区负责人 H 某，还雇用了两个技术员，其中一个为来自本市大荔县的技师，主要负责桃园的技术管理；另一个为 H 某的姨夫赵某，为本地人，他除了负责其他品种的技术管理，还负责整个园区的用工管理。每个技术员的工资为固定工资，为 4500 元/月。此外还有一个专职司机。在用工方面，园区一般每天需要 20 多个固定工人，用工最高峰每天需要 100 多人。工人的工资基本按天记工，按月结算，一般男工工资 100 元/天，女工工资 70 元/天，每天工作 8 个小时。FH 园区和 DY 农场基本都属于这种模式，只是雇用的人员会因规模大小而有所不同。JH 园区由于主要种植蔬菜，而且已经配备设施，每天都需要工人，所以其主要依赖固定工人，现有 5 个男工，每人每月工资 3500 元左右，12 个女工，每人每月工资 1500~1800 元，其他还会零散地雇用一些零工，每人每天 80 元。

总之，由于现代农业园区经营规模较大，园区负责人无法独自完成园区的管理和劳动，而且由于其身份的特殊性，园区的主要管理和劳动都是由雇用而来的技术管理人员和工人来完成的。而这些雇用而来的人员在生产过程中非常容易出现道德风险问题，即从事经济活动的人在最大限度地增进自身效用的同时做出不利于他人的行动。这些道德风险的大量存在直接影响了园区的生产效果。下面简单分析管理层和劳动层的道德风险。

（1）代理人与道德风险

这里的代理人主要是指属于管理层的管理人员和技术人员，实际上园区负责人是将园区田间管理的权力都委托给他们，由他们对园区生产的技术和劳动力管理进行全权负责。但是这些代理人基本都是领取固定工资，他们干多干少、干好干坏并不影响他们的收入，因此他们不会完全像经营自己的土地那样尽心尽力，甚至会做出损人利己的事情。这里有几个案例可以作为例证。

案例 1：HS 园区负责人的姨夫也就是园区管理和技术人员赵某告诉我们，园区一开始设计时他还没来，但是设计的桃园存在很大问题。当时负责人 H 某请的是外地的技术人员设计桃园，桃树种植过于密集，从而影响了果树的生长和产量的提高，现在不得不重新进行改造。而当时的技术人员之所以这样设计是因为他本身是卖树苗的，桃树种得越密集，他就可以卖掉越多的树苗。

案例 2：HS 园区两位技术人员形成了鲜明的对比，一个是负责人的姨夫赵某，他不仅是负责人的亲戚而且在庄园投资了五六十万元的资金，因此他不仅负责除桃园以外的所有技术，而且负责整个园区的用工管理。他在这些管理工作的过程中非常尽心尽力，一个鲜活的例子是，园区种植的药材的除草问题是个棘手的问题，不少除草剂在除草的时候有可能把药材打死，而有的草却打不死，因此他买了十几种除草剂，进行了反复的实验，调查时他高兴地告诉我们他的实验成功了。从中可以看出他完全把园区的事当作自己的事来做。与其形成鲜明对比的是，另一个从大荔请来的技术员，在技术上还可以，但只是做自己分内的事，比如案例 1 中桃树种植过密的问题他也不反映，还是赵某向 H 某反映后才做出调整。而即使是赵某对园区生产有一套自己的设想，也无法完全施展，因为拥有最终决策权的是 H 某，所以他有时候也只能去建议，建议不被采纳他也只能眼看着园区亏损而无法改变。

案例 3：JH 园区原本有个技术人员，技术非常好，他管理的蔬菜质量都很好，受到客户的广泛好评。但是后来发现这个技术人员在采购物资时吃回扣，账面上出现了问题，被发现后他就被辞退了。后来也请了一些技术人员，但管理人员告诉笔者，这些技术人员过来后，并不考虑园区的成本以及投入产出比，开出一系列农药化肥的单子，要求每个地棚配 2 个固定工人，根本不管园区的成本，而如果最后产量不高，或者质量不好，他们就说是农药化肥没上到位。所以现在园区没有固定的技术人员，只是每隔半个月或一个月老板带几个外地的技术人员来看下，平时由雇用的总经理全权负责园区的管理和技术。但是这个总经理对农业生产的管理和技术也不擅长，基本也是当一天和尚撞一天钟，领自己的死工资。目前园区负责人希望能够找到一位入股的技术人员，双方利益共享，风险共担，这样就可以避免技师在账面或者其他方面出问题。但是面对高风险的农业，很少有技术人员愿意共担风险。

从上面三个案例可以清晰看出，由于园区面积过大，园区负责人无法独自进行管理，从而不得不选用代理人负责技术管理和劳动力管理，但是大部分代理人与负责人在利益上不具有一致性，所以无法真正调动这些代理人的积极性，产生了大量道德风险问题。其导致的结果是园区的管理很不到位。

（2）雇工与道德风险

调查中笔者发现，园区负责人和管理人员反映最多的问题是雇工的道德风险问题。他们普遍告诉我们的一个现象是，农民在自己地里干活时非常认真，而给他们做活时不仅质量差而且经常出工不出力。多位雇主都说，这是因为农民的素质太低。素质问题当然存在，但是根本还不在于此，而在于有效的监督机制付诸阙如的情况下，任何理性的个人都会做出出工不出力的行为。这在经济哲学上被称为"道德风险"，即从事经济活动的人在最大限度地增进自身效用的同时做出不利于他人的行动。我们在调查中搜集到了一些道德风险的表现。

表现一：有个园区的负责人跟我们抱怨，工人根本不会像在自己地里那么用心干活，比如给红提摘心很多工人摘得很不仔细，该摘的没摘，不该摘的摘了，这都直接影响红提的产量。而且他们在园区干活都是准点上下班的，"该下班了，他还有 2 棵树没修好，他就不干了"。

表现二：几个工人在一起做事，你干快了，别人还会讽刺你，说"你们干这么快，做这么多，老板是给你们发奖状了还是发奖金了?"。因为其中一个人干得太快、太好了，就凸显出其他人在偷懒、磨洋工了。

表现三：我们问在给红提摘心的工人，"你们干活的时候会吃提子吗?"，有的说不会吃，旁边的人就坦白地纠正说，"怎么不吃，还专拣好的吃，只要不带走，吃多少都可以，老板还不让吃啊?"。但是，有的工人在地里趁庄园的管理人员不注意，就把红提摘下来盖在衣服里带走。HS 园区负责人就发现之前很多工人开着电动车进园区，走的时候就夹带红提，后来才规定电动车必须停在园区门口，不准开进去。

这些行为会带来两方面的后果：一方面农活不到位（表现一）和偷吃偷带（表现三）会导致农作物大大减产，这是导致规模扩大后单产降低的主要原因；另一方面雇工的怠工（表现二）迫使雇主要在单位面积上追加更多的劳动投入，从而增加了生产成本。

当然，道德风险的程度与经营规模也有一定关系。当雇工较少的时候，而且雇主与雇工一起劳动，劳动的监督效果就比较好，因此道德风险的程度较低。而当雇工规模较大，而且使用代理人时，就大大增加了监督的难度，从而导致道德风险出现的概率更高。所以可以说，雇工越多，监督成本越大，道德风险的发生概率越高，从而导致单产越低，劳动成本越高。有个鲜活的例子是，真正赚钱的都是主要依靠家庭劳动力的农户，H县百良镇太枣村很多农户都种红提，而且一般都种两个棚，主要依靠家庭劳动力，只有在农忙时雇用少量雇工，一般都能收入四五万元。村里有个年轻人看到种红提有利益，一次建了50个棚，结果亏得一塌糊涂，原因就在于面积扩大后雇工太多。

园区负责人在实践中也一直在摸索约束道德风险的措施，但是收效甚微。有些雇主探索的有一定收效的办法是"人情操作"，即与雇工处好关系。比如有的负责人在水果成熟时主动提出让工人摘些果子带回家给家人吃，过年时还会给雇工发些礼品；"雇工干活时，为他们提供矿泉水、啤酒、盒饭、香烟等"，"尊重他们"。一位负责人说，"肯定要跟工人搞好关系，关系处理好了，人家才负责任"。但是可以肯定的是，雇工再负责任也不如在自己农田里负责任。

3. 经营困境的根本原因

为什么在工业生产中普遍存在并运行良好的代理人和雇工生产在农业生产领域中却无法奏效，从而出现了管理层和劳动层普遍存在道德风险问题？要回答这一问题就需要探讨农业生产的特殊性。

农业生产很难像工业生产那样对代理人和雇工实现有效监督，是因为农业生产与工业生产存在本质差异，有其独特性。众所周知，工业产品都是没有生命的，工业生产是人类劳动作用于无生命的劳动对象的过程。工业生产的基本法则正是"把自然力的各种不确定性简化为确定性来把握"[1]。因此，工业生产的可控性极高，生产环节和工业产品的分割、重组、移动等环节几乎不受时空的绝对限制。这些特性决定了工业生产中生产环节和产品都可以标准化，这就可以制定出统一的劳动监督规则对劳动的质量和数量进行检测和计量。

而农作物是有生命的，所以农业生产是人类经济再生产与自然再生产

---

① 周其仁：《家庭经营的再发现——论联产承包制引起的农业经营组织形式的变革》，《中国社会科学》1985年第2期。

相互交织的复杂过程。人类经济再生产虽然可以对自然再生产做出一定改造，比如生物技术和化学技术对于农作物内部构造和外部环境的改造，但是人类至今仍无法改变农作物的生命运动规律。因此人类的农业生产要根据农作物生命运动的铺展而展开，这导致劳动时间和生产时间存在不一致性。农作物在空间上的广布性决定了农业劳动要在广阔的空间进行，这给农业生产中的劳动监督带来极大困难。同时，农作物生命运动的连续性和不可逆性决定了农业生产不像工业生产有半成品或中间产品，对于农业劳动的监督只有将其劳动与最终产品进行挂钩。

因此，农业生产要求劳动者必须对农作物生命活动的整个周期负责，否则就无法准确评价其在各个生产环节中所付出的劳动数量和质量。因为农业的最终产品与生产全过程的每个生产环节都密切相关，如果各生产环节由不同劳动者来完成，就很难评判劳动者在单个生产环节中的完成效果。以施肥为例，雇工施肥的效果只有在施肥后的一段时间甚至到收割时才可以看出，而此时的结果又是施肥和其他生产环节交织在一起导致的，已很难分割出施肥这一环节的影响，所以很难对技术人员的技术和工人施肥的质量进行准确评价和区分。同样道理，其他生产环节的劳动也很难得到有效监督。而且在农业生产过程中天气、土壤等自然因素和农资、农机、农技等人为因素都对最终产品的获得发挥着重要作用，这些更加剧了劳动监督的难度。因此农业生产中雇工的劳动监督难题是很难克服的。

有学者认为化解农业生产中劳动监督难题的最好办法是让劳动者拥有剩余索取权，因为在这种情况下，他的任何劳动付出和努力都体现在他自己的最终收益上，计量和监督也就成了多余。① 这里需要强调的是必须让劳动者拥有全部剩余索取权才能彻底解决监督问题。我们在调查中发现，有些雇主采取"划块承包"的办法将雇工的收益与其承包地块的最终产品相挂钩，分享该地块的部分剩余索取权。实践证明，这种办法的激励作用仍然是有限的，因此"道德风险"无法根除。而要让劳动者拥有全部剩余索取权，就要使劳动者与经营者一体化，符合这一条件的经营组织形式就是家庭。家庭是建立在迄今为止人们之间最紧密的血缘和姻缘关系基础上的

---

① 张进选：《家庭经营制：农业生产制度长期的必然选择》，《农业经济问题》2003 年第 5 期。

组织，家庭成员之间除了经济利益这一条纽带，还有血缘、感情、心理、伦理和文化等一系列超经济性质的纽带。这些都使家庭成员在农业生产中具有足够的工作积极性而不需内部计量和监督。因此可以说，家庭经营在农业生产上具有天然的合理性。

事实上，全世界范围内占主导地位的农业经营主体都是家庭农场。2014年，FAO发布了以"家庭经营改革"为主题的《世界农业发展报告》，较为详细地阐述了全球农业经营主体的发展情况。数据显示，全球大约有5.7亿个农场，其中90%以上是家庭农场。当然，这里所指的"家庭农场"与目前国内的理解不完全一致，泛指一切以家庭经营为主的农业经营主体，其经营规模可大可小，既包括以美国为代表的大规模家庭农场，又包括以法国为代表的中等规模家庭农场和以日本为代表的小规模家庭农场。但从全球范围来看，不足2公顷的小规模农场在数量上占绝对主导，约为全部农场数量的84%。[①]

综上，H县现代农业园区普遍存在经营困境的根本原因在于，其经营规模超过了农业生产规律所规定的适度规模，这里所谓的适度规模是以家庭劳动力为主所能够经营的规模。超出这个规模就需要大量雇工甚至雇用代理人，而在此时由于劳动监督无法有效解决，雇工和代理人都可能出现道德风险问题，从而使园区的经营管理陷入困境。这将直接影响园区农业产品的数量和质量，影响产业的可持续发展，从而使园区经营陷入持续亏损状态。

（三）现代农业园区的转型调适及其表现

从调查情况来看，很多园区在经历了几年的亏损和摸索后，也慢慢找到了园区经营困境的症结所在，并被迫做出一定的调整和转型，以减少亏损或扭亏为盈。任何园区的目标都是赢利，因此除了少数可以通过经营园区而从其他渠道获利的园区没有进行转型外，绝大部分园区在通过各种方式进行转型和调适。从园区的转型方向来看，各个园区基本都是采取扬长

---

① 周应恒等：《农业经营主体和经营规模演化的国际经验分析》，《中国农村经济》2015年第9期。

避短的策略，将难以控制的农业生产领域进行调整，并加强自身具有优势的产前和产后的服务环节，进而将两者打通寻求各方合作。具体表现在以下三个方面。

1. 通过调整生产结构减少雇工

正如上节分析显示，各个现代农业园区经营困境的主要原因在于雇工太多，很多园区负责人也开始认识到这点，因此试图通过调整经营结构来减少雇工，以改变经营效果。一般所采取的措施主要包括以下几种。

（1）通过转包土地减少经营面积。比如 HS 园区投资了设施温棚 15 个，原本是种植草莓，但是经营效果不太好。于是将其中 11 个大棚都转包给大荔人种植草莓。大荔人有技术而且种植面积适中，因此能够赚钱，一般一个家庭两个棚，每个棚一年可以赚四五万元。因为他们没有自己的土地投资大棚，这样租用 HS 园区的大棚对双方都有利，HS 园区从中收取租金至少可以保证不亏本。HS 园区只保留了 4 个温室大棚，种植哈密瓜，并采取订单农业的方式，与温州客商签订收购合同，按 3000 元/亩的价格交订金，但是庄园种植的哈密瓜必须符合批发商的收购标准，每个必须在 3 斤以上，批发商才愿意收购。种植哈密瓜的正常成本为 2000 元/亩，一亩地毛收入 15000 元，除去次果，一亩地可以赚 10000 元。目前 4 个温棚的哈密瓜长势良好，2018 年应该可以赚钱。而正是通过缩小种植面积，将种植规模控制在一个适度范围内，才减少了雇工和管理成本，从而有可能扭亏为盈。

（2）通过改变种植结构减少雇工。还是以 HS 园区为例，近几年负责人发现果树的投劳太大，将原本继续扩大果树种植面积的计划改成种植中药材。因为种植中药材的最大好处是劳动投入较小，而且很多生产环节可以使用机械，比如耕种、施肥、打药等可以采取机械化，相比于果树种植机械化程度高很多，这样就可以大大减少雇工。而且中药材相对于水果更好储存，以避免市场价格的影响，当销售价格不理想时，还可以存放起来等到价格合适时再卖，在这个过程中，药材一般不会发生变质。另外药材受气候的影响相对来说比较小。HS 园区 2017 年已经种植了 180 多亩的中药材，还准备继续扩大种植面积。

（3）不惜选择粗放经营减少雇工。比如在 HS 园区，前两年整个园区都整理得非常干净，为了省工，庄园里的杂草平时都不锄了，等到翻地时再一次性锄掉,这当然在一定程度上会影响生产,但可以节约大量成本。再比如,JH 园区前两年所有的大棚都种上了蔬菜,但是种得越多亏损越大,每年都有 60 万~80 万元的亏损。为了减少亏损,园区减少了大棚的使用,我们去园区参观时发现 21 个地棚只有 10 个在利用,其他都是闲置的。这确实减少了亏损,近两年通过降低地棚利用率和减少雇工量,园区每年的亏损减少了 30 万元左右,每年只有 30 万~50 万元的亏损了。

2. 通过延长产业链条增加利润

绝大部分园区开始主要是从事农业生产,即主要做产中这一块,而这一块恰恰不是自己的优势所在,因此它们在调整生产结构的同时也在产业链条上下功夫。比如 HS 园区在发展药材种植的同时还准备往产前和产后延伸,具体而言,在产前这块通过流转一定面积的土地进行整体规划种植药材,自己种植一部分再带动一部分农户参与进来,园区给他们提供技术指导、基础设施配套、机械服务(成立农机具专业合作社)等全套服务,园区可从这部分服务中赚取利润;在产后这块则修建药材加工厂,收购基地生产的药材,对其进行一定的加工,一方面增加附加值,另一方面也可以待价而沽。再比如,JH 园区在蔬菜种植一直没有起色的情况下,目前正在建设集饭店、居住、观光于一体的观光旅游区和儿童游乐区等休闲场所,将园区由主要从事生产转向生产和消费相结合的综合型园区,从而直接增加了园区的总体利润。

3. 通过加强分工合作扬长避短

绝大部分园区与技术人员、管理人员和雇佣劳动力的关系基本都是市场化的雇佣关系,缺乏紧密的利益链接,这也是他们在田间管理和生产劳动中普遍存在道德风险的关键所在。因此,很多园区在转型中开始着力加强与技术人员、管理人员和劳动力的合作和利益链接,一方面是为了充分调动他们的积极性参与到园区的建设中来,另一方面则是为了发挥双方的优势,扬长避短以实现共赢。

从园区与管理层的合作来看,主要的方式是使其投资入股园区或者将其工资与园区的经营效益挂钩。前者主要体现在 HS 园区负责人 H 某将懂技术和管理的姨夫赵某邀请到园区并使其投资了 60 万元左右,这样就极大地调动了他的积极性,从而与雇用而来的技术人员形成鲜明对比。后者主要体现在 JH 园区和 HS 园区，它们都试图将技术人员的收益与园区的效益挂钩，比如当每个园区的产量达到一定数量时才能领取基本工资，当再提高一定数量时会领取一定的奖金。但是这仅仅处于设想阶段，因为农业生产过多受到自然风险的影响，产量很难控制，所以少有技术人员愿意选择这种方式获取收益，而更倾向于领取固定工资。

从园区与劳动层的合作来看，主要的方式是通过"园区 + 农户"的形式将农户纳入产业发展中来，让他们承担生产功能并由园区承担宏观经营和各项服务。由于目前各个园区的经营规模都偏大，所以很多园区都在谋划将一部分面积再承包给农户，这样农户给自己劳动就会避免为园区劳动中广泛存在的磨洋工问题，就可以把生产环节经营好。与此同时，农户所承包的土地已经是经过园区前期大量投入的土地，上面有了较好的道路、水利、温棚等基础设施，这就解决了一家一户经营中面临的基础设施投入不足的问题。农户只要向园区交纳一定的租金就可以获取经营权，因此从农户的角度来讲是非常有利的。另外从园区的角度来看，园区从具体的生产环节退出后，可以发挥自己的优势为农户提供农资、农技等产前服务以及产后的销售服务。因为园区的面积比较大，其在与农资商和收购商的对接中都具有较大的优势。这样就可以实现扬长避短，既可以获得转包土地的收入，又可以获得产前和产后的服务收益。

当然，这些园区的转型才刚刚开始或只是停留在谋划阶段，因此转型的具体效果还不明显。但是如果这种转型能够实现的话至少会在以下三个方面发生重大变化。

第一，现代农业园区可以由亏转盈。各个园区努力进行转型的目的就是扭亏为盈，而从这些园区转型的方向来看，基本找对了自己亏损的症结，所采取的措施也基本是对症下药，做到了扬长避短，因此如果这些园区能够充分做好转型并且能够在转型中坚持下来，园区的发展就有可能步入一个赢利的阶段。

第二，产业结构调整更具可持续性。产业结构的调整无论规模多大、推进的速度多快，如果在具体的生产中不能出产量和出质量，产业的发展就无法真正持续。现代农业园区经过采取各种措施，把生产环节抓好，并在此基础上努力做好产前和产后的服务，这就为产业的可持续发展注入了强大动力。

第三，小农户被更好地带动参与进来。现代农业园区之前的产业发展多多少少还是带动了一部分小农户参与到产业结构调整之中，因为园区把一个产业发展起来后就会带动当地的市场发展和技术传播，从而带动一部分小农户。但是总体来讲，现代农业园区对小农户的带动作用还是非常有限的。正如 H 县政府网站上的一篇文章中所提到的，"现代农业示范园区商业资本气息过重，农民参与度不高……在园区参与农业生产的农民群体规模不大，仅有的几个也只是被雇用的体力劳动者，多数农民依然被排斥在'产业化'的大门之外"。而现代农业园区在主动谋取转型的过程中被迫将小农户纳入生产环节之中，并为之配备了较为完善的基础设施和较为健全的产前和产后服务，从而能够较好地带动小农户参与到农业产业结构调整的大潮之中。

（四）现代农业园区适应性调适的内在运行机制

从上面的分析我们可以看出，现代农业园区失败最主要的原因在于经营规模过大，劳动力成本高，且难以监督，所以很多现代农业园区都通过调整生产结构或者经营模式来规避风险。但从更深层次来说，遭遇失败是因为现代农业园区与地方社会脱节，现代农业园区与地方社会之间互为他者。因此现代农业园区对村庄文化和社会结构的影响做出了适应性调适。接下来本小节将基于嵌入性视角分析现代农业园区做出适应性调适的内在机制。嵌入性理论是经济社会学的核心观点，不同于传统的经济决定论思想，它认识到经济受制度、文化和社会等因素的影响。嵌入性理论最早由波兰尼提出，后经格兰诺维特的深入研究产生了广泛影响。他认为经济行动是紧密嵌入人际关系网络中的，他强调关系网络的重要性。但一些学者认为这就忽视了制度、文化等社会因素的影响，[1] 祖金和迪马乔进一步将嵌入性发展为四类，即政治嵌入性、文化嵌入性、结构嵌入性和认知嵌入性，[2] 因此，经济行动和市场行为受到多种社会因素的影响。而新型农业经

[1] 张楠、卢敏：《制度嵌入性理论在我国的发展研究》，《青年与社会》2013 年第 2 期。
[2] 斯梅尔瑟、斯威德伯格：《经济社会学手册》，罗教讲、张永宏等译，华夏出版社，2009，第 19~23 页。

营主体在与地方政府以及村庄博弈过程中，在经营失败的情况下，正是利用地方文化和社会网络，形成不同形式的嵌入，进而做出相应的适应性调适。

1. 营造政治身份

研究发现，很多新型农业经营主体的负责人会逐步进入村庄政治，利用村庄政治的权力来获取利益。当其运行陷入困境后，他们都会考虑吸纳村干部，形成精英俘获，或者其负责人自己竞选村干部。HS 园区经营规模大，劳动力成本高，前几年的经营一直处于亏损状态。而园区负责人当选社区主任后，首先，当县里或者乡镇到社区里检查，或者他在汇报社区里工作时，就可以利用社区干部的身份采取各种策略与政府官员建立私人关系，之后再将这种私人关系用在园区争取项目的过程中，提高争取到项目的可能性。"私人关系是一种社会资源，也是一种社会资本，当社会资本投入企业活动之后，不仅可以带来经济上的增值，而且还会再生新的社会资本"[①]，这种再生产的社会资本会进一步为园区的经营带来益处。同时，由于社区干部身份的特殊性，他会比居民更了解国家政策和项目情况，由于每个社区每年都会获批一个项目，而园区本身面积大，基础设施健全，具备承接项目的条件，他就可以将社区里的项目资金转到园区里来发展，这样既完成了项目也发展了园区。其次，园区目前还有扩大土地整合面积的打算，如果以园区负责人身份按市场价格去流转土地，大多数农户可能没有太大意见，但如果碰到一些不配合的农户，园区就比较被动，这就影响了整个工程的开展。当 HS 园区的负责人以社区干部的身份去跟农户交易时，则会是另一种情况。虽然农村基层组织，包括党支部和村民委员会都是村民利益的代表，但受传统思想的影响，在中国农民的内心深处仍有官民的二元意识，对其有着天然的敬畏，当村民委员会号召村民们土地流转时，多数村民会把这当成一项任务去完成，不会有太多异议，而且在熟人社会中，农民的生活和习惯基本一致，从众和跟风现象非常普遍，当看到大多数人同意土地流转时，观望中的农民也会选择流转土地。如此一来，凭借村庄政治权威的身份，园区就可以降低土地流转的交易成本。所以，

---

① 宋林飞：《经济社会学研究的最新发展》，《江苏社会科学》2000 年第 1 期。

新型农业经营主体在发展过程中，会做出适应性调适，逐步进入村庄政治，利用地方文化降低交易成本，增加经济收益。

2. 人情化运作

现代农业园区中农业工人务工时"磨洋工"现象非常普遍，这对现代农业园区来说是无法避免的事情。但在本次调查中也发现，有些农业园区从另一个角度找到了突破口。HS 园区给农业雇工的工资是当地的市场价，因此这是一个公平合理的交易行为，但在果子成熟时，老板会主动提出让工人摘些果子带回给家人吃，过年时还会给工人发礼品，同时还让两位高龄贫困户在园区里面长期务工，解决他们的就业问题。这些行为为老板塑造了"大好人"的形象，"人心都是相互的，老板对你好，你还能不好好干吗？"。事实上，当现代农业园区把土地从农户手中流转走后，农民与自己原来的土地关系已断裂，农民到园区打工，哪怕这些土地原来就是自己在耕种，此时他也是以局外人的身份在耕种，他把自己视为一个打工者，土地在农民的观念中已经"属于"园区。威廉姆森[①]认为"机会主义是经济交易中不确定性的主要来源"，这种欺骗性地追求自利的机会主义、信息的不对称性、交易的长期性以及弹性化的生产安排和利润分配，都成为影响经济交易顺利进行的因素。农民在把自己视为园区的"他者"后，他在园区打工，除了要获得自己劳动的市场价，还会通过偷摘园区水果、故意放慢劳动速度、准时上下班等这类"弱者的武器"来追求自身利益最大化，这种自利的机会主义导致"磨洋工""搭便车"现象的普遍出现。事实上，这是一种工具化他人的做法，可能成为破坏或削弱生产网络正常运作的力量，一个重要的原因在于，其能够促进一种特殊的策略性行动及策略性权力运作的产生。所谓策略性行动，指的是策略性地追求自利的行动，[②] 包括"磨洋工""搭便车"等。农民的这种行为直接影响了园区的发展，威胁到了园区老板追求自我利益。而自我行动是理解中国人行动逻辑的基础，自我行动会为自我内在的"经济理性"所驱动，它将引导着自我以建构和利用其

---

① 威廉姆森：《治理的经济学分析：框架和意义》，载 E. G. Furubotn 和 R. Richter 编、孙经纬译《新制度经济学》，上海财经大学出版社，1998，第 72 页。

② 汪和建：《自我行动的逻辑：当代中国人的市场实践》，北京大学出版社，2013，第 146 页。

关系网络的方式实现自己的经济与社会目的。① 因为经济交易主体会意识到自我并非独立的存在，自我要获得利益，获得他人的认同或承认，只有满足他人对自我的期待，也即将他人对自我的期待视为自我追求的利益或目标，这样，经济交易主体在满足他人期待的同时，将追求短期利益转变为追求长期利益。② 所以，现代农业园区会主动给予雇工果子、礼品、就业机会等，通过这种人情化运作，就可以获得雇工的认同。同时，当现代农业园区给予"施舍"时，雇工与农业园区在人情上就处于不平等的关系，雇工就欠了人情。在中国这个人情社会中，"人情债"是需要还的，雇工就在干活时"还人情"，这也是面子的问题。因此，现代农业园区利用人情化运作的方式，建立与乡土社会的关联，③ 借用人情和面子这类乡土社会的文化观念，让雇工们形成自我监督的动力，这就很大程度上减少了"磨洋工"现象的出现。

现代农业园区除了对农户"施舍"人情，对地方政府和一些地方精英也会考虑人情。在 HS 园区里面有几块被称为"人情田"的地。每年水果成熟后，老板都要把成熟的果实包装好送给地方官员和生意伙伴。2017 年春节，员工们甚至直到腊月二十八还在包装冷库里的水果。除了一些情感性的成分，这些送出去的人情多数是老板追求自身利益的工具，他追求的是一种长期利益，在与合作伙伴做生意时，他们不得不考虑 HS 园区给出的人情而优先与 HS 园区合作，或者为 HS 园区出让一部分利益。在申请项目时，地方政府也要考虑 HS 园区给出的人情而优先考虑 HS 园区，"关系实用主义"④ 在这里体现得非常明显。

3. 策略性妥协

现代农业园区还会利用另一种策略解决土地流转过程中的"钉子户"问题。事实上，在土地产值低、集体流转比较普遍的情况下，农户已经意

---

① 汪和建：《自我行动的逻辑：当代中国人的市场实践》，北京大学出版社，2013，第64页。
② 汪和建：《自我行动的逻辑：当代中国人的市场实践》，北京大学出版社，2013，第66~67页。
③ 陈靖：《新型农业经营主体如何"嵌入"乡土社会——关联营造的视角》，《西北农林科技大学学报》（社会科学版）2018年第5期。
④ 华尔德：《共产党社会的新传统主义：中国工业中的工作环境和权力结构》，龚小夏译，牛津大学出版社，1996。

识到土地流转是大势所趋，但其依靠土地获得保障的生存伦理，以及在此基础上形成的生计安全道义和互惠的公正公平逻辑要求土地转入方给出的土地租金能够满足农户自身利益。土地流转方和土地转入方之间的博弈建构了"追索权"的运作逻辑，一方的索取与一方的让渡，最终可以实现一种平衡，这正是社区伦理和关系网络约束正式制度的一种体现。[1] DY农场在流转土地时就出现了农场与农户之间的博弈，农场认为农户的土地并没有特殊性，应该按市场价向农户支付土地租金，但农户一方面认为，土地的价值是不断上升的，土地租金也不应该固定不变，所以不能给一个固定价格；另一方面，农场的盈利肯定是逐年增加的，而这凭借的是农户的土地，所以农户也应该从中受益，土地租金也应该相应增加。最终家庭农场的市场逻辑和小农户的租金观念发生碰撞，家庭农场为了能够顺利流转土地，降低后续的交易成本，更好地融入农村社区，为以后获取更多的经济利益创造良好的村庄社会环境而做出让步，两者最终达成一致意见，土地租金既不能固定，也不能频繁变动，每5年按10%的比例上调一次。

四 集体搭台、农户唱戏：集体组织下的产业结构调整

在H县产业结构调整中，除了上文介绍的现代农业园区大规模经营模式和小农户小规模分散经营模式外，还有一种独特的模式，即集体经济组织引领小农户进行产业结构调整的模式，而且取得了较好的效果。因此有必要进行单独分析。下面，笔者在对典型案例进行分析的基础上，重点分析集体经济组织在产业结构调整中的作用和问题，以及其在探索中的经验和教训，从而为更好地构建新型农业经营体系提供新的视角。

（一）典型案例分析

FY现代农业园区是H县2015年获批的市级现代农业园区。不同于上

---

① 折晓叶：《土地产权的动态建构机制——一个"追索权"分析视角》，《社会学研究》2018年第3期。

文分析的现代农业园区主要是由工商资本或富人群体经营，该园区则是由村级组织统一规划、FY 红提葡萄专业合作社负责经营，广大小农户分户负责生产。简而言之，便是集体搭台、农户唱戏。在这一经营模式下，小农户发挥自己的生产优势主抓生产，村集体发挥自己"统"的优势着力解决一家一户不好办或办不好的事情，从而真正实践了统分结合双层经营模式。在这一经营模式下，该村的产业结构调整非常顺利，成为 H 县红提产业的一张名片。

FY 现代农业园区位于 H 县 NG 村。该村地处县城东南 9 公里处，辖 6 个村民小组，共 430 户 1598 人，劳动力 1000 人左右，全村有耕地 4100 亩，属旱作农业区。近年来，该村坚持以红提种植为主、多业并举共同发展的产业思路，积极探索产业发展和脱贫攻坚相结合的新路径，取得了初步成效。目前，集中连片、规模化栽植红提葡萄 1500 亩（新建园区 400 亩），红薯 500 亩，占全村耕地面积的 50%。其他还发展了药材 300 多亩，时令水果 200 多亩，即使是种植小麦也是育种，面积在 1000 亩左右，销售价比市场收购价高出 10%～15%。现代农业园区主要是指集中连片的红提园和红薯园，而且这两个种植园也是连在一起的。

从园区的建设来看，目前形成了规模较大、设施完善、经营良好的格局。园区规划面积 5000 亩，核心面积 1800 亩，建设范围主要在 H 县 NG 村及附近 3 个行政村，总投资 2300 万元。目前种植规模包括红提 1500 亩（其中设施冷棚 750 亩）、红薯 500 亩。园区现代装备健全，建有容量 4000 吨的冷库 1 座，拥有全套水肥一体化设备、诱虫灯 10 个、大型农用机械 8 台、微耕机 60 台。园区内基础设施健全，已经实现水、电、路全覆盖，有办公用房 240 平方米，办公楼设多功能教室 1 间，专家住房 3 间，属 H 县农广校、电大教学点。2018 年已经成功获批苏陕对口协作项目，对口扶持 102 万元，用于园区建设，其中建设 5000 吨有机肥厂 1 个、500 吨红薯储藏窖 1 个。这样园区就实现了生产、储藏、销售（有机肥）等产业链融合。FY 红提葡萄专业合作社现有会员 156 户，其中党员 13 户，目前是省职业农民实训基地，先后荣获"省扶贫示范社""省级示范合作社""市级示范农业园区"等称号。目前园区年产优质红提葡萄 3000 吨，年产值 2100 万元，社员亩均纯收入 1.3 万元。

从园区的发展历程来看，2008 年在县乡政府的支持下，NG 村村集体开始规划 120 亩连片土地种植红提，采取集体规划实施农户分散经营的模式。初具规模后，2010 年村集体又挨着这片红提园扩建了 500 多亩，并成立 H 县 FY 红提葡萄专业合作社，接着 2011 年又增加 300 多亩，2017 年在增加 400 亩设施红提的同时还建设了 500 亩的红薯园。

从园区的经营模式来看，正是采取上文所说的"集体搭台、农户唱戏"模式，这一模式一直贯穿于园区的整个发展过程中。只有在 2017 年的红薯种植中采取了集体经营的模式，最终也以失败告终，不得不回归到既有的模式上来。在"集体搭台、农户唱戏"模式中，农户负责自己承包土地上的红提生产，村集体负责整个园区的宏观规划和经营，具体包括整个园区的土地规划、产业规划、基础设施配套、农资供应、技术培训、项目申请、销售管理、品牌打造、对接政府等事宜，具体事宜由和村集体同属一班人马两块牌子的 FY 红提葡萄专业合作社运营，村支书 X 某担任合作社理事长。村集体所负责的事宜恰是对整个园区运营和发展所必需而又是小农户无法独自承担的公共事务。小农户可以将主要精力投入具体的生产之中。

目前园区共有红提种植户 104 户，其中绝大部分农户的种植面积在 10 亩左右，有 60 多户，经营 10 亩以下的有 10 多户，种植面积在 3~6 亩，经营 15~25 亩的农户有近 20 户，经营 40 多亩的 1 户，种植面积最大的一户为村支书 X 某，面积为 83 亩。从这些种植户的年龄来看主要为中老年人，其中户主年龄在 50 岁以下的只有 5 户，户主年龄在 50~60 岁的有 60 多户，60 岁以上的有 30 多户。

（二）集体的作用与成效

正如前文所说，小农户自身的缺陷，导致其在农业产业结构调整中面临着诸多困难。FY 园区的经验在于充分发挥集体经济组织在农业产业结构调整中的统筹作用，较好地弥补了小农户的缺陷，从而推动了产业结构的迅速调整。这里将以 FY 园区的经验系统梳理村集体在产业结构调整中所发挥的主要作用及其成效，具体而言包括以下八个方面。

1. 确定产业方向

在农业产业结构调整中应该选择何种产业进行发展，是广大小农户普遍面临的问题。村集体本身在产业方向的选择上也不具有太多优势，但是可以更好地利用政府的优势选择发展方向。比如在红提和红薯产业的选择中就充分体现了这一点。2007 年前后邻村邢家堡几户农户种植的红提卖到 8 元每斤，每亩纯收入高达万元。但是能不能将红提产业作为长期发展的产业，村干部心里也没有底。县乡政府找到相关农业专家通过充分论证发现，H 县恰是红提的优生区。这就为该村大力发展红提产业提供了坚实的理论支撑。该村村支书和村主任在向我们讲述他们 2017 年发展红薯和 2018 年又发展西瓜的过程时也充分说明了这一点，他们通过多次咨询政府的技术人员和考察市场，才最终确定了产业方向。

仅仅是村干部确定了发展方向还不够，要让村民一起发展还需要调动他们的积极性。NG 村采取的办法是，首先，组织村庄能人、村民代表、党代表等到各地参观，获取他们的支持，他们回村后就会带动其他村民；其次，召开户主大会进行宣传和动员，产业发展的任务最终还要落实到农户身上，因此需要调动他们的积极性投入其中。在这个过程中村干部、村庄能人和村民实现了密切互动，确定产业方向并非村干部拍脑袋的结果，而是村干部充分论证后组织带动的结果。正是村集体的谋定、组织和带动为村庄的产业发展找到了具体方向。

2. 规划连片园区

确定了发展方向，农户种植是分散进行还是集中连片也是一个问题。NG 村一直选择集中连片的方式。2008 年确定发展红提后，村干部商量确定在第五组的土地上规划园区，之所以选择第五组是因为当时的村主任在第五组，便于开展工作。最开始规划了 170 亩左右的土地种植红提。在这块土地上政府统一提供免费的红提苗，打破原有田埂，统一规划了行距 3 米、株距 1 米的种植格局。当然原有土地承包者拥有优先种植权，其承包面积与红提面积的差额按照一定价格多退少补；如果原有承包者不愿种植，可通过土地流转或土地互换的方式由其他农户种植。当年 9 月份，村里组织召开了村民代表会、党代表会和户主会，最终整合了 120 亩土地，有 27 户农户参与，其中主要是原有承包者，只有少数其他农户。后续三批扩建的红提和 2017 年种植的红薯基本都是采取了这种统一规划的集中连片方式，而且所有这些土地都是集中连片的，从而使整个园区的土地构成了一个整体。

这种集中连片的方式较之于分散种植的方式有以下几个优点。第一，充分利用了细碎化土地。和全国各地一样，当地的承包地基本呈现细碎化的局面，虽然每户的承包地基本呈条田化分布，但是宽窄不一，特别是与红提的最佳种植要求不能完全匹配。村集体按照红提种植要求重新整合土地，再根据其与承包地的差额进行补差，在维护农户利益、尊重农户意愿的同时充分利用了土地。第二，便于配套基础设施。红提生产与一般的粮食生产所需要的水利、道路、销售等基础设施存在很大差异。集中连片种植就可以更有针对性地配套相应的基础设施并提高基础设施供给的效率。第三，便于生产管理。无论是农户在生产中的示范带动还是村集体组织的技术指导，在红提种植集中连片的情况下都更容易进行。正如村支书×某所说，"三勤加一懒"，大家在一起生产，田间管理的经验和技术就更容易获得传播。第四，便于形成品牌效应。集中种植在后期的销售和品牌打造上也更加有利。因为无论是对农资销售商、红提收购商还是政府来讲，集中连片红提种植区较之于分散种植区更受到他们的青睐，从而形成较好的品牌。

3. 配套基础设施

NG村地处旱塬，水源不足，之前的小麦和玉米种植过程中主要是靠天收。而红提种植需要保证灌溉，这是制约红提园区发展的主要问题。2004年该村通了自来水，2005年借助综合开发项目又把自来水管道粗线条地铺到了地头，2008年开园后开始使用。但是随着园区红提种植面积的不断扩大，灌溉用水明显不足。所以，村集体决定自己打一口深井，在保障饮用水的同时解决灌溉问题。由于当地禁采地下水，水资源办对此不予支持，所以打井无法获得项目资助，只能依靠自己筹资。2015年3月，通过扶贫办和其他渠道筹资45万元，村里借债100万元，几经周折终于成功打了一眼机井，解决了园区的灌溉用水问题。目前整个园区聘请了灌水员，实行统一放水、依次浇水的制度，基本保障了用水需要。

此外，通过多方争取获得某公益协会的资金扶持，给园区配备了滴灌设备；2014年申请到80万元的产业扶贫项目，56万元到户后仍有24万元用于园区电力设施和护栏建设等。2015年成功获批"市级示范园区"，获得100万元的资助资金，用这笔资金建立了交易市场，硬化了园区道路，并建设了办公楼，园区基础设施建设完成。2015 年获得省供销联社产业扶贫资金 130 万元，以低息贷款给农户建设温棚。2016 年，利用百库工程项目资金 100 万元，村支书×某自筹资金 175 万元，修建了可储藏 4000 吨左右的冷库。2018 年已经成功获批苏陕对口协作项目，对口扶持 102 万元用于园区建设，其中建设 5000 吨有机肥厂 1 个、500 吨红薯储藏窖 1 个。虽然村级组织本身也没有足够的经济实力，但是通过广泛争取政府和社会各界的资源和项目，为园区配备了较为完善的基础设施，这是分散的小农户无法完成的。

4. 组织技术培训

在产业结构调整中，农业生产技术的掌握和推广至关重要。为了帮助农户解决技术问题、提高生产技能，园区定期邀请西北农林科技大学葡萄酒学院专家教授和县农科局、果业局专业技术人员开展技术培训，基本每年在 20 次以上，组织外出交流参观学习 6 次，常年开设初级职业农民培训班，打造出了一支能管理、懂技术、会经营的专业乡土人才队伍。目前，合作社共有中级职业农民 2 名，初级职业农民 33 名，技术人员 13 名，免费提供技术服务，满足了广大果农的技术需求。此外，为使红提葡萄提质增效，园区和葡萄酒学院共同协作建设葡萄连栋冷棚和智能温控、湿控设施，以设施化提高葡萄品质和产值，以自动化温控、湿控减少劳动力投入。专家教授的入驻，拓宽了 FY 红提葡萄专业合作社农业生产的发展思路，明晰了发展方向，为合作社和园区的发展壮大提供了强有力的技术保障。

园区还与中科院植物研究所蒋高明教授团队进行合作，蒋高明先后在 H 县 FY 红提葡萄专业合作社园区设立了红薯、红提、小杂粮生态农业"六不用"种植示范点，促进绿色有机无公害农产品的生产，力使传统产业焕发新活力。"六不用"技术是指不用化肥、农药、地膜、转基因、激素和除草剂，从改良土壤基础做起，增施有机肥和生物菌肥，采用秸秆覆盖和秸秆还田技术，增加土壤有机质，配肥地力，改善土壤团粒结构，提高土壤通透性，为有益菌群提供良好的繁育生殖环境，合理控制产量，亩产量控制在 5000 斤左右，进而有效提升果品内在质量，实现可持续发展。

5. 开展互帮互助

在红提产业发展中，有的农户走在前面，有的农户走在后面，有的农户还面临资金问题。为了让大家都参与到产业发展之中并从中受益，村级组织还积极推动各方面的互帮互助。在红提产业发展之初，绝大部分农户处在观望状态。因此，2010 年新规划的 500 亩红提园，真正有农户种植的只有 170 亩左右。由于没人种植，村支书×某不得不接下剩余的 330 亩。但是随着 2012 年以后红提热卖，大家开始抢着种红提，也有农户找×某接包红提。×某一方面考虑到自己经营的面积太大，不好管理；另一方面本着共同富裕的目的，陆续以 2000～6500 元/亩的价格转包给其他农户，自己只剩下了 83 亩。而且考虑到很多农户家庭收入有限，转包款一直是欠着的。×某介绍，目前还有 70 多万元没有收回来。在×某一接一转过程中，我们可以看到村干部所起到的作用，即在大家都不愿种的时候带头种，在大家抢着种的时候再转给大家，从而既推动了产业发展，也让广大农户分享了产业发展所带来的收益。

6. 打造产品品牌

一个产业能否保持生命力，还与自己的品牌有关系。在红提生产中，当地有的果农为了使红提早熟和变大，就打催红剂、膨大剂等药物，这虽然会在一时增加收益，但是对红提产业的长远发展是不利的。因此，园区采取了各种措施不让催红剂和膨大剂进入园区，不能让个别人的私利损害到园区的长远发展。此外，经过几年的发展，园区农户为了增产增收，不断追加化肥，目前每棵红提树平均每年施用 5 斤化肥，从而使园区土地的 pH 值只有 4.5，酸性太强，在一定程度上已经影响了红提的品质。在这种情况下，2018 年开始着手建设有机肥厂，为以后改良土壤做好准备。而单个的小农户往往因为知识和视野的局限，只追求眼前的短期利益，而忽略长期发展所需要的公共品牌的维护和打造。

7. 衔接市场服务

小农户在农业生产中面临的一大问题是与大市场的衔接问题。FY 园区在生产两端的市场方面都做了相应工作。首先，在农资的采购方面，由于园区面积较大，如果能够统一采购农资肯定在价格和质量上都更有优势。在红提园区建设之初，都是统一采购树苗、石灰杆和铁丝等，因此价格较低。在具体生产过程中，前几年园区负责人主动联系了某个化肥品牌的县级代理，价格比市场价低 5%。一开始很多农户都一起采购，但是后来由于其他农资商的鼓动，不少农户纷纷独自到他处采购了。所以，目前农资的统一采购园区就没有抓。其次，在红提的销售上，园区利用项目资金在园区内建立了交易市场，方便客商到田间地头收购红提，也更加有利于果农进行销售。×某介绍，为了防止客商压价，园区划分成几个片区，每个区域由专门的代办负责协商客商和果农之间的关系。

8. 对接上级政府

政府在农业产业结构调整中发挥了重要作用，特别是在当地政府大力推进产业结构调整的背景下，不仅出台了普惠性的政策进行扶持，而且有很多特殊性的项目支持，以及经常性的农技推广。而分散的小农户很难与政府和相关职能部门进行有效对接。村级组织作为农户的代理人可以以园区的名义争取政府的各项项目和资金，以及对接农技部门的农技推广。这在 FY 园区也体现得非常明显，应该说整个园区的基础设施基本都是依靠国家的项目资金进行建设的，而农户生产技术的掌握也离不开政府和政府所衔接的高校和社科院的专家的技术指导。但是这些都是依靠村级组织进行对接的。

从以上八个方面可以看出，在红提产业发展和生产的全过程中，集体经济组织都发挥了重要的统筹作用。在农业产业结构调整和具体生产中，小农户的主要优势在于具体的生产过程，但是仍有很多公共环节是一家一户的小农户不好办和办不好的，这就需要有个公共组织承担才能加以解决。FY 园区的经验是，正是集体经济组织在农业生产的公共环节发挥了重要而又关键的统筹作用，有效弥补了小农户分散经营的不足，才推动了园区红提产业的大发展。

(三) 发展中的主要问题

FY 园区通过集体搭台、农户唱戏的模式大力推动了该村红提产业的发展，并在当地形成了较好的示范效应。但是，从我们的调查来看，该村红提产业的发展也存在较为严峻的问题。这些问题主要来自自然、市场和人三个方面，具体体现在自然风险、市场波动和精英俘获上。

1. 自然风险

农业生产本身就面临着巨大的自然风险，而经济作物尤甚。种植户在前几年赚到了钱，所以才带动了更多的农户种植红提。正当大家都参与进来的时候，近三年却每年都遭受了较为普遍和较为严重的自然灾害。2016 年是冰雹，2017 年是暴雨，2018 年是冻灾，这些灾害让小农户手足无措，损失惨重。2017 年底时 H 县连续下大雪，很多大棚都被雪压塌，2018 年初又遇上寒潮、霜冻，开花后是红提的关键期，遇到寒潮基本上就面临颗粒无收的境况了。我们调研时听到很多果农都说"今年算是完蛋了，一场霜冻过来，又是没啥指望了，就看明年啥样吧"。而 2017 年，红提的产量非常高，但快到收获季节时，H 县下了连续半个月的暴雨，红提烂了很多，雨后又逢高温，更是坏了很多，剩下的红提品相也不好，难以卖出高价，有的不到 1 块钱都卖出了，一些农户甚至直接任由红提烂在地里，因为卖红提的钱还不够摘红提所需要的人工费。2016 年又遇上冰雹，砸坏了很多红提。因此，这三年下来园区只有 10 多户技术好的农户赚到了钱，其余的农户一半保本，一半亏损，有几户农户不得不抛弃园子直接外出务工去了。如果 2019 年再遭受较大的灾害，会有更多人退出不干。

减少自然灾害影响的措施，一方面，投资温棚或冷棚，这对于雨灾、冰雹、寒潮等都会有一定的防御作用。但是不少农户因为家庭经济条件有限，加之种植红提近三年都没有赚钱，也不敢再加大投资。另一方面，农业保险在当地还没有完全推开，很多农户都没有购买农业保险，因为种植果树风险大，自然灾害影响大，保险公司不愿意受理。即使有少数种植大户购买了保险，受灾后也赔不了多少钱，"大棚压塌那么多，总共才赔 300 元，够啥呀"。

2. 市场波动

经济作物的种植除了受自然灾害的影响较大，还受到市场波动的影响。正如黄宗智所言，当前经济作物主要受到放任市场的支配，"一个新的高收益产品出现之后，人们便会一窝蜂地抢着生产，市场很快便会达到饱满，而后导致许多过剩产品。其价格因此快速下降，使得不少农民严重亏损，要到需求与供应重新平衡，价格才会逐渐平稳。它是一个高风险的经济领域，有少数的农民能够获得高利，但更多的则会严重亏损，乃至于破产"①。当地的红提产业正在经历市场逐渐饱和的过程，因为这两年的销售价格已经开始走低。FY园区的负责人X某坦言，现在全国都大面积种植红提，产量过大，价格必然下降，都不知道后面该怎么发展了。

3. 精英俘获

在园区调查中，我们发现的一个突出问题是在园区发展中存在较为严重的精英俘获问题。所谓"精英俘获"，是指在发展中国家的发展项目或反贫困项目实施过程中，地方精英凭借其自身具有的参与经济发展、社会改造和政治实践的机会优势，支配和破坏社区发展计划和社区治理，扭曲和绑架了发展项目的实施目标进而影响了社区发展项目的实施和效果。② FY园区的精英俘获主要表现在以下几个方面。

第一，普惠项目的特殊化。2010年园区扩建过程中，村支书和镇长一起承包了100多亩红提，获得不少国家的项目扶持，后来在转包中将这些项目资金全部计算为自己的投入，以市场价卖给其他农户。因为乡村主要领导联合在一起较之于其他农户可以获得更多的项目支持，从而使普惠性的项目特殊化。

第二，公共资源的私人化。园区利用国家项目资金建设的办公楼和冷库，名义上归集体所有，但是实际上都是由村支书一人控制。一个典型的例子是，2017年本村一个代办领着客商在冷库前收购红提，村支书因为他们与自己联系的客商存在竞争关系而对其加以驱赶。

第三，截留套取项目资源。一户种植大户反映，县政府是按照1000元/棚的标准补助避雨棚，但是发到农户手上每个棚只有800元，少了200元。与此同时，在园区向上级政府申报项目时还大量虚报面积以套取国家资金。据介绍，FY园区可能只有1200亩左右，但是虚报为1500亩。这样园区管理者就可以从中套取多余的资金。

第四，项目发包用人唯亲。在园区建设中，有的项目是通过招投标进行的，有的项目园区可以进行一定干预。而在这两种方式中园区负责人都

---

① 黄宗智：《中国农业发展三大模式：行政、放任与合作的利与弊》，《开放时代》2017年第1期。

② 李祖佩：《精英俘获与基层治理》，《探索》2012年第5期；邢成举、李小云：《精英俘获与财政扶贫项目目标偏离的研究》，《中国行政管理》2013年第9期。

能进行介入以实现自己的利益。2014年，园区获得80万元的产业扶持资金，其中24万元用于园区建设，另外56万元分到70户农户手中让其用于产业发展。村支书提议把这笔钱直接用于园区的水池建设，大家都认可。但是最后这个项目承包给了村支书的弟弟，后来水池修得很差，至今废弃在那里，没有真正用起来。

精英俘获的出现主要是因为在项目下乡的背景下，村干部在项目的争取和实施中都发挥着重要作用，加之村民自治没有得到有效实施，从而导致村干部不能得到有效的监督。这也是村庄治理中普遍存在的问题在园区发展中的投射。

（四）集体统一经营的教训

正如上文介绍，FY园区基本都是按照"集体搭台、农户唱戏"的统分结合双层经营体制进行经营的，但是其间也发生了一点小小的曲折，即2017年500亩红薯种植中采取了集体统一经营的模式，最后以失败告终。这一经历也值得进行总结，以与前文的其他现代农业园区和FY园区本身的双层经营模式形成对比。

为了响应中央提出的发展集体经济的号召，在县乡政府的指导下，2017年FY园区探索建立了500亩精准扶贫生态红薯示范方。示范方采取股份制模式，由NG村村集体成立的农业产业化集团公司统一管理经营，纯收益按照"三三三一"模式分红：入股土地按亩分红30%，劳务用工分红30%，资金使用分红30%，村集体提留公积公益金10%。原本预计红薯每亩年纯收入在3500元以上，总收入175万元，集体收益17.5万元；各入股农户每亩土地分红1050元，劳务用工收益1050元，仅此一项产业人均收入2100元，入股资金万元收益5250元，从而实现变资源为资产，变村民为股民，变资金为股金，壮大村集体经济。

但是实际上，农户不愿意采取土地入股的形式，而只愿流转土地领取固定的流转费，也没有农户愿意以资金入股，农户去示范方务工每天的工资也不能少，实质上变成了集体通过流转土地和雇工进行统一经营。经营一年的结果是收入基本抵消支出，并没有实现赚钱的目的。其原因也在于前文已经分析的雇工经营无法避免道德风险的问题。一个典型的例子就是，

2017 年雇农户给合作社栽红薯苗子时，一天栽不了 5 分地，2018 年把地分给农户管理后，一天能栽 2 亩地，2017 年七点了农民还拖拖拉拉不到地里，2018 年不到五点，农民就到地里干活了。所以，村干部说，2017 年搞了一年试验，钱都被工人挣去了，村里白忙活了一年。

有了这一年的失败教训，2018 年村里不得不重新回到集体搭台、农户唱戏的模式上来。村里将示范方划分为三大块，其中西瓜和黄花菜各 200 亩，红薯 300 亩。村集体负责品种的选择，统一种植，然后优先由土地的承包户来认领与承包相应的面积，同样采取多退少补的原则。还有剩余面积再由承包户之外的其他农户认领，其可以通过土地互换或土地流转的方式获取土地。最终在这 700 亩土地中，80% 的土地由原承包户认领，20% 由其他农户认领。在这些农户中有 42 户贫困户，非贫困户 90 户左右。由于这是精准扶贫示范方，会有一定的项目支持，所以贫困户每亩补助 500 元，非贫困户每亩扶持资金 360 元，主要用于机耕、深翻、滴灌、地膜等。

在具体经营中，村集体只管两头，不再大包大揽，生产由农民来做。具体而言，村里负责水利灌溉设施的建设、肥料农药的提供、种植技术的统一培训。农户生产出来农产品后，村里负责收购。在同等价格情况下，用户必须卖给村里；而市场价格高的话农户可以外卖，但必须通知村里。村里还准备做红薯的储藏和加工。

通过 FY 园区的这次集体经营的经验，我们可以看出，集体经营与其他现代农业园区的大规模经营一样，也无法解决雇工带来的劳动监督难题。集体的优势在于统筹和服务，而不在于具体的农业生产。

五　分散小农户的生产与困境

在 H 县的农业产业结构调整中，除了以上两类现代农业园区和新型农业经营主体起到了引领作用，分散小农户也占据了重要位置，构成了整个农业产业结构调整的基盘。为了调查清楚小农户在产业结构调整中的状况，笔者详细调查了城关镇 AY 村村民在发展红提产业中的情况。

AY 村现有人口 1327 人，共 313 户，耕地面积 3800 亩左右。该村绝大部分耕地由承包者自己耕种，主要种植小麦和玉米，近年来有部分农户开始发展药材和果业，分别有 300 亩左右。其中有 8 户农户种植红提，其基本情况如表 5 – 5 所示。

表 5 – 5　AY 村红提种植户的基本情况

序号	姓名	年龄（岁）	种植面积（亩）	种植年份	技术水平	经营效果
1	杨某	53	1	2014	一般	微利
2	范某	51	4	2013	较差	亏本
3	范某	49	3	2013	较好	赚钱
4	上官某	52	15	2010	较好	赚钱
5	邓某	57	1	2014	较差	亏本
6	范某	60	3	2013	一般	亏本
7	范某	58	3	2013	较好	赚钱
8	范某	55	1	2013	一般	微利

通过对这些小农户的调查发现，他们在农业生产中既有明显的优势，也存在显见的不足。其优势集中体现在精耕细作上。与普遍存在"磨洋工"问题的集体农业和雇工农业不同，小农户家庭经营主要使用自有劳动力。家庭拥有完全的剩余索取权，因此，其在经营过程中不仅不存在"磨洋工"问题，而且几乎在每个环节上都会进行非常精细的管理，甚至是不计成本地投入。精耕细作的直接后果便是土地产出率较高而劳动生产率较低，与以美国为代表的"大而粗"的农业模式产生的高劳动生产率、低土地产出率形成鲜明对比。[1] 有研究表明，当前在我国小农户家庭经营的亩产比家庭农场、种植大户和工商企业等新型农业经营主体都要高。[2]

不过与 FY 园区的小农户相比，AY 村的红提种植户在生产中存在明显的不足或困境，具体表现在以下几个方面。

第一，发展方向盲目。在产业结构调整中，到底应该种植什么，前景如何，这些小农户在选择上基本都是盲目的，往往是看到什么赚钱就跟着种什么。AY 村这 8 户种植户中种植红提最早的为上官某，其在 2010 年就开始种植红提，这主要是因为邻村村集体带动农户种植红提，而上官某在该村有亲戚，

---

① 黄宗智：《"家庭农场"是中国农业的发展出路吗?》，《开放时代》2014 年第 2 期。

② 孙新华：《农业经营主体：类型比较与路径选择》，《经济与管理研究》2013 年第 12 期。

便也跟着种植红提。三年后产生了较好的收益，于是本村有 5 户农户开始跟着种植，第二年又有 2 户农户开始种植，而且种植规模都不大，1 亩和 3 亩的各 3 户，还有 1 户种植了 4 亩。但是种植效果参差不齐，在 8 户中只有 3 户比较赚钱，2 户不亏本，3 户亏本，其中 2 户在 2018 年就把红提树都挖了。这在很大程度上是由盲目跟进导致的。另外也有生产技术的原因。

第二，生产技术较差。从表 5－5 可以看出，AY 村的这些红提种植户的种植技术参差不齐，只有 3 户的技术还可以，其他 5 户都不行，这是导致他们亏损的主要原因。以种植 4 亩红提的范某为例，2017 年产量非常好，但是后来遇到了暴雨，有些红提烂掉了，其就把坏的剪掉丢到地上了，谁知后面导致很多红提都腐烂了。原来应该把这些带有病菌的红提丢到他处掩埋。其实这些生产技术对于 FY 园区的种植户是非常简单的，但是 AY 村的红提种植户基本没有接受过任何形式的技术培训，主要凭借自己的常识和向邻居请教来种植红提。而之所以没有接受过技术培训，主要是因为该村的种植户大多分散，公益性的技术部门很难给他们提供有针对性的技术指导。

第三，基础设施不足。小农户分散种植还存在一个明显的问题，即基础设施严重不足。相比于 FY 园区在各项基础设施上都较为完善，AY 村红提种植的基础设施严重不足。最突出的问题是灌溉问题。当地属于旱塬，而红提需要保障水源。AY 村的 8 户基本都选择在村庄附近的地里种植红提，并通过软管从家里接上自来水来解决灌溉问题。这也是只有少数农户种植红提的原因。

第四，产品销售困难。由于 AY 村只有 8 户种植红提，产量非常低，很难吸引客商到该村收购红提。这些种植户不得不等到客商在其他地方收购后才能到 AY 村来收购，或者是自己摘下来拉到外村去找客商卖。这与 FY 园区直接在田间地头就能销售形成鲜明对比。这些农户不仅销售困难，而且更容易受到客商的压价和盘剥。

总之，小农户的主要优势在于具体的生产环节，由于分散小农户自身存在小而散的固有缺陷，其在很多公共环节存在天然的缺陷，既难以与大市场进行有效对接，又很难与公益性的政府部门进行对接。因此，仅靠分散的小农户独自进行产业结构调整是很难取得成功的，需要通过前文所讲的新型农业经营主体和集体经济组织带动和组织他们，从而实现小农户与现代农业发展的有机衔接。

六　主要结论和政策建议

前文基于 H 县的经验材料围绕农业产业结构调整中的新型农业经营体系构建进行了分析。分析发现，在当地以红提和时令水果为主要方向的产业结构调整中，在地方政府和市场的强势推动下，基本形成了以现代农业园区为龙头、以新型农业经营主体为主体、辐射带动小农户的新型农业经营体系。这一新型农业经营体系在有力推动当地产业结构快速调整中，既积累了一些较好的经验，又暴露出一些不可忽视的问题。这些经验和教训都值得认真总结，以提出完善新型农业经营体系的政策建议。

（一）主要结论

基于前文分析，这里至少可以得出以下结论。

第一，在经济作物上经营规模并非越大越好，存在一个适度规模。这一点从前文两类现代农业园区的生产中可以看得非常清楚。无论是工商企业还是村集体，当其经营规模过大，需要大量雇工才能完成生产的时候，都无法解决生产中的劳动监督难题。这本质上是由农业生产的特殊性决定的。除非通过机械化减少雇工，但是由于当前经济作物生产中机械化程度还比较低，只有将经营规模缩小到一个合理的范围内，才能有效解决经营亏损的问题。

第二，工商资本的主要优势在于产前和产后的服务环节，而非产中环节。从四个工商企业和富人群体经营的现代农业园区来看，他们在具体的生产环节并不具有自己的优势，他们的优势主要体现在产前和产后的服务环节，具体包括产前的农资采购，产后的销售、加工、品牌打造等环节。从他们转型的经验可以看出，如果能将自己的优势发挥出来并实现与小农户生产的有机衔接，完全可以走出一条新型的产业发展之路。

第三，小农户擅长生产环节，但仍有大量公共环节无法独自应对。小农户的主要优势在于具体的生产环节，但是经济作物生产中存在大量的公共环节是分散的小农户无法独自解决的，这就需要公共组织加以应对。如果没有这种公共组织的参与，小农户的产业结构调整很难顺利进行。

第四，集体经济组织在小农户的产业结构调整中大有可为。FY园区的经验告诉我们，在农业产业结构调整中，集体经济组织如果能够有效发挥统筹作用，就能较好地解决小农户生产中的主要问题，从而在推进产业结构调整的同时激活统分结合双层经营体制。

(二) 政策建议

基于以上结论，本章就农业产业结构调整中的新型农业经营体系构建问题提出以下建议。

第一，现代农业园区的发展应由新型农业经营主体经营转向新型农业经营主体＋小农户的合作模式。这既是响应中央提出的"实现小农户与现代农业发展有机衔接"的需要，又是保障产业结构调整具有可持续性的需要。为此，需要地方政府重新设计现代农业园区的扶持体系，将扶持的重点转向加强新型农业经营主体与小农户的合作机制，而非像之前主要以贪大图洋为目标。

第二，充分调动集体经济组织的积极性，通过统分结合双层经营体制推进农业产业结构调整。要有效解决小农户在产业结构调整中的公共环节缺失的问题，除了依靠新型农业经营主体外，依靠集体经济组织是更值得提倡的方式。"以家庭承包经营为基础、统分结合的双层经营体制"，正是为了在充分发挥小农户分散经营优势的基础上，通过有效发挥集体经济组织"统"的作用，使其承担"一家一户不好办或办不好"的事来推进农业现代化。为此，需要地方政府出台相应政策以激励集体经济组织主动参与到产业结构调整之中，克服一家一户解决不了的公共环节问题。当然，在这个过程中要进一步健全村民自治，以防止精英俘获的出现。

第三，地方政府应该主要做好必要的公共服务，避免过多的行政干预。在产业结构调整中，有许多环节需要地方政府介入，比如产业的论证和规划、基础设施提供、技术培训和指导、政策扶持、市场开拓和维护等。但是为了政府政绩，通过行政命令和下指标的方式强行让某一产业达到一定规模，则有可能产生越位的嫌疑。因为经济作物发展中应该充分发挥市场在资源配置中的决定性作用，否则就会导致适得其反的效果。

第六章　土地托管与中国农村基本经营制度的创新[*]

  随着工业化、城镇化的加速推进，城乡之间劳动人口流动性增加，农村大量青壮年劳动力纷纷进城务工，农村务农人口持续减少，加之农民老龄化现象日益突出，我国农业现代化的发展受到影响，"谁来种地"和"怎样种地"成为全国农村面临的重要问题。2016年中央一号文件提出，"坚持以农户家庭经营为基础，支持新型农业经营主体和新型农业服务主体成为建设现代农业的骨干力量……支持多种类型的新型农业服务主体开展代耕代种、联耕联种、土地托管等专业化规模化服务"，2017年中央一号文件进一步指出，"大力培育新型农业经营主体和服务主体，通过经营权流转、股份合作、代耕代种、土地托管等多种方式，加快发展土地流转型、服务带动型等多种形式规模经营"，由此可见，在通过规模化流转土地发展新型农业经营主体的同时，还存在土地托管等为农户家庭经营提供社会化服务的方式来推进农业现代化。2018年中央一号文件明确表示"统筹兼顾培育新型农业经营主体和扶持小农户，采取有针对性的措施，把小农生产引入现代农业发展轨道"。这是改革开放以来，我国中央一号文件首次提出促进小农户和现代农业发展的有机衔接。这就需要我们更加重视为小农户提供健全的农业社会化服务，而土地托管就是实现该目标的一种重要形式。土地托管是在农民大量外出务工、农村老龄化和新型农业经营主体大量出现的新形势下应运

 本章内容由赵祥云撰写。

而生的一种农业社会化服务形式。① 全志辉等认为土地托管就是在"农户加入自愿、退出自由、服务自选"原则下，不改变集体土地所有制的性质、不改变土地承包关系及土地用途，由托管服务组织为农户提供从种到管、从技术服务到农资供应的全程服务。② 陕西省是全国最早探索试验土地托管模式的地区，西安市长安区的土地托管工作曾受到时任总理温家宝同志的肯定和称赞，农业部调研组还将长安区土地托管赞誉为创新土地规模经营形式中的"长丰模式"。因此，笔者所在的研究团队对长安区土地托管工作进行了深度调研，对长安区土地托管的基本情况有了全面的了解，研究发现土地托管是发展适度规模经营，促进农业现代化的有效形式，尤其是这种模式对农业生产要素进行了重新配置，"长丰模式"是以陕西长丰种业有限公司为依托，利用陕西长丰现代农业托管有限公司和西安市长安区长丰农机专业合作社（以下简称"长丰农机专业合作社"）为小农户提供农业社会化服务，发挥了小农户家庭和龙头企业各自的优势，这有利于形成家庭经营基础上的农业现代化，实现小农户和现代农业的有机衔接。龙头企业在土地托管、为小农户提供农业社会化服务的过程中激活了村集体的组织能力和统筹能力，并形成新的统筹力量，进而有助于中国农村基本经营制度的完善和创新。

一　长安区土地托管的基本情况

2008 年改革开放已经进行了 30 年，30 年里中国发生了翻天覆地的变化，中国农村也在改革浪潮中焕然一新，然而农村也面临着新环境，劳动力外流、土地抛荒等问题逐渐出现，农村改革必须进一步深化。2008 年 9 月，以陕西长丰种业有限公司为依托，西安市长安区斗门街道中丰店村党支部副书记、村委会主任薛拓成立了陕西长丰现代农业托管有限公司。薛拓从开始时只做良种培育，到最后进行土地托管是出于对两个问题的考虑。第一，在成立陕西长丰现代农业托管有限公司之前，薛拓主要在中丰店村

---

① 孔祥智：《为农、务农、姓农——从山东实践看供销合作社改革的出发点和归宿点》，《中国合作经济》2015 年第 9 期。

② 全志辉、侯宏伟：《农业社会化服务体系：对象选择与构建策略》，《改革》2015 年第 1 期。

周边的几个村庄建立种子基地进行良种的繁育，但种子基地与非种子基地是相邻的，在小麦授粉时期，由于自然环境的原因，包括风的作用，蝴蝶等昆虫的授粉行为导致基地上的良种与周围的非良种出现杂交，最终繁育出来的良种纯度不高。在意识到这个问题前，陕西长丰种业有限公司已经把培育出来的这种种子销售出去了，直到某一年小麦成熟后，有客户发现长出的麦子并没有完全表现出该良种应有的性状，高低长短不一，就向陕西长丰种业有限公司反映了这个问题，公司这才意识到问题的严重性。此外，公司的种子基地并不是完全连片成方的，分散的地块增加了公司管理的难度，进而增加了生产成本。一些农户还提出打除草剂太费事，希望公司能够统一打药，有些农户对农药没有鉴别能力，经常买到假农药，所以很多农户也希望公司能在用药上进行指导。因而怎样克服这些困难成为公司思考的首要问题。第二，由于当时的粮价过低，而长安区距西安市又较近，大量农村青壮年劳动力进城务工，几乎有 10% 的土地被农户抛荒，出于对抛荒土地表示可惜的心态，薛拓产生了代管抛荒土地的想法，而且如果可以帮农户管理土地，那么第一个问题也可以解决，所以这个想法被提出时受到了多数村民的欢迎。薛拓的土地托管想法萌生于 2006 年，2007 年初步试行，2008 年正式实施，2008 年有 50%～60% 的农户参加土地托管，到第二年农户发现参加托管的土地上麦苗长势喜人，产量大增，参加土地托管的农户就增加到 80%～90%，再到后来，土地托管就达到了整村推进的程度。

（一）陕西长丰现代农业托管有限公司的组织架构

2008 年 9 月，陕西长丰现代农业托管有限公司与长安区的斗门、灵沼、细柳、马王、滦镇 5 个乡镇街道办的 15 个村庄共 3800 户农民签订了协议合同，对 1.61 万亩耕地进行土地托管，开始了具体的土地托管实践。为确保托管土地适时备耕播种、科学有效管理和及时收获晾晒，陕西长丰现代农业托管有限公司下设 1 个专家组和 4 个专业服务队，专家组由 6 位专家组成，其中 4 位是西北农林科技大学的小麦和玉米的育种专家，他们负责选育新品种和对托管土地进行技术指导，4 个专业服务队包括农机、农技、植保、水电，每个服务队的成员数量在 10 个左右，这 4 个服务队覆盖了农业生产的全程服务。农机专业服务队负责对托管土地进行深耕、播种、平整、收割等服务，农机专业服务队拥有培训考核合格农机手10多人，除了满足托管土地的机械作业外，还可外出从事营利性机械作业。农技专业服务队是由培训考核合格的土地托管员组成，负责托管土地农业生产中的备耕、播种、施肥、灌水、中耕除草、防治病虫草害等田间管理技术的监督指导和分户测产核算。植保专业服务队负责托管土地消毒，田间病虫测报和病虫草害综合防治工作。由公司技术人员和村组基层干部组成，实行统一培训，集中作业。水电专业服务队是由农村电工、水务管理员组成，负责托管土地上的农用线路、机井、水泵、水龙带、田间水渠等灌溉设备的管理和使用，按灌溉面积划分田块，责任到人。公司1个专家组和4个专业服务队的组建和有效工作为土地托管粮食增收起到了组织保障作用，同时还提高了农村生产组织化程度。公司还在每个村筛选出一位有威望、懂技术、有能力的种田能手和土专家，招聘他们作为土地托管员，对托管土地进行良种、化肥、耕种、灌溉、防虫、除草、防病、收割和粮食收购方面的管理，这些土地托管员在陕西长丰现代农业托管有限公司的发展过程中发挥着重大作用。

在讨论陕西长丰现代农业托管有限公司的组织架构时，不能忽视的就是公司的现代农业机械。事实上，陕西长丰现代农业托管有限公司是以陕西长丰种业有限公司为依托的，同时公司还成立了西安市长安区长丰农机专业合作社，为参加托管的土地提供全面的服务。公司的4个专业服务队中，其中一个就是农机队，公司托管的土地规模巨大，完全依靠农户与其他农机户进行交易是不够的，而且会面临很多问题，可能导致良种培育受到影响，土地托管的试验遭到失败。2012年长丰农机专业合作社购入一台植保无人机，2014年购入籽粒烘干塔，一次性可以烘干30吨粮食。还有两架动力伞，每架飞半个小时可以作业150亩地，2万亩地一周就可以完成作业，比人工作业要快捷、方便得多。长丰农机专业合作社现有场库棚2600平方米，各类农机固定资产原值1000余万元，拥有收割机、拖拉机、深松机、旋播机等大中型农机具152台（套），拥有全省最大马力的凯斯2104型美国进口拖拉机2台，道依茨法尔21044型拖拉机1台，大型德国雷肯联合深松整地机4台，东方红950型拖拉机5台，收割机6台，自走式喷杆喷雾机7台，农用植保无人机1驾，航化植保动力伞2驾，30吨粮食烘干塔1座，具有粮食生产的耕地、播种、施肥、防治病虫、收获、秸秆还田、秸秆捡拾打捆、机械维修等作业服务功能，具备单机功率大、配套机具齐全的优势。2013年公司还在长安区杨庄街道办建成200亩的陕西长丰航化农业植保基地，已建成400米×20米的飞机跑道，适宜各种飞行器作业。2014～2018年在长安区用植保动力伞对小麦一喷三防航化作业9万亩。事实上，薛拓在农业机械上的投资是非常大的，"近两年国家提倡深松作业，可是长安区由于农机设备不足，没办法完成。后来，眼看着正是实施深松作业的好时间，我一咬牙，借了几个房产证去贷款，最终花费180多万元，购置了两台大马力进口拖拉机和两台深松整地机，2017年秋季实施深松整地作业8000亩，2018年肯定能增产不少，好机械干起活来才能事半功倍"。薛拓购买的凯斯2014型号进口拖拉机作业效率高，深松效果也很好。"这个型号的大马力拖拉机在全省不超过3台。深松一次过去就有3米宽，深度30厘米以上，一亩地只要2分钟就能搞定，效果特别好。2017年10月碰上连阴雨，别的拖拉机都陷在地里动不了，就这两台机器丝毫不受影响，高质量完成了深松作业的任务。"

（二）陕西长丰现代农业托管有限公司的运行模式

所谓"土地托管"，就是在不改变土地承包经营权的情况下，农户只是把土地的管理权委托给托管公司进行管理，托管公司收取一定的管理费用。目前土地托管存在"全托"和"半托"两种形式，"全托"是指农户将土地委托给托管公司等新型农业服务主体全权管理，由托管公司统一种子、农药、化肥，统一耕地、播种、收割的管理模式，"全托"需要做到"九个统一"，即在良种、化肥、耕种、灌溉、防虫、除草、防病、收割、粮食收购这九个环节实现统一。如此，田间管理的全过程就委托给了托管公司。"半托"则是农户根据自己的需要选择服务项目，主要是在小麦生长的关键阶段进行统一，包括统一播种，统一一喷三防，统一深翻，剩下的环节就由农户自己作业。目前，陕西长丰现代农业托管有限公司主要采取"半托"的模式，而对于优质麦和种子田，则基本上采取"全托"的模式，"全托"从表面来看类似于土地流转，但它并不像土地流转那样会出现土地经营权的变化。"全托"是需要一定的条件的，不然很难维持下去。第一，需要在土地面积大，可以实现连片经营的地方；第二，需要村集体热情积极，可以配合托管公司推进土地托管工作；第三，需要有称职的土地托管员，他们可以辅助托管公司做好与农户的沟通协调工作；第四，需要农户有种粮的热情，有些地方好多年都不种粮了，或者种劳动量需求少的景观树，或者直接抛荒；第五，需要在近几年没有拆除可能性的村庄进行。一些农村在近些年有可能会直接被征地拆迁，这对于农业这种具有长期性的产业来说没有长久的发展空间，无法进行土地托管。

　　然而土地托管的工作并不是一帆风顺的，刚开始时很多农户是持怀疑和观望态度的，由于土地托管是新生事物，农户对其并不了解，对土地托管的未来没有准确的预期，担心土地托管出去后效果不好，产量不高，还担心土地托管出去后就很难再收回来。因而这就需要托管公司做大工作，耐心地向农户解释土地托管的运行模式，打消农户的疑虑。而很重要的一点是要发挥村集体的作用。以中丰店村为例，虽然薛拓本身就是中丰店村人，还是村委会主任、党支部副书记，但说到土地托管时，农户还是不信任的，薛拓就召开了党支部会议，当时80%的党员投了反对票，这些党员对土地托管没有信心。薛拓只能去找前任党支部书记，当时薛拓白天有很多事务需要忙，只能在晚上到老书记家里做工作，经过多次登门拜访后，老书记终于同意薛拓在本村搞土地托管，并再次召开党员会议，当时到场的党员有240人。通过老书记给村民们宣传和解释，中丰店村的全部土地最终参加了土地托管。

　　以中丰店村的良种繁育基地为核心，薛拓在做好中丰店村的工作后，开始向周边几个村辐射。土地托管作为新生事物，薛拓只能向农户讲解土地托管在多个方面的益处，但这些只是一个期望值，所以薛拓在说服其他村庄参加土地托管时的难度是可想而知的。但这又不得不做，因为如果只在一个村做土地托管是难以实现农业的集约化、规模化和专业化的。农业现代化长期以来都是我国现代化的短板，我国目前农业生产面临的主要问题就是小农户的分散经营与发展现代农业的矛盾，而薛拓的土地托管就是要解决这个问题，所以薛拓必须着眼于大局，将其他农村的土地也纳入土地托管的经营网络中。其他村庄中的说服工作也跟中丰店村的模式一样，需要发挥村两委的宣传和党员的模范带头作用，但是，难以避免的是会碰到一些"钉子户"，这时就只能采取一些策略。"有一次，要种地时，农民已经把种子拉到地头，这是他自己在别的地方买的种子，但他家地周围都已经种上我们公司的种子了，别人打电话跟我说这个事，这个村民当时去其他地方找播种机了，我就赶紧赶到他家地头把他的种子换成我自己的种子了，他过来发现后就不同意，最后向我们索要 500 元赔偿，我就给了他 500 元。但后来这个农民发现了土地托管的优势，之后就主动参加土地托管了。"

"还有一次，一个农户不同意用我们的种子，可是如果不统一使用一个品种的话，土地托管也就没有太大的意义了，所以我就没有管他（没让这个农户参加土地托管）。但小麦收获后他就打市长热线，向上面反映说使用同样的方法他种的小麦没有别人家的好，产量很低。上边就来调查这个原因，发现他没有参加'一喷三防'，灌浆期时他的小麦受到病虫害的危害了，最终他一亩地只打了 500 多斤，其他村民土地的平均产量则是 900 多斤。"最后上面给出的解决办法是要求薛拓给这个农户适当补助，其实薛拓本身没这个责任，这个农户不同意与其他人统一品种，影响了托管的成效，但当时处于土地托管初期，为了不影响土地托管的声誉，最终薛拓就给这个农户赔偿了一些钱。

土地托管全面开展时是土地托管公司同 15 个村委会签订合同，村委会组织自愿参加土地托管的农户签字参与。在开始的几年，陕西长丰现代农业托管有限公司还与农户签订了协议，托管公司对农户土地的肥力及灌溉条件等生产条件进行判断，向农户承诺托管土地在当年当季同类作物产量前 3 年平均基础上增产幅度分别达到 10%、20% 和 30%，如果托管后的产量低于相同田块同类作物前 3 年平均产量，就由公司赔偿到平均产量水平后再增补 10%，如果产量高于相同田块同类作物前 3 年的平均产量，则多出的都是农户的。因为土地托管采取科学精量种田的方式，每年的亩均产量都会高于前 3 年的平均产量，所以陕西长丰现代农业托管有限公司进行托管以来，几乎没有农户找过麻烦。与农户签订的协议也没有发挥过作用，出现问题时农户也不按协议说事，所以协议只在开始的几年签订过，后来就没再签订了。村委会还负责向托管公司推荐土地托管员，村委会是参加土地托管农户的总代表。村委会在土地托管中起着中介、监督和协调的作用。薛拓认为长安区的土地托管能够走得这么长远，15 个村委会是功不可没的。离开了村委会的参与和支持，长安区土地托管工作绝对不会发展得这样快、这样大、这样好。其实，村委会甚至可以说是土地托管工作成功的关键，它在统一农户种植品种、协商调地换地中发挥着举足轻重的作用。随着土地托管成效的凸显，很多农户逐步认可土地托管，甚至主动要求参加土地托管。2009 年温家宝总理到长安区斗门街道中丰店村视察小麦示范田后，肯定了土地托管的成效，这对土地托管的推广具有很大作用。2009 年长安区土地托管的面积增加到 2.9 万亩，2010 年扩大到 3.1 万亩，之后几年逐步增加，陕西长丰现代农业托管有限公司连续七年累计承担了 30 多个百亩、20 多个千亩、10 多个万亩共计 15 万亩的省市区高产创建项目，2012 年时争取到了高产田创建的项目，规模达到最大，一度达到 10 万亩。

陕西长丰现代农业托管有限公司本质上是一个市场主体，它仍是以营利为根本目的的。那么它是如何经营获得经济收益的呢？在托管农户的土地时托管公司原本计划是为农户土地免费除杂（因为陕西长丰现代农业托管有限公司是以种子公司为依托，需要繁育良种，而为了提高良种的纯度，就需要把地里的非该品种的、性状表现不好的、高高低低的燕麦等杂草除掉，这个过程就叫除杂），在降低农资和农技的服务费用的同时，提高农业技术的服务水平和服务质量，最后收取 30 元/亩的托管费。托管公司与农户签订的合同中规定，如果当年当季托管耕地达到合同中约定的产量，在实行订单收购销售分户结算的基础上，每户要根据托管面积按 30 元/亩的价格向公司缴纳土地管理服务费用。因为农户种植的是陕西长丰种业有限公司的良种，所以最后种植出来的种子陕西长丰种业有限公司还是要回购的。种子公司最终是以高于市场价 10% 的价格收购的，2018 年小麦的市场价是 1.15 元/亩，种业公司的收购价是 1.28 元/亩。所以种业公司刚开始时是采取从农户的小麦销售总额中扣除 30 元的办法。但有些农户为了逃避 30 元/亩的托管费，就提前把小麦卖给别的收购商。所以最终陕西长丰现代农业托管有限公司就把 30 元/亩的托管费取消了。但即使这样公司也可以盈利，只是从其他环节获得收益而已。首先，在农资供应环节，由于托管公司是规模化经营，对于农药化肥等农资的需求量是十分可观的，所以农资公司都以出厂价将农资卖给托管公司，为了让利于民，托管公司又以低于市场价的批发价将农资卖给农户，这样农户可以降低农业成本，托管公司也可以凭借批发价和出厂价的差价获得收益。其次，托管公司拥有上百台农业机械，很多进口机械的功能处于世界领先水平，这些机械涵盖了从种到收的所有环节，可以为农户的农业生产提供一条龙服务，公司因此就可以获得农机服务费。最后，是粮食的深加工环节。托管公司是以种业公司为依托，种业公司买断了西农 529 这个小麦品种的经销权，无论全国各地谁需要这个种子都需要从他这里购买，因而收购回来的小麦再以西农 529 良种的价格销售出去就可以获得很大收益，托管公司总共推广了 4 个品种的小麦。1995年薛拓创办了西安长丰农业生物技术研究所，研究出长丰 1 号和长丰 2 号小麦新品种。之后他又坚持与西北农林科技大学、西安市农业技术推广中心合作，共同选育出了长丰 2112、西农 529、西安 240 等新优小麦品种，目前托管公司繁育的四个品种就是长丰 2112、华高 55、西农 529 和西安 240。除此之外，托管公司还拥有面粉加工链，将收购回来的优质麦加工成强筋面粉、纯天然面粉、挂面等各种食品原料，有时也委托别的面粉厂进行加工，同时，托管公司还注册了"长丰"品牌的面粉，这进一步增加了其附加值，提升了利润空间。

（三）土地托管员发挥沟通组织作用

陕西长丰现代农业托管有限公司成功的另外一个关键原因在于土地托管员。陕西长丰现代农业托管有限公司总共招聘了 80 多名土地托管员，每个土地托管员管理 300～500 亩土地，最多的一人管理了 800 亩。公司对于土地托管员的选择是有要求的，首先，需要常年在村。这样托管公司通知土地托管员开会或者联系土地托管员沟通农户做好相关事宜时，就可以很快得到回应，常年在村也可以保证土地托管员能够对村里的方方面面更加了解，有利于托管公司掌握农户的详细信息。其次，要求土地托管员对村里每家每户的情况都很了解，这样就可以降低公司与农户的沟通成本，公司可以更轻松地通过土地托管员向农户宣传公司的规定。再次，要求土地托管员在村里有威信，他的话农户愿意听，至少不会强烈反对，这样土地托管员在宣传公司的规定时就比较容易了。因为很多土地托管员都认为村民性格比较僵，喜欢对着干，所以土地托管员必须说话有分量。最后，土地托管员必须有一定的农业知识和农业技能，至少对农业种植的过程、各个农时需要做的工作比较熟悉，不是个"白人"，这样他在通知村民不要误农、经营好土地时也是有权威性的。

土地托管员选好后，他就要发挥托管公司与农户之间的桥梁作用了。在托管公司的发展过程中，所有需要与农户打交道的情况，都需要土地托管员出面，土地托管员在发放农资和信息传播、收购粮食等方面发挥着重要作用，首先在发放种子时，托管公司对接的农户太多，完全由托管公司去跟近4000家小农户沟通是非常困难的，交易成本极高，也非常不现实。因此，在土地托管过程中，托管公司先把种子放在土地托管员家里，然后农户再到土地托管员家里去买种子，为了提高农户参加土地托管、统一购买种子的积极性，公司通常会以低于市场价6~7毛钱的价格销售种子，2018年小麦种子的市场价为2.5元/斤，公司就以1.8元/斤的价格将种子卖给农户，这样既为农户提供了价廉质优的种子，又让农户在家门口就可以买到，免去了到市场上买的成本。接着是除杂，除杂的工作完全是由托管公司负责的，由于工作量大，托管公司也需要雇人劳动，这些工人由托管公司组织，工资由托管公司支付，农户完全不必参与，这个工作在土地托管前很多农户是不做的。土地托管员只需要提前告知农户托管公司将要除杂了，以免造成误解。在施肥阶段，由于购买量大，托管公司可以以出厂价从肥料厂购买肥料，然后把肥料放在土地托管员家里，再以批发价卖给农户，每袋肥料的价格可以比市场价便宜10多块钱。然后就是收购粮食，这个过程中土地托管员只要告知农户公司要来收粮，提前准备好粮食，避免公司过来收粮时，农户刚好不在家，之后再到公司卖粮就很麻烦了，土地托管员还要辅助收购人员做好各家各户粮食数量的登记。发放种子、化肥等所有工作，土地托管员都需要有记录，需要将每家每户的土地面积、种子购买量、化肥和农药使用量清楚登记下来，公司需要掌握这些数据来看效果。土地托管员的工资由几部分构成。肥料的销售量也是土地托管员收入的一部分，每销售出一袋肥料，土地托管员可以获得5元提成。除此之外，托管公司也会给土地托管员发放固定的工资，在夏秋两个忙季，每个月1000元工资，在平常月份则是根据每人所管理服务的面积（300亩、500

亩和 800 亩）实行不同标准（每天 40 元、50 元和 60 元），并根据不同的工作量，最后按实际工作日统一核算发放。

土地托管员工作中很重要的一个部分是种子收购。当小麦成熟后，托管公司的收割机就开始为农户收割，当然外地来的收割机也可以参与进来，这是一个开放的市场，而且由于所有小麦基本上在同一时间成熟，托管公司的收割机无法在短时间内满足所有农户的需求，所以也需要外来的收割机参与进来。小麦收获后托管公司并不直接收购，因为收割后还存在晾晒这个环节，虽然托管公司有烘干塔，但只有 30 吨的容量，这对于 3 万亩托管土地的产量来说烘干能力还是非常有限的。所以托管公司就采取了责任分担的办法，由农户对收获后的粮食进行晾晒，晒干后再由托管公司统一收购。托管公司收购前会提前确定好每天的收购区域，跟那几个村的土地托管员提前联系好，土地托管员再通知农户将小麦准备好。托管公司与农户在托管土地前就已达成了收购协议，对托管土地从事优质高产粮食项目所生产的粮食，由公司牵头粮食商家或加工企业实行预约订单，在商品粮收购价基础上另外加价 5% ~10% 分类全部收购。对在托管耕地中承担公司安排的小麦良种繁育项目所生产的良种及原种，由公司统一按良种、原种价格全部收购。这个协议实行不久后，公司为了降低分类成本就全部按在当时市场价的基础上上调 10% 的价格进行收购。托管公司的车到村里后就由土地托管员带着到各家各户去收购。每收购一家做好重量的记录，然后给农户发一张票据，托管公司是以高出市场价 10% 的价格进行收购的。当托管公司收购完所有小麦，一两个月后，就联系土地托管员通知农户凭票据到托管公司领钱。收购时还有一个重要的工序是对每袋小麦进行编号，收购时每 100 斤装一袋，每袋一个编号，每个编号都对应着相应的农户，因为收购起来的小麦是要作为良种拌好药再卖出去的，如果收购回来的种子再销售出去后出现质量问题就可以根据编号追溯到相应的农户。收购时还有一个验收标准就是要看小麦的纯度和清洁度，如果里面掺杂有其他品种的小麦或是里面有杂物，托管公司就可以不收购，这就保证了种子的质量。托管公司十年来只发现一户出现问题，这家农户把前一年的陈麦子掺杂在当年的新麦子里拌匀后一起卖，但托管公司的收购队在检测时发现了问题，最后就没有收这家的麦子，而为了表示惩罚，2 年后才重新开始收购这家农户的麦子。一般情况下托管公司只收购参加土地托管的农户家的小麦，因为这些都是种子公司培育出来的种子，拌药精选后用来重新作为种子出售，但有时托管公司也收购其他农户的小麦，只要通过验收即可，只是不会拿来作为种子，而是要加工成面粉或者挂面。但在收购环节也会出现一个问题，就是农户仍有自留粮食作为口粮的习惯，无论有没有参加土地托管，是不是跟托管公司签了回购协议，农户在粮食收获后都要留下几袋小麦，磨成面粉供自家日常食用。这其实是违背回购协议的，但农户遵循的是生活逻辑，企业遵循的是契约逻辑，两种逻辑是无法交易的，如果按回购协议来看，几乎所有农户都留有口粮，都违反了契约，但从农民的生活逻辑来看，他种植的粮食是自己付出劳动了，即使自己没有亲自劳动，自己也为这些劳动支付服务费了，所以他对最后收获的粮食拥有支配权，他可以选择出售或者自己食用，所以，在这种情况下，公司就只能遵循农民意愿，在农民留足口粮的情况下再收购，所以回购协议也基本上等于无了。

事实上，托管公司每年都会在农闲时对土地托管员进行培训，公司采取走出去考察学习和请进来培训指导相结合的办法。每年都会组织村组干部和土地托管员参加杨凌农高会，参观省内外国家级农业科技示范园、大型农业博览会、种子交易会和考察五十强种子企业，年均达300人次。公司也会请西北农林科技大学和农技推广部门、种子管理等部门的专家教授组成公司土地托管专家顾问组，结合农事季节，向土地托管员和农户讲解每个阶段该预防什么，也经常会在田间地头对作物的具体问题提出有针对性的建议，而且这些专家讲的话都是家常话，农民都能听得懂，也都愿意听。这有效提高了土地托管员的科技文化水平、政策执行水平和实用技术操作技能。而在农业的每个阶段工作开始前，托管公司还会把土地托管员召集起来一起说明当前该做的工作，托管公司有土地托管员的详细信息和每个村的详细信息，会议结束后土地托管员再具体向农民传达意见，这种纵向的层级线条使得科技知识和农业技术可以从专家教授和技术人员经土地托管员最后传达到农户那里，这就保证了所有参与托管的土地都能得到同样的服务。而随着人们生活水平的提高或者家庭生命周期的演进，一些农户离开农村进入城市生活，农户的不在村使得他们的土地很难得到及时有效的精细化管理。此时土地托管员的作用就凸显出来了。比如在小麦灌浆期或者干旱时节，必须进行灌溉，土地托管员就会与这些不在村的农户联系，告知其该灌溉了，通常情况下，这些农户很少会立刻回来，这样的话，他们可以委托土地托管员帮忙灌溉，而对于那些外出打工的农户，土地托管员也发挥了极大的作用，他们不必再像之前一样匆匆忙忙地请假回来，或者干脆对土地不管不顾，靠天吃饭，他们只需跟土地托管员说下，支付一定的劳动费用，这些问题就可以得到解决。托管公司还承接了几次"一喷三防"的项目，由长丰农机专业合作社先为农户服务，验收后，再由政府向农机合作社支付费用，这个过程中农户是享受了免费服务的，而在这个过程中也需要土地托管员提前向农户说明。

（四）陕西长丰现代农业托管有限公司取得的成效

薛拓对长安区土地进行的托管包括两种形式，一种是"五个统一"的"半托"模式，另一种是"九个统一"的"全托"模式。目前大部分土地都实现了"种子、化肥、农药、耕种、收购"的"五个统一"，部分土地则实施的是"种子、化肥、农药、耕、种、收获、管理、粮食收购、销售"的"九个统一"。这些年来，薛拓在长安区累计托管良田 20 万亩，增加粮食 1600 多万公斤，为农民增加收入 3000 多万元。土地托管不仅为农业增产、粮食增收做出了贡献，而且也为深化农业改革探索出了一条成功的道路，受到各级政府的肯定和社会的赞扬。薛拓本人也先后被评为"西安市劳动模范""陕西省新长征突击手"，多次被农业部授予"全国粮食生产大户标兵"称号。近年来，农业局对土地托管更加重视，经常有全国各地的农民到陕西长丰现代农业托管有限公司进行参观，甚至还有苏丹等国家的友人前来交流学习。土地托管在促进农业规模化经营，发展适度规模经营主体方面发挥了重要作用。长安区土地托管具有明显的成效，实现了"八个提高"和"四个降低"，在各方面做出了突出贡献。

1. 八个提高

（1）粮食产量提高

土地托管之前各家各户种植的品种都不一样，无法做到统一管理。土地托管之后，种业公司统一了农户的种植品种，虽然相邻地块间还存在地界，但已经可以进行连片作业了，这大大提高了生产效率，再加上精选出了优良品种，粮食产量得到明显的提高。2008年长安区参加土地托管的面积达1.61万亩，平均亩产900斤，比前一年增产近200斤，增幅达27%，总计增加粮食320万斤。其中中丰店村3800亩土地，平均亩产1000斤，这在之前是不可能的，土地托管前即使再怎么风调雨顺最多也就是800斤，中丰店村的大丰收也创造了灾荒之年大丰收的奇迹。中丰店村的一位村民，有5亩土地未参加土地托管，所以没有得到托管公司的指导和服务，单凭自己按原来的方法种粮，就无法应对旱灾和病虫害，最终他的小麦亩产才500斤，仅为参加土地托管农户小麦产量的一半。

（2）农民收入提高

土地托管第一年时，托管土地规模为1.61万亩，托管麦田增产320万斤。按市场价计算，每公斤1.8元，那么农民增收288万元。按农户将60%的小麦出售，公司按每斤在市场价基础上上提10%收购，加价款19.2万元。1.61万亩小麦增加收入将达307万元。亩均粮食增加收入可达185元。这些年，小麦的品种更好，管理也更加科学化、精细化，农业机械使用更加普遍，农民收入有了更大的提升。

（3）机械化效率提高

由于很多村庄灌溉水利设施不健全，没有灌溉渠，需要灌溉时只能靠农户自己在机井里放水泵，然后用水管接到地头浇水，所以每家每户都要买水泵和水管，浇完地以后，还要把水龙带和水泵从机井里收起来，下一家才能在水井里放水泵灌溉，这个过程是十分浪费资源的，水泵和水龙带都是各家用各家的，同时这个过程也十分耗时，除了灌溉时间，放水泵、水龙带和收水泵、水龙带也浪费了大量时间。而土地托管后灌溉可以由土地托管员统一协调，一片区域内的农户可以使用公共的水泵，这就免去了放水泵、收水泵的时间，也提高了水泵的使用效率。农户各自独立灌溉时，中间不间歇一天也只可以灌溉5亩，而由托管公司组织浇水的话，一天则可以灌溉10亩，可以节省一半的时间出来。此外，中丰店村一位农机户介绍，土地托管后连片耕种收，农业机械免去了很多无用功，增加了有效工作时间，机械化效率和效益得到显著提高。农机的耕种效率比以前提高了50%~60%，农机户收益提高40%以上。农机的收割效率比以前提高40%左右，农机户效益增加30%以上。

（4）劳动生产率提高

土地托管前，小麦生产从种到收亩均需要七八个工作日，在外务工的劳动力都得请假回家，来回在路上也耗费了很多时间，匆忙结束农忙后，这些农民工又要返回城市，劳动生产率非常低。土地托管后，土地托管员可以负责管理，一个土地托管员一般可以管理 300～500 亩，最多的一人管理 800 亩。农户只要跟土地托管员联系下就有人上门服务。土地托管后，小麦生产亩均仅需三四个工作日，劳动生产率成倍提高。一个工作日按当地小工 80 元计算，可降低劳动成本 300 元左右。而且在外打工的农民也不用请假而影响工作，这既解决了外出劳务者的后顾之忧，也避免了土地抛荒，使得土地在承包者外出的情况下依然可以得到有效管理。

（5）提高农民的素质

由于农户本身的文化水平以及社会关系网络有限，他们缺乏农资农技相关的知识来源和获取技术的渠道，比如农户并不知道哪种种子好，所以在市场上购买种子时他是盲目的，完全是跟风从众或者道听途说的，但种业公司对种子的性质和特征是非常了解的，它可以帮助农户，给予农户一定的指导。事实上，土地托管以前很多农户种麦子都不会到市场上去买种子，他们主要靠前一年自留的麦子做下一年的种子，这种陈麦子没有经过精选，所以出芽率和防虫抗病性是可想而知的，而参加土地托管后，所有农户用的都是种业公司精选后拌好药的种子，其质量是很有保障的。土地托管还在生产技术上对农户产生了很大影响，原来农户在冬季时是不灌溉的，因为周围没有农户冬灌，农户的观念里也没有这个认识。但托管后托管公司要求农户必须浇水，不冬灌的话颗粒达不到标准，而达不到标准的话，托管公司是不回购的，而且托管公司会以作务技术好的农户来激励其他农户，把这些农户的农药、化肥的用量清单和产量清单给土地托管员，由土地托管员在村里宣传，提高农户生产的积极性。2018 年有一些农户该冬灌时没有灌溉，他们认为之前下的雨应该足够了，所以公司说了之后他们也没有放在心上，导致最后收获时，麦子的品质很差，颗粒不饱满。还有一个例子是托管公司要求每年的 4 月 20 号必须打蚜虫药，即使小麦上面没生蚜虫也要打，这样也可以起一个预防的作用，刚开始托管公司让土地托管员这样宣传时农户是不信任的，甚至有些土地托管员也抱着无所谓的态度，但当农户确实看到 4 月 20 号打药和没打药的麦子情况明显不一样时，他们的态度就慢慢开始转变了。其实农户们只是相信他们眼前看到的情况，他们目睹到土地托管后科学种地带来的成效，自然就会转变观念认可土地托管。在这个过程中，农户也慢慢接受了科学种田，其自身的农业知识水平和思想水平得到提高。

（6）规模化经营程度提高

土地托管产生的成效很大程度上应该源于规模化经营程度的提高。土地托管后相邻地块间的品种得到统一，耕作技术和手段相同，所以即使还存在地界，但基本上已经实现了连片经营，而事实上，很多地块间的地界是无形的，只有承包者知道分界线在哪里，所以在事实上已经形成了连片成方的规模化经营。农机合作社的大多数机械都更适合于规模化的土地，比如自走式喷杆喷雾机，一次走过去就覆盖 18 米宽，所以土地托管后这些机械的使用效率得到提高，也实现了粮食生产从家庭生产到集约经营的转变，实现了农户家庭从原来三五亩的小规模经营到目前成千上万亩的连片规模化经营的飞跃，实现了粮食生产的产业化运营，实现了粮食生产从小生产到现代化生产的发展。

（7）科学化、标准化种植水平提高

土地托管的过程中有效实现了良种化、精量播种、配方施肥、科学除草、科学防治病虫害等，这不但明显提高了农业生产效率，还将农业科技落到实处，解决了多年科技兴农"上热中喊下盼难落实"的问题，农村土地托管员的科技知识和操作技术水平在这个过程中也得到普及和提高。一些标准化生产方法的实行在农户中也是经历了从拒绝到接受的过程。开始的时候，有些农户不同意托管公司运用自走式喷杆喷雾机打药，这种标准化的打药机械一次过去可以覆盖宽度为 18 米的粮田，但农户怕机械过去把自己家麦苗压坏了，但试验一次后，农户就跟前跟后要求用自走式喷杆喷雾机打药，因为速度快，效率高，所有面积都可以覆盖到。陕西长丰现代农业托管有限公司下设的专家组是专门为托管土地提供技术指导的，4 个专业服务队则可将先进的技术方法运用到托管土地上，更重要的是土地托管员可以发挥宣传示范作用，使得新技术新设备可以在农业中推广使用开来，提高科学化、标准化农业生产的水平。

（8）水电设施利用率提高

托管公司下设 4 个专业服务队，其中一个就是水电专业服务队，负责托管土地上的农用线路、机井、水泵、水龙带、田间水渠等灌溉设备的管理和使用，尤其是在灌溉高峰期，水电专业服务队可以协调农户共同使用水泵和水龙带，提高这些设备的使用效率，而在土地托管前，水电设施浪费、利用率低的现象是非常严重的，灌溉所需的水泵、电线、水龙带，各家都是自购自用，使用率极低。土地托管后，动用的水泵数量仅为之前的 17%，水龙带总长不到之前的 1/2，同时通过土地托管员向村民们宣传科学种田的知识，以及托管公司根据土壤情况和小麦生长情况对农户做出的相应建议，大多数农户已经接受并习惯了冬灌，这也使得水电设施利用率成倍提高。

2. 四个降低

（1）粮食成本降低

土地托管前分散的小农需要单家独户地与市场交易，很明显小农户会处于不利地位，粮食生产成本极高，粮食价格没有太大增幅，导致农业收益很低。托管后土地基本上可以连片成方，农业生产实现了规模化、集约化、机械化，很多方面都显现了规模经营的优势。例如托管公司需要批量购买种子、化肥、农药等生产资料，就可以享受农资公司的出厂价，这些农资到农户手上时农户就可以享受批发价，成本大大降低。同时，由于连片耕种收管，农业机械可以提高工作效率，农业技术服务价格平均可以低于市场价 10%。所有这些环节算下来，小麦亩均成本降低 55 元。

（2）机械化成本降低

土地托管连片耕种收，不但提高了机械化效率，增加了农机户收入，还大幅降低了机械化成本。连片管理后，农业机械做的无用功减少，比如农户的土地多数比较分散细碎，即使是在平原地区，如果没有达成统一经营，农机手需要一家一家耕作和收购，在这家农户小块土地的边角处还需要掉头，还剩下半米就可以耕作或者收割完，但旁边就是地界，如果地界无法跨越，或者两家没有协商好，或者旁边那家的粮食还不太成熟，对这剩下的半米进行机械化耕作成本就非常高。一位农机手坦言他最不喜欢给小农户耕种收了，地块小而分散，拖拉机、收割机东奔西颠，把油都耗在路上了，三五米窄的小细条田，把油都耗在地头上了，耕种这种土地根本不赚钱。而且规模化经营的土地上会有几个人辅助农机服务，但给小农户耕作农机手还需要自己去装肥料装种子，这样影响了工作效率。而土地托管后，土地连片成方，统一种植品种，规模化生产为农业大机械的使用提供了便利，农业机械的无效工作时间减少，仅油料成本就可以降低20%左右。托管公司的自走式喷杆喷雾机一次过去就是18米宽，这在之前分散的土地上是无法进行的，但土地托管后，这种喷雾机使用更为便捷，机械化成本大为下降。

（3）水电设施投入降低

土地托管前，农业生产的水电设备完全依靠农户个人承担，尤其是灌溉设备，以中丰店村为例，全村农户总共拥有水泵600多台，电线15万米，水龙带10万米，户均投资3000元。小麦冬灌春灌高峰期时，600多台水泵都要使用，一眼机井下两台水泵超负荷运转，这造成了水电设备的极大浪费。每年灌溉高峰期都会烧毁80~100台水泵，而修理这些水泵的费用也要2万多元。土地托管后，土地托管员统一安排村里的春灌和冬灌，水泵、电线、水龙带统一调度，动用水泵仅百余台，使用水泵量降低了83%。烧毁水泵10余台，较历年同期降低了90%，降低修复水泵费用90%。电线、水龙带的用量也降低了一半以上。因此，土地托管后农田灌溉统一规划，科学管理，延长了水电设施的使用寿命，减少了维修保养费用，有效降低了水电设施的购置成本。

（4）农资用量降低

土地托管前在农资使用上农户没有明确的标准，甚至对农资的选用存在很大的盲目性和随意性，而在农资的用量上也就更加随意。很多农户在选购农药或者化肥时听从农药和化肥销售商的建议，根据一定的品牌使用相应的量，但由于经销商的建议并没有针对性，最终的效果也不能令人满意，所以很多情况下，农户还要再购买再使用一次，有的农户说一年要打十来次药，这就导致农资的使用量惊人，农资浪费现象严重。土地托管后，托管公司根据专家指导组的意见，通过专业服务队和土地托管员的协调作用，实现精量播种，种子用量每亩降低3公斤以上，3万亩托管麦田就可以减少种子用量9万公斤。由于配方施肥，亩均减少化肥用量5公斤以上，3万亩托管麦田减少化肥用量16万公斤。由于统一除草、防虫、防病，规范使用农药，减少了农药的过量使用和闲置浪费，这也有助于我国粮食生产向绿色农业发展。

（五）陕西长丰现代农业托管有限公司目前面临的困境

1. 资金不足

托管公司需要购买先进的农业机械，同时还需要扩大托管面积，在此过程中还要支付收购农户的小麦的费用。仅收购种子一项就是巨大开销，公司每年收购种子麦 500 万~600 万斤，商品麦 1000 万斤，小麦价格按 1.2 元/斤来计算，每年收购小麦所需资金就在 1800 万元左右。因此，托管公司所需的周转资金数额巨大，而其本身的收益都被投入农业机械中转换成固定资产，这就影响了托管公司的运营和进一步发展。而购买农机的补贴额度小，到银行贷款又存在手续复杂、审核期长的困境。购买凯斯 2104 型拖拉机时，薛拓借了 7 个房产证，又到公证处公证，甚至因为要做证明，结婚大半辈子的薛拓还需要拉着老伴去办结婚证，手续的繁杂难以及时满足公司的需求，所以目前薛拓更倾向于民间借贷，只是利息高些。由于公司事务多，薛拓又下决心踏踏实实做农业，并没有太多精力去申请项目，所以来自项目方面的扶持也比较少。事实上，很多新型农业经营主体都想做土地托管，但由于要做土地托管本身必须有全面先进的农业机械，这对很多新型农业经营主体来说投资都是巨大的，这也影响了土地托管模式的推广。

2. 土地托管员的积极性不够，后备力量不足

从我们的调研材料来看，土地托管员在土地托管工作的推进中发挥着不可忽视的作用。从公司的组织架构来看，80 多名土地托管员发挥着沟通农户的桥梁作用，托管公司需要培训土地托管员，需要依靠土地托管员将农业知识和农业技能转达给农户，托管公司规定，每个环节的工作都需要依靠土地托管员，可以说，所有需要与农户打交道的工作，都需要土地托管员参与其中。但在调研中我们也发现，土地托管员的队伍目前也面临着很多问题，土地托管员工作量大，从种到收都需要土地托管员去沟通，尤其是当前农村举家到城里居住，常年不在家的农户逐渐增多，农业生产中的许多环节，比如灌溉时期，这些人不愿意回来就打电话给土地托管员，让土地托管员帮忙浇地，不光是这些不在村的农户，在外打工的兼业户很

多也是这样，这类家庭虽然家里有人，但都是一些没有劳动能力的老年人，土地托管员也要给这些农户浇水，其他环节比如播种施肥打药，如果农户不在家，土地托管员就需要在机器工作的时候等在旁边，虽然土地托管员从中可以获得一些收益，但并没有多少，事情却很多，而托管公司并没有给土地托管员与他工作量相称的工资，所以土地托管员越来越缺乏积极性了，"我们村都换好几个土地托管员了"。另外一个问题就是土地托管员后备力量不足。调研中可以发现很多土地托管员都 60 岁以上了，还有 70 多岁的，这些人在 10 年前土地托管刚开始时就已经成为土地托管员了，当时他们还有较强的工作能力，但 10 年后，这些土地托管员劳动能力大为下降，身体状况欠佳，这个时候却并没有太多人愿意接手土地托管员的工作，很多人认为土地托管员事情多，工资少，不愿意干，"没有太大意思"，后备力量不足也影响了土地托管的进一步发展和推广。

3. 农机散户与托管公司联系不紧密，服务能力受限

土地托管连片生产后，农业机械化水平提高，农民对农业机械的需求增加，单凭长丰农机专业合作社的机械是无法完成所有农户土地上的工作的，这就需要外面的农业机械加入进来。在农忙时节这种情况尤为明显，例如小麦播种的最佳时间在 10 天左右，需要在 10 天里把所有土地都种上麦子，否则将会错过墒情延误农时，而两三万亩的土地对托管公司来说任务量太大，而且托管公司辐射的地域范围广，完全依靠托管公司的农机也是非常不现实的。所以长丰农机专业合作社就需要与外面的农机散户进行合作，合作社要求这些散户先交 1000 元押金，这是为了防止农机散户在作业过程中不认真，如果出现作业事故，这 1000 元押金就赔偿给农户，如果作业过程中没有出现问题，1000 元押金就会返回农机散户手中。但在农忙耕种收的高峰期，农机散户不认真的情况时有发生，但托管公司又制约乏力，这直接影响了土地托管的效果。

4. 村集体统筹作用的内生动力不足

长丰土地托管工作的推进，增加了农民收入，提高了粮食产量，实现了农业生产的规模化、机械化、现代化，这其中村集体的作用是值得重视的，有 15 个村委会代表农户与托管公司签订了托管协议，并与农户沟通协调统一种植品种。但我们在调研中也发现，并不是所有的村集体都有足够

的动力来辅助托管公司推进土地托管的工作。村集体经常表现出组织能力不强，内生动力不足。最主要的原因是村集体在这个过程中没有获益，因为税费改革后，基层政府的运转依靠的是财政转移支付，村集体也面临着同样的情况，这就导致村集体"悬浮"于农民之上，与农民的利益关联减弱，村集体的组织能力也逐步弱化。土地托管推进后，村集体参与其中，做好托管公司与农户之间的沟通工作，这似乎加强了村集体与农户之间的联系，但这种沟通虽然降低了托管公司与农户之间的交易成本，但增加了村集体的工作量和工作风险，换言之，托管公司与农户之间的交易成本降低是因为它将沟通成本和隐性的责任风险转移到了村集体身上。村集体需要承担起说服农户统一种植品种的责任，需要协调农户之间的调地换地，产生了很大的机会成本，而如果出现什么问题的话，村集体还有承担风险的可能，但在这个过程中村集体并没有从土地托管中获得经济收益或者政治权力等。而且即使能够获得部分收益，这部分收益是该给村集体还是该给村干部个人是一个很棘手的问题，而收益的分配也会直接影响村委会协调工作的动力。[1] 当土地托管在一个村庄推行开来后，村委会的作用又逐渐弱化，在之后托管公司主要依靠的是土地托管员，或者即使这个土地托管员是村干部，他也是以个人名义而非村集体的名义在与农户沟通，所以这样来看，在这个过程中，村集体的作用似乎是一次性的，这也使得其工作持续性不够，收益有限，无法形成足够的动力组织农户。所以甚至连托管公司内部有些人员都认为村集体的作用是有限的，"不用村集体发挥什么作用"。

5. 城市化的推进挤压其生存空间

近年来，陕西长丰现代农业托管有限公司托管的面积逐步缩小，维持在2万多亩的规模。这是因为长安区毗邻西安市区，随着西安市区发展规模的壮大，长安区逐步被卷入城镇化的浪潮，而陕西长丰现代农业托管有限公司所辐射的土地主要在长安区，这就使得托管公司的发展受到影响。很多农户看到长安区的发展趋势后，纷纷做出各种反应准备抓住长安区城市化的机会，希望从中获得赔偿。一些农户将土地流转或者栽上果树，虽然

---

① 陈义媛：《土地托管的实践与组织困境：对农业社会化服务体系构建的思考》，《南京农业大学学报》（社会科学版）2017年第6期。

土地托管可以使土地亩均产量增加，农业收入相对于参加土地托管前增加，而且农业生产所需的劳动量已经大为下降，但比起征地所得的赔偿来说，这些简直不值一提。农民现在已经不在乎每年亩产量增加100斤还是减少100斤，不在乎每亩作物成本增加100元还是减少100元，在打工经济盛行的背景下，青壮年劳动力每天的工资就有150元，男性劳动力的工资甚至可以更高。当前长安区土地流转的价格在2500元左右，而种植小麦的收益远远不及土地流转的租金高。通过访谈河头村村民，发现一亩小麦的成本为500多元，其中包括：良种费20元/亩；翻耕与播种同时进行需100元/亩；农药（包括打药）花费25元/亩；化肥每亩1袋，在托管公司买的话每袋化肥160多元；灌溉，如果找土地托管员帮忙浇水的话，需100元人工费，10元/亩的电费；收割加上之后的运回家需要90元/亩；灌袋子，搭伙晾晒，4亩地的晾晒需要花费50。这样算下来，一亩地总共花费约517元。一亩地平均亩产800斤的话，按2018年陕西长丰种业有限公司的收购价1.28元/亩来计算，一亩地的毛收入为1024元，那么纯收益就为500元/亩。而这无法跟流转土地后的租金相比，除此之外，虽然土地托管降低了农业劳动强度，但无论怎样还是需要劳动的。另外，很多农户选择在土地上栽上果树，这样征地赔偿时就可以多获得一点。这种例子近两年特别普遍，在托管的土地中有200亩地，里面的麦苗都已经长出来了，农民听到有可能会征地的风声后就在两个月之内把麦苗全毁了种上果树和景观树。另外，陕西长丰现代农业托管有限公司流转了400亩土地进行优质麦的试验和示范，土地租金为每亩1200元、1400元和1500元不等，租金是每年向农户付一次，2018年该交租金时农户却不要租金了，他们打算把土地收回去种月季和牡丹。由于农业本身的收益就低，种粮根本难以致富，而土地越来越多地被流转出去，成为非农用地或非粮食用地，土地租金不断增加，但无论怎样种植粮食，农业收入也赶不上土地流转的费用，这严重影响了托管公司的进一步扩大和发展。

我国的现代化进程中必定需要经历城市化和城镇化的阶段，随着城市的发展壮大，城市周边的农村逐渐成为城郊，农村的生活方式逐渐发生变化，农民逐渐转变为市民，他们不再以农业为生，第二、第三产业尤其是第三产业成为农民家庭收入的主要来源，农村的一些土地也被征收用作商业用地，土地价值急速攀升，土地流转的租金也随之上涨，所以此时发展农业，进行土地托管的空间就受到挤压，这也是我国经济快速发展和现代化进程中不可避免的现象。但我们仍需增强粮食安全战略意识，中国13亿人口的吃饭问题是一个大问题，可以上升到国家安全的高度，只有当我们自己的生产供给能力可以解决这个大问题时，我们才会更有底气更有能力发展其他方面，所以我们在城市化发展的同时也需要注意农业的发展。土地托管为农业发展提供社会化服务，有利于规模化、集约化、现代化农业的发展，但土地规模化经营必定是在土地价值不高，土地租金可以承受的地区才有发展空间。所以面对长安区城市化的趋势，陕西长丰现代农业托管有限公司正在逐步转移公司发展中心，向更适宜土地托管的地方发展。

虽然面临很多困境，但陕西长丰现代农业托管有限公司还是积极寻找突破口，与其他公司合作，推广土地托管模式。近年来，托管公司通过召开土地托管联盟协作培训会，与西安市周至、蓝田、户县、临潼、高陵等区县的农资经营大户、种粮大户、农机合作社、粮食合作社进行土地托管联盟，薛拓还亲自到周边区县传授长安区土地托管经验，指导他们在当地开展土地托管服务。目前，已经引领和带动周至、蓝田、户县、临潼、高陵等区县的农资经营大户、种粮大户、合作社在当地发展土地托管2万余亩。土地托管模式在西安市总面积已经突破5万亩，涉及12000多户。

二 土地托管模式下的家庭经营

（一）土地托管对小农户的影响

当前农村社会发生分化，伴随打工经济的兴起，将是否以农业为家庭收入来源作为划分标准，我们可以把农村中的农户分为三种不同的类型。将以农业作为家庭收入主要来源的农户称为纯农户，由于粮食的经济收益低，单靠自家承包地的规模在当前的经济发展水平和消费水平下是很难维持基本生活需求的，所以通常情况下这类农户都会租种邻居或是亲戚家的土地，成为村庄里的种粮大户。当然我们在这里讨论的主要是大田作物，在当前经济发展水平下大田作物更容易实现规模化经营，对于收益高的经济作物来说，只经营自家承包地已经可以获得不错的收益，而且经济作物通常对劳动强度和劳动量需求大，一个家庭里一对夫妻能够经营过来的上限也基本是自家的承包地的面积或者再稍微多一些。除了纯农户，还有一类农户属于兼业户，这类农户的家庭经济收入的主要来源不是农业而是在外经商、打工或者其他的行业。其家庭劳动力的分配结构是年轻夫妻外出务工经商，年老的一辈在家务农，这也就形成了当前中国农村普遍存在的老人农业现象。老人农业的另外一种形成模式是一些老人在一辈子"面朝黄土背朝天"后对农业充满感情，不愿意看到土地荒废，或是他们将农业作为体现自身价值的载体，或是作为打发时间的一种方式而从事农业生产。而无论是哪种老人农业形式，其共同特点是农业的生产经营主体都是老人。除此之外，还有一类农户属于不在村农户，这类农户由于子女在外地读书或者在城市工作成家，老人也被接到城市，出现举家外迁的情况，虽然他们不在村，但家庭成员还有农业户口，在村庄里还有土地，而且他们即使不在村也不希望土地被收回去，所以只是粗放地经营农业，随着人们生活水平的提高，这种类型的农户数量还在逐渐增加。每种类型的农户的生产经营都面临着一定的问题，而土地托管对这三种类型的农户都产生了显著影响。

首先，对于纯农户来说，其家庭收入的主要来源就是土地，在土地流转迅猛发展的情况下，纯农户的进一步扩大受到影响。很多农户图方便省事，直接将土地流转出去，最终土地非粮化非农化情况普遍出现，同时还抬高了土地租金，这对纯农户来说是不利的，当大家都直接把土地流转给那些并不真正发展农业的农户后，纯农户就很难继续扩大规模，而且土地租金的增加使得纯农户的经营成本大为提升，其利益空间受到挤压。但土地托管模式出现以后，这些新型农业主体并不会与纯农户形成竞争关系，而是为纯农户提供农业技术服务，有针对性地将部分不易进行的环节交给托管公司形成"半托管"，这样可以降低纯农户的生产经营成本，提高劳动生产率和土地产出率。当然，还存在一种情况就是这些种粮大户本身就拥有一定数量的农业机械，这些机械可以满足他们租种土地时的机械化服务需求，这些机械除了自用以外，可能还会进入市场为其他农户提供农业服务。而土地托管模式本身是农业社会化服务的一种形式，原来的种粮大户因为自己拥有机械，所以对土地托管提供的农业技术服务没有需求，但土地托管模式推行开来后，农户种植品种得到基本统一，连片成方的土地布局形式基本形成，这对拥有农业机械的种粮大户或者其他形式的农机户来说，给其提供了机会，扩大了其有效的生存空间。因为土地托管的规模大，单靠土地托管中农机合作社的资源和力量是无法完成这么大的工作量的，所以种粮大户、农机户可以与土地托管中的农机合作社联合起来，实现农业生产的规模化和机械化。

其次，对于老人农业来说，虽然家庭经济收入的主要来源不在农业，但出于各种原因，很多老人仍然从事农业的生产经营，这对老人尤其对一些身体状况不好、劳动能力不足的老人来说是十分困难的，特别是浇水、施肥、打药、收割等劳动强度较大的环节对老人来说是十分不现实的。在这种情况下，老人要么选择粗放式经营，能做多少做多少，能做到什么程度就做到什么程度，要么就是让在外面务工经商的年青一代回乡劳动。但由于青壮年劳动力在外面每天收入在 100～200 元，他们两三天的工资就等于一亩小麦一季的纯收入，还不说这中间的路费等其他花费，最重要的是请假会影响工作，如果刚好遇到工作量大的时期，请假几乎是不现实的。在这种情况下，很多农户就会选择牺牲农业，反正最后也不指望种地能有多少收入，只要地不抛荒，不被收回去就行了。而对于居住在城市不在村的农户来说情况就更是如此了。

土地托管对于老人农业和不在村农户而言影响是巨大的。参加土地托管后，托管公司可以提供耕种、施肥、浇水、打药、收割等耕种收的一条龙服务，各种信息和农资也可以通过土地托管员直接下渗到农村，这在极大程度上降低了农业生产的劳动强度和减少了劳动量。老人经营农业可以选择将自己无法完成的环节托管给公司，由公司完成，老人只要支付服务费就可以。这样外出务工的青壮年也无须进行每年几次的往返于城乡之间的"候鸟"活动，而可以安心在外打工了。对于不在村农户来说就更是一个不错的选择了，他们可以将农业生产全托给公司，自己仍是生产主体和经营主体，最终向托管公司支付服务费，收益主体仍是自己，这样就既解决了无人务农的问题，也避免了土地流转出去后可能出现的意外后果。因而土地托管不仅解决了当前我国农业中老人农业普遍面临的问题，还维护了我国粮食安全，增加了农民收入。马王镇河头村一对夫妻常年在镇上卖服装，自从土地托管后，"每年农忙只用回家半天，甚至不回去都行，只要给土地托管员打个电话，打药、除草、浇水什么活他都能给解决了，然后给个服务费就可以了"。

"土地托管＋老人农业"的形式是一种各取所长、优势互补的形式。通常情况下的老人农业也就主要是小农户的家庭经营，小农户家庭经营的特点在于精耕细作，由于小农户在农业生产中的劳动力是自我雇佣的一种形式，所以是不考虑劳动力成本和边际效益的，他可以一大早不吃饭到地里除草，也可以大晚上不睡觉在地里浇水，他还可以坚持到把地里所有活做完后再回家，这在新型农业经营主体经营规模化的土地的情况下是不可能出现的。所以，很多研究都发现，在自然环境和农田水利设施条件相同的情况下，小农户家庭经营中的亩均产量都会比农业企业、家庭农场等新型农业经营主体经营的亩均产量高。[1] 农业生产的对象是有生命的，这就造成它的生产过程无法做到像公司企业那样完全可以按规章条例去管理，新型农业经营主体的农业规模化使得他需要雇用工人，当然大田作物在一定规模以内在家庭劳动力以外是可以不用另外雇用工人的，而经济作物就必须雇用工人，但在这个过程中极易产生道德风险，工人偷懒"磨洋工"的现象非常普遍。而土地托管就可以在不改变土地承包权、经营权、收益权的基础上，仍由小农户来经营，而由托管公司为小农户提供农业社会化服务，这样就既可以发挥托管公司的优势，利用现代化的农业科技提高劳动生产率，利用科学种田的方式配方施肥，提高农产品质量，同时又可以发挥小农户生产经营的优势，在农业社会化服务以外，对农业投入更多的要素，提高土地生产率。而且据第三次农业普查的数据可知，2016 年底，我国实际耕种的耕地面积为 16.8 亿亩，其中流转面积 3.9 亿亩，占实际耕种面积的 23.2%，耕地规模化耕种面积占全部实际耕地耕种面积的比重为 28.6%，其中规模农业经营户所占比重为 17.0%。[2] 这说明目前我国农业生产的主体仍是小农户，这就需要关注小农户如何生存，如何发展农业。由于这些小

① 孙新华：《农业经营主体：类型比较与路径选择》，《经济与管理研究》2013 年第 12 期。
② 《国家统计局发布第三次全国农业普查结果》，http://news.1nongjing.com/a/201712/212784.html，《第一农经》，2017 年 12 月 14 日。

农户多数是兼业型农户，土地托管就既使他们的土地可以享受托管公司提供的社会化的农业服务，也可以使他们安心地在外经商务工。

（二）土地托管中利益和风险的分配机制

面临"农村空心化""农业老龄化"问题的普遍化，"谁来种地""怎样种地"成为我们一直思考和努力解决的问题，培育新型农业经营主体，进行农业的规模化经营是社会的主流观点，这种途径下的农业现代化，主要是通过土地流转，新型农业经营主体获得规模化的土地来实现规模经营的。但这种新型农业经营主体进入村庄后容易加大农村的阶层分化，中坚农民和普通农户的利益受到挤压，[①] 甚至小农在这个过程中将会遭到资本的"盘剥"而走向"半无产化"。[②] 但土地托管与土地流转并不同，土地流转模式下，农户在转移土地经营权的同时，将土地经营的潜在风险和可能收益全部转移给了新型农业经营主体。[③] 土地托管模式中经营风险由农户和合作社分散共担，[④] 最重要的是土地托管公司只是根据农户需求提供相应的农业技术服务，土地承包权、经营权、剩余索取权仍属于农户，所以土地托管本质上是一种农业社会化服务形式，属于农业社会化服务体系的一部分。从我们的调研经验来看，托管后的土地主要还是进行大田作物的生产，因为在我国当前的发展水平下，能够进行规模经营、机械化生产的还主要是粮食作物，同时，如果土地流转出去后就很难保证了，因为土地流转是将农户的经营权和剩余索取权转移到新型农业经营主体手中，此时新型农业经营主体作为一种市场主体，其主要的目的在于追求经济利益，而粮食作物的收益很低，相对来说，经济作物，如水果、茶叶、花卉的投资收益比更高，因此多数情况下，土地流转后非粮化甚至非农化现象特别明显，而土地托管主要是在农户劳动力不足、没有时间或者缺乏技术知识、没有能

[①] 赵晓峰、赵祥云：《农地规模经营与农村社会阶层结构重塑——兼论新型农业经营主体培育的社会学命题》，《中国农村观察》2016年第6期。

[②] 黄宗智：《小农户与大商业资本的不平等交易：中国现代农业的特色》，《开放时代》2012年第3期；武广汉：《"中间商+农民"模式与农民的半无产化》，《开放时代》2012年第3期。

[③] 赵佳、姜长云：《农民专业合作社的经营方式转变与组织制度创新：皖省例证》，《改革》2013年第1期。

[④] 李贵银：《借鉴农村经验　推进农垦土地规模化经营》，《中国农垦》2016年第5期。

力自己种地的情况下，农业企业为农户提供农业技术服务，当前能够实现机械化规模化的就是粮食作物，所以土地托管相对于其他形式来说就更有利于保证我国的粮食安全。下文将从我们调研的长安区土地托管来分析土地托管的利益和风险分担机制。

1. 托管公司和小农户共同分享农业利益

土地托管的模式中，土地的承包权、经营权和剩余索取权仍在农户手中，托管公司只是为小农户提供农业的社会化服务。这就将农业生产从种到收的所有环节分解到不同主体身上，一定程度上增加了农业领域的社会分工。对于土地托管前的农户而言，农业收益主要在于收获后的粮食，农户将其或留存作为口粮，或进入市场得到现金收益。土地托管后，农户的收益仍是粮食，但在获得粮食收益的过程中，有了社会分工，原来农户自己的耕地、播种、打药、浇灌等环节现在可以委托给托管公司来做，农户则可以从其中分离出来外出务工经商，务工经商是从其他行业获得经济利益，其所得的利益是远远高于农户自己投资农业所节省的成本的。此外，农户在托管公司购买的种子、农资是低于市场价的，所以土地托管之后，农户所得的利益应该是粮食和从农业生产中脱离出来之后务工经商的机会，以及从托管公司获得的农资节省的成本。而托管公司的收益则来源于种子、农资的销售，农业技术服务的服务费，由于其批量使用，往往会有规模效应，所得收益是服务费和种子、农资的差价，以及粮食的销售和之后深加工为面粉、挂面所得的收益。由此可见，托管公司的主要收益来源于农业的相关环节，农户对这种社会化服务有很强的依赖性，而当农户没有组织起来时，则存在利益受损的可能性。"分散农户对接社会化服务的问题是缺乏与服务提供方博弈的能力"①，所以在调查中我们发现，一些没有将农户组织起来、村集体统筹能力弱、内生动力不足的村庄在土地托管中与将农户组织起来、村集体统筹能力强、内生动力足的村庄相比，表现出很大的差异。这些村庄的农户对土地托管的态度不太积极，"村里面的土地托管员都换好几个了，基本上没提供过什么服务"，"说是托管，这跟没托管一样，

---

① 陈义媛：《土地托管的实践与组织困境：对农业社会化服务体系构建的思考》，《南京农业大学学报》（社会科学版）2017 年第 6 期。

我们也不知道哪些是托管公司的服务，哪些不是，反正还是自己打药"。而农户被组织起来的村庄，农户对土地托管的认识更准确，对土地托管的反应比较积极。"我们家一直种的都是长丰的种子，人家给咱种地、收割都比其他的便宜点，（回购）小麦价格也贵，每次收走几个月再拿着票去领钱，我们也没不放心，本地企业，合作很多年了，很信任了。"

2. 托管公司和小农户共同分担农业风险

农业生产中的风险很多，主要包括市场风险、自然风险、经营风险等。土地托管中，土地的承包权、经营权和剩余索取权在农户手中，托管公司不用向农户支付土地租金，与直接经营规模土地的新型农业经营主体相比，托管公司可以免去租金方面的经济压力。土地托管公司通常与农户签订包含回购价格的协议，陕西长丰现代农业托管有限公司规定以高于当前市场价 10% 的价格收购农户的小麦，当市场价低时，农户虽然可以获得多出 10% 的利益，但农业社会化服务的价格是基本固定的，农资价格甚至还会上涨，所以这种市场风险由小农户来承担，托管公司的利润来自售卖种子和之后的深加工，所以无论小麦的市场价高还是低，托管公司的收益受影响都不大。农业的经营风险主要还是受粮食的市场价影响，所以与市场风险的分配形式类似。对于自然风险，由于托管公司只是农业社会化服务组织，只提供农业机械服务和病虫害防治，当遭遇旱灾或者冰雹、寒潮等自然灾害时，提供"半托"服务的托管公司是没有责任的，而提供"全托"服务的托管公司，由于通常会与农户签订粮食产量的协议，比如同种条件下，粮食产量不低于前 3 年平均水平，此时很多托管公司会让农户购买农业保险，这对组织化的农户来说是有可能实现的，但对于分散的小农户来说，家庭经济收入来源不在农业，农业收益又低，购买农业保险只会增加成本，这种心理导致当发生自然灾害时，农户仍是主要的承担者。所以，自然风险在通常情况下，仍由农户承担。"今年春季有霜冻，后来又下雨，就没有浇地，最后麦子长得不好，公司验收不过，最后就没收，卖给其他收粮的了。"而在这种情况下，公司的做法会让一些农户产生积怨，一家农户的麦子通不过公司的验收，而他觉得很委屈，种的是公司的种子，中间遇到自然灾害公司又不管，最后还不收这些粮食，所以他后来就不再参加土地托管了。

相对于土地流转方式的规模经营，土地托管可以做到利益共享，风险共担。但是对于分散的小农户而言，主要的风险还是由小农户来承担的，虽然农户在土地托管中维持了自己的土地经营权，土地仍在自己手中。而当小农户被组织起来时，就可以与托管公司谈判，其博弈能力也就更强，在利益和风险的分配过程中就可以不再完全处于被动地位了。

三 土地托管助推小农户与现代农业的有机衔接

改革开放40年来，我国发生了天翻地覆的变化，我国目前已经进入中国特色社会主义新时代，我国社会的主要矛盾已经由原来的人民日益增长的物质文化需要同落后的社会生产之间的矛盾转变为现阶段的人民日益增长的美好生活需要和不平衡不充分的发展之间的矛盾。这种发展的不平衡不充分，突出反映在农业和乡村发展的滞后上，[①] 因而需要坚持农业农村优先发展，这就需要加快推进农业农村现代化，实施乡村振兴战略。而实现农业现代化并不是要在所有农村实行规模化经营，进行土地流转，由于当前我国农业的生产经营主体仍是小农户，小农户在我们未来的一段时间内仍将长期存在，党的十九大报告上才提出了实现小农户与现代农业发展有机衔接的问题。为解决这一问题，关键是要向小农户的生产提供农业技术服务，根据其实际情况，提供满足他们需求的优良品种、栽培技术、储运营销和其他各种适合于他们的服务。要因时因地创新模式，乡村振兴的关键是要经济振兴、产业兴旺，应该宜农则农，宜果则果，根据当地的实际情况，尊重农民意愿，推进农业生产模式的创新，实现小农户与现代农业的有机衔接。

事实上，改革开放以来，农村与城市之间界限的开放，使得农村遭遇了巨大冲击，"农村空心化""农业老龄化"现象非常普遍，完全靠培育新型农业经营主体来发展农业存在很大的风险，从我们之前的调研经验以及

---

① 陈锡文：《实施乡村振兴战略，推进农业农村现代化》，《中国农业大学学报》（社会科学版）2018年第1期。

很多学者的研究中可以发现新型农业经营主体在进行农业的规模化生产时，通常独自承担自然风险、市场风险和经营风险等农业风险，最终大部分新型农业经营主体都面临亏损的处境，最终非农化非粮化现象非常明显，在这种情况下就更别谈农业现代化的问题了。针对这种情况，有研究者认为从土地规模经营转向服务规模经营是现阶段顺应中国农业经营方式转型发展的重要路径。[①] 在这种背景下，新型农业经营主体可以分为两种，即农业生产主体和农业服务主体，作为农业服务主体，新型农业经营主体可以为农业生产主体提供完善的农业服务。[②] 而土地托管就是一种提供农业社会化服务、实现农业现代化的形式。

那么，什么是农业现代化，我们应该实现怎样的现代农业？建设现代农业的过程就是改造传统农业、不断发展农村生产力的过程，2007 年中央一号文件对我国现代农业做出描述，就是"要用现代物质条件装备农业，用现代科学技术改造农业，用现代产业体系提升农业，用现代经营形式推进农业，用现代发展理念引领农业，用培养新型农民发展农业，提高农业水利化、机械化和信息化水平，提高土地产出率、资源利用率和农业劳动生产率"，而建设小规模生产基础之上的现代农业是实现中国特色农业现代化的重要一点。[③] 要实现农业生产方式的根本转变就必须强化农业社会化服务体系，适度发展多种形式的土地规模经营。土地托管的运行模式使得托管公司与小农户在追求自身收益最大化和风险最小化的过程中，充分发挥各自的资源禀赋优势，实现土地、资本、劳动、技术和非正式制度安排等要素的局部均衡和资源的有效配置。

首先，托管公司借助完善的农业社会化服务体系，利用现代农业机械、农业技术和科学知识为小农户农业生产服务。陕西长丰现代农业托管有限公司年均农机耕种管收、深松整地等机械化作业面积 3 万余亩，病虫害统防统治 5 万余亩，土地托管面积 3 万余亩，小麦良种繁育基地 1.5 万亩，全部

---

① 罗必良：《论服务规模经营——从纵向分工到横向分工及连片专业化》，《中国农村经济》2017 年第 11 期。

② 苑鹏：《农民专业合作组织与农业社会化服务体系建设》，《农村经济》2011 年第 1 期。

③ 张红宇、张海阳、李伟毅、李冠佑：《中国特色农业现代化：目标定位与改革创新》，《中国农村经济》2015 年第 1 期。

实现了小麦玉米全程机械化。托管公司利用技术、资金上的优势为小农户的土地投入了更多的现代要素。虽然在土地推广等农业社会化服务体系之前，我国已经存在从中央到地方的农技推广体系，但由于各种原因，这种五级推广体系在当前面临着"网破线断人散"的局面，同时"最后一公里"问题也限制了农户获得完善的农业技术服务。而作为市场主体的托管公司相对于政府公共品性质的农机推广体系而言，则有更大的动力，也有能力提供完善的农业服务。这有效解决了小农户耕作水平低、农业生产方式落后的问题，有效化解了小生产方式与发展现代农业之间的矛盾，解决了老人农业和兼业农户的力不从心和后顾之忧。

其次，土地托管模式实现了小农生产基础上的农业规模化。要实现土地托管，首先要做的就是统一农户的种植品种和耕作方法，通过调地换地解决地块分散的问题，弱化地界存在对土地托管的负面影响。这种方式在不流转土地的基础上达到了连片成方、规模经营的效果。而土地的连片成方是农业规模化生产的前提，在这种情况下，可以更好地统筹种植模式，使用现代化的农业机械，用现代管理方法管理农业。

最后，土地托管还有利于提高农民的科学文化素质。土地托管创造了一种新的农业经营方式，土地托管是公司主导、专家指导、土地托管员组织、专业服务队服务、农民参与享受服务听从科学指导的经营方式。在这个过程中农民的科学文化素质得到提高。陕西长丰现代农业托管有限公司完全按照科学种地、不误农时的方法管理农业，公司要求秋季麦子种下后，来年的二三月份要除草、除虫，4月20号要再打一遍农药防虫，在这个过程中农户也形成了科学种田的观念。农民以前可能知道大概什么时间做什么事，但没有具体的概念，只是看到别人这么做时，他也跟着做，而参加土地托管后，托管公司的专家组会根据自然气候和土壤条件，以及作物的实际生长情况，提出科学有针对性的措施，再由托管公司跟土地托管员联系，由土地托管员向农户宣传每阶段的任务，这样一系列精准有效的措施使得亩产量大大提高的同时，也使农民的科学文化素质逐步提高。

通过加强新型农业经营主体社会化服务能力建设，创新其直接服务小农户的有效实现形式，不仅可以激发小农经济的生命力，维护小农户的经济利益，而且可以破除束缚小农户的外在约束性条件，将小农户纳入现代农业的发展轨道，使小农经济基础上的农业现代化成为可能。[①] 这是一条以农民为主体或者保护小农的农业现代化道路，[②] 是具有中国特色的农业现代化道路。土地托管开创了农业社会化服务新模式，释放出巨大改革红利，对土地规模化服务、先进要素进入农业生产领域、农业综合效益的提高以及农民增收有巨大的促进作用。[③] 同时，在土地托管这种农业社会化服务模式中，灵活的托管形式、恰当的利益分配机制和生产组织方式能够使农业生产中的自然风险、经营风险、财务风险和市场风险在小农户与托管公司之间实现合理分担，从而降低各方的潜在损失，[④] 也可以减弱小农户在发展农业过程中的顾虑。

四　土地托管与中国农村基本经营制度

从我国农村基本经营制度形成的历史来看，农村基本经营制度是顺应历史发展、尊重农民意愿的制度，以家庭为基本经营单位，土地承包权、经营权和收益权归农户，在农业生产中，农户就可以保持极高的积极性。发挥村集体的统筹作用可以为农户提供农业技术服务，满足农户的农业技术服务需求。而为了完善农村基本经营制度就需要构建覆盖全程的社会化服务体系，土地托管的发展是在我国农村面临新形势的情况下探索形成的，它在服务农户的过程中，对农村基本经营制度也产生了一定影响。

（一）坚持了农民家庭经营的基础地位

土地托管与土地流转的不同之处，在于坚持家庭责任制不变，坚持农民土地承包权、使用权、经营权不变，和坚持农民的经营主体、土地投资主体、土地收益主体不变的"七个不变"。在以农民家庭经营为基础的前提

---

① 赵晓峰、赵祥云：《新型农业经营主体社会化服务能力建设与小农经济的发展前景》，《农业经济问题》2018 年第 4 期。

② 贺雪峰：《保护小农的农业现代化道路探索——兼论射阳的实践》，《思想战线》2017 年第 2 期。

③ 马树华、刘正君、刘东阳：《济宁大田作物土地托管模式调查》，《山东经济战略研究》2013 年第 11 期。

④ 穆娜娜、孔祥智、安旭：《土地托管的风险分担机制研究》，《中国物价》2018 年第 3 期。

下，托管公司可以为农户提供种子、化肥、农药、农业机械化服务等，在这个基础上，土地托管公司实现了土地经营的连片成方，土地生产的规模化。土地托管将农业社会化服务体系和适度规模经营融为一体，实现了农业社会化服务体系和适度规模经营的最优结合。土地托管的特殊性就在于它根据农户的需要来提供不同的农业社会化服务，在农业兼业化、农民老龄化、农村空心化的背景下，土地托管可以与种粮大户或农机户合作为农户提供服务，可以为老人农业减轻劳动强度，可以为不在村农户提供从种到收的全程服务，在这个过程中农户仍可以在自己解决得了的环节劳动，最终与托管公司互利共赢。同时，土地托管还解决了经商办厂、外出务工家庭的后顾之忧，避免了农忙时节农民工的往返之苦，为农村富余劳动力向第二、第三产业转移提供了保障，尤其是减少了部分农民将农业当副业和少数农田抛荒的现象。"现在的农民既不愿意好好种地，又不愿意失去土地"，而土地托管的"七个不变"既让农民吃了颗定心丸，又让农户有更多的精力从其他产业获得收益，还能保证国家的粮食安全。土地托管以经济利益为纽带，实现了土地、技术、农资、劳动力等生产要素的优化组合，在坚持我国农村基本经营制度、稳定农村家庭经营的基础上实现了农业现代化和农民生活水平的提高，这种模式有助于我国农业供给侧结构性改革，促进优质高效绿色农业的发展，是保障国家粮食战略安全和食品安全的有效路径。

（二）激活了村集体的统筹能力

在税费改革前村集体依靠"三提五统"从农民手中收取费用，来维持村集体的运转，一些有集体经济的村集体也有额外的收益，此时的大多数村集体仍有能力为农户提供农田水利设施等其他农业服务，也有能力和动力将农户组织起来。而税费改革后，村集体的运转逐步转为依靠政府的财政转移支付，村集体不再从农户手中获得资金，从而导致村集体与农民之间的关系松散，村两委逐步悬浮于村民之上，缺乏与村民进行互动的机制，但此时农户仍旧有农业技术服务的需求。村集体则在税费改革后没有能力和动力将农户组织起来，为农户提供农业技术服务。所以税费改革以来，农村的情况就表现为农户有着极强的农业技术服务的需求，公共品性质的服务无法满足，村集体涣散，组织能力不足，又由于经济能力不足，缺乏动力和能力进一步为农户服务。农村基本经营制度中规定我国农村实行"统分结合的双层经营体制"，但很明显，村集体的"统"的功能不断弱化，集体经济组织"统"的功能无法顺利实现，不仅阻碍了现代农业技术的采纳和农业生产率的提高，还恶化了农户小生产和大市场的对接关系，加剧了农产品"卖难"[1]。随着我国逐步步入中国特色社会主义新时代，要实现小农户与现代农业的有机衔接，很重要的一点就是将农户组织起来，以小农户为主体的农业现代化道路的核心机制就在于村社主导的农民组织化，否则就无法对接规模化的农业社会化服务。那么由谁来承担组织小农户的责任？村集体应该是主要的力量，村级组织的动员能力虽然正随着国家在村庄日常领域的退出而不断减弱，但其依然是推动具有不同收入结构、种粮意愿的异质性农户土地连片集中的不可替代的内部力量。[2]

　　从前面的分析中，我们可以看到村集体在土地托管中发挥着重要作用。土地托管的开展需要统一种植品种，统一种植方法，还需要将分散细碎的土地形成连片成方的格局。而农村中的老人农业、兼业农户和举家外迁的情况逐渐普遍化，使得农户对社会化的农业服务的需求大为增长。供需双方都有需求时交易就很容易达成，但托管公司与分散的小农户直接对接是十分困难的，也是不可能的，最后有可能导致社会化的农业服务变异，产生意外后果，无法达到预期的效果，这时就需要将农户组织起来。从"长丰模式"中，我们看到15个村集体发挥了重要作用，这些村集体向农户宣传土地托管，说服农户种植统一的品种，进行规模化经营，最终推进了土地托管工作的开展。长丰土地托管给了我们一个深刻的启迪：村委会不仅是村民自治组织，还有很大的潜在的服务功能。充分发挥村委会的服务功能，对发展土地托管有着重要的作用。发挥村集体的主导作用，将分散的农户进行组织化，可以弥补小农家庭经营的不足。[3] 所以我们要积极发掘村

---

① 孔祥智、刘同山：《论我国农村基本经营制度：历史、挑战与选择》，《政治经济学评论》2013 年第 4 期。

② 于海龙、张振：《土地托管的形成机制、适用条件与风险规避：山东例证》，《改革》2018 年第 4 期。

③ 孙新华：《村社主导、农民组织化与农业服务规模化——基于土地托管和联耕联种实践的分析》，《南京农业大学学报》（社会科学版）2017 年第 6 期。

委会的潜在功能，激发村委会的内在动力和活力。

事实上，村集体也是具有发挥组织性的优势的。首先，村集体有着完整的组织体系，村民自治委员会代表村民的利益，是村民的自组织。几乎所有村庄都有村民小组，每个小组长与各自小组的农户更为熟悉，通过村民自治委员会＋小组长这个组织体系就可以组织其村民。同时村庄里还有村党支部委员会，每个村还有一定数量的优秀党员，他们是村民中思想积极、可以发挥先锋模范带头作用的一些农民，通过党支部委员会＋各组党员也可以动员起农户。这两个完整的组织体系完全有能力说服农民，动员农民，将农民组织起来。其次，村集体具有组织农民、做好村庄统筹工作的传统。在大集体时期，村集体在农业生产中发挥着重要作用；在分田到户初期，村集体也负责组织农户解决农田水利、道路沟渠、教育卫生等单家独户解决不了的事务。所以村集体仍然可以抓住新的契机重新发挥自己的统筹作用。最后，村集体具有发挥"统"的作用的权威。村委会虽然是农民利益的代表，是农民的自组织，自古也有"皇权不下县"的传统，当前我国最低一级的基层政府也只是到乡镇一级，但农户天然地存在村委会是国家权力的延伸的意识，对村两委有着天然的敬畏，认为村两委是国家意志的象征。所以虽然这是一种错觉，但村集体的这种权威性可以更好更方便地组织起农户，对接规模化的农业社会化服务，实现我国的农业现代化。

（三）丰富了农业生产中"统"的主体和内涵

1990 年，邓小平曾提出中国农业的改革和发展，要进行两个飞跃，第一个飞跃是"实行家庭联产承包为主的责任制"，第二个飞跃是"适应科学种田和生产社会化的需要，发展适度规模经营，发展集体经济"[①]。第一个飞跃我们已经完成，从大包干开始，农户家庭经营的积极性就得到释放，我国农业得到快速发展，但随着我国现代化的快速推进，农业生产成为制约我国实现更高水平发展的力量。农村大包干后，我国农业面临的主要矛盾是农户家庭经营的小生产方式与社会化现代农业的矛盾。但我国是一个

---

① 《邓小平文选》（第三卷），人民出版社，1993，第 355 页。

农业大国，小农户仍是农业生产的主要力量，我国的城市化目前还不能完全解决农民向城市转移的问题，所以，我们必须坚持农村家庭经营的基础地位，那么在此基础上实现农业现代化，就只能是农业社会化服务与小农户经营相结合的农业现代化。而小农户经营必须组织起来，才能更有助于现代农业的推进。所以，一些学者认为家庭经营并不等于落后的生产方式，可以坚持家庭经营与统一经营相结合，而且统一经营的内涵可以更加丰富。① 土地托管就是这样一种实践。

土地托管实现了家庭承包经营的"分"的优势与土地规模经营的"统"的功能的最佳组合。这种模式最大的特点在于丰富了"统"的主体和内涵。一方面，它可以激活村集体的力量，使村集体以土地托管为契机，加强与农户的联系，重新将农户组织起来，统一经营，发展规模化、机械化、集约化的现代农业；另一方面，土地托管中出现的托管公司、农机合作社或者种业公司也发挥了"统"的功能。当然，作为市场主体，它们首先是以获取更多的利益为出发点来与农户打交道的，但在这个过程中，它们统一农户的种植品种，统筹调配村庄的水利电气设施，统一耕作技术，统一收购粮食，也推动农户组织起来对接农业社会化服务。只是这些农业社会化服务主体的"统"的利益出发点以及所代表主体的性质与村集体的"统"是不同的。农业社会化服务主体通过土地托管员或者其他机制将农户组织起来是为了降低与成千上万的单个农户打交道的成本，使得大型农业机械可以更高效地使用，进而更好地开展自己的土地托管工作，扩大自己的利益空间。农业社会化服务主体代表的是与农户做交易的市场主体。而村集体发挥统筹作用，将农户组织起来，是为了帮助农户与市场主体更好地对接，提高农户与市场主体的谈判能力，尽可能地使农户获得更多的利益，共享我国社会发展进步的成果，这是一种公共品性质的统筹作用，代表的是农户自身的利益。但不管哪种性质和立场考量的统筹作用，都将农户组织起来了，都有利于农业规模化的发展，有利于农业的节本增效，提高农民收入，解决当前老人农业和兼业农户的问题。所以土地托管过程中，农业社会化服务主体丰富了农村"统"的内涵，也使得"统"的主体多元化。

---

① 王骏、刘畅：《我国农村基本经营制度的历史进程与基本启示》，《农村经济》2018 年第 3 期。

农业社会化服务主体通过为农户提供符合农户需求的社会化服务，既发挥了农户家庭经营的优势，又实现了农业的规模化和机械化生产，有助于小农户与现代农业的有机衔接。在这个过程中，村集体的"统"的功能得到激活，最重要的是农业社会化服务主体也发挥了"统"的作用，这丰富了"统"的主体和内涵，强化了"统"与"分"的有机结合，有利于完善我国农村基本经营制度，推动农村基本经营制度的创新，实现中国农业改革的"二次飞跃"，实现家庭经营基础上的农业现代化。[①] 但"制度变迁的过程就是新制度的产生，并否定、扬弃或改变旧制度的过程，包括正式制度、非正式制度以及它们的实施"[②]。土地托管的出现也是一种新制度产生的过程，这种单靠市场力量获得生存空间的创新性制度安排难以快速成长，土地托管更无法实现农户因土地托管而获得一系列增值收益的目的。[③]所以当前土地托管还面临很多问题，需要克服许多困难，这一方面需要托管公司等其他农业社会化服务组织加强自身建设，探索更尊重农民意愿，更符合我国国情，更具有生命力的发展形式；另一方面也需要政府给予一定的支持，包括在宣传推广、税收优惠、项目资助等方面扶持这种新事物的发展。土地托管使得小农户与现代农业有机衔接成为可能，这种农业服务社会化的形式有助于我国进入中国特色社会主义新时代，乡村振兴战略的实施，也使我国农村基本经营制度由以家庭经营为基础、统分结合的双层经营体制逐步向以家庭经营为基础、统分结合的双层经营体制，同时更加丰富多元的统的主体的方向发展。

五 推进土地托管模式发展的政策建议

从上面的分析可以看到土地托管不仅整合了土地资源，避免了土地撂荒情况造成的资源浪费，也促进了我国农业生产的规模化、集约化、专业

---

① 赵晓峰、赵祥云：《新型农业主体发展与中国农村基本经营制度变革》，《贵州社会科学》2018 年第 4 期。
② 〔美〕康芒斯：《制度经济学》，于树生译，商务印书馆，1983。
③ 衡霞、程世云：《农地流转中的农民权益保障研究——以土地托管组织为例》，《农村经济》2014 年第 2 期。

化,同时极大地降低了我国农业生产的劳动强度,提高了农业机械作业的效率,使得我国老人农业和兼业农户发展现代农业成为可能,也稳定了当前我国农村"以代际分工为基础的半耕半工"的家计模式,维护了农村社会的稳定。但从调研材料来看,目前土地托管工作与人民的期盼、社会的要求和国家的目标之间还存在一定差距,本节将对土地托管模式做一个整体的审视,指出当前普遍存在的问题,并提出有针对性的政策建议。

(一) 当前土地托管模式发展尚存在的问题

1. 土地规模足够,但连片经营难以实现

土地托管的推进伴随的是规模化生产的进行,所以土地必须破除条块分割、细碎分布的特点,但调查发现土地托管中经常出现的情况是土地规模足够大,但连片经营难以推进。研究发现,农村打工经济的普遍化使得农户分化情况比较显著,不同农户在资源禀赋、劳动力情况、社会关系等方面存在较大差异,导致他们对土地托管的需求程度不一,种植品种和种植方法不同,这造成相邻地块间土地托管程度存在差异,生产随机性大。分散的小农户在品种选择和耕作安排上的不统一,造成多数土地托管组织管理的土地面积总规模足够大,但无法连片经营,无法与规模化的农业社会化服务对接,这直接影响大机械作业的开展,增加了农业劳动强度和生产成本,无法实现规模农业带来的经济效益和社会效益。

2. 村级组织积极参与,但行动能力受限

在土地托管开展初期,多数农户对这种新模式缺乏认知和信心,土地托管工作开展并不顺利,整体成效难以显现。调查发现在这种情况下,很多村级组织积极参与,与农户沟通协调,将土地托管模式的运作机制讲明白说清楚,使农户的思想认识得到改进。但这个过程中会产生较高的经济成本和组织成本,甚至土地托管后产生的各种意外后果都成为村级组织的责任。然而调研发现绝大多数村庄缺少集体收入,村干部工资本身又较低,在没有经济支持的情况下,村级组织还要承担土地托管协调工作中的风险和责任,在权责不明又缺乏激励机制的情况下,村级组织明显缺乏内生动力。同时,农村基层工作千头万绪,但村级干部人员数量有限且素质参差不齐,因此缺乏足够的精力和能力发挥组织作用。在经济实力、组织能力

和内生动力不足的条件下，村级组织行动能力受限，难以发挥有效的协调整合作用，这直接影响了土地托管工作的推进。同时，托管公司在农村的代理人，例如土地托管员，也存在动力不足、积极性不高的状况，尤其是老人农业的形成也影响了土地托管员队伍后备力量不足的状况，这也不利于土地托管工作的推进。

3. 企业发挥主导作用，但乡村治理出现困境

农业生产的价值对不同农户来说存在根本性差异，部分农户将其作为保障性手段，部分农户将其作为家庭经济收入的主要来源，这就进一步导致不同类型的农户对农业社会化服务的需求存在相当大的差异，农户的这种分化也意味着对土地托管的需求程度不一。调查发现，部分托管公司与地方力量合谋，不尊重农户意愿，强迫所有农户参与土地托管，并剥削农户应得利益，给予的补偿远远少于实际收益。部分农业企业在土地托管中发挥主导作用时，甚至在本质上拥有土地的经营权，这改变了土地托管的性质，挤压了小农户的利益空间，尤其威胁到拥有农业机械的以农业收入作为家庭经济收入主要来源的适度规模经营主体的发展。这种情况也进一步加剧了农村社会的阶层分化，致使乡村治理出现困境，不利于我国乡村振兴战略的实施。

4. 企业经营优势明显，但难以进一步发展壮大

农业企业经济实力雄厚，可以购买价格高昂的大型农业机械等设备，同时社会资源丰富，可以为参与土地托管的农户提供包括产前、产中和产后在内的完整的一条龙服务，因而农业企业发挥主导作用优势明显。但我们调研发现多数农业企业都面临着资金短缺的困境，原因在于农业投资回收期长，其财务风险和经营风险较高，当农业企业在农业生产中发挥主导作用时，一方面，农业利益得到集中，农业企业可获得农业收益的主要部分；另一方面，农业风险也集中到农业企业。另外，托管公司在进一步发展壮大的过程中，需要投资更加先进的农业机械，这些进口的农业机械通常价格昂贵，而农机补助不高，这限制了很多托管公司进一步发展壮大。

5. 土地托管需求度高，但社会化服务体系不够健全

伴随农村大量青壮年劳动力进城务工，农业生产老龄化问题凸显，因而小农生产面临劳动力不足、劳动力素质不高、农业新技术掌握不充分等问题。

此外，很多兼业农户在农忙季节还需请假返乡，直接影响了其务工收入，因而当前农户对土地托管的需求度较高。但当前我国的农业社会化服务体系仍不健全，多数农业技术服务都是针对大规模生产的，无法适应小规模农户的分散经营模式，同时很多土地托管提供的社会化服务是针对大田作物的，一些经济作物就无法享受到土地托管带来的效益，这直接影响了土地托管工作的推进，也导致不是所有的种植类型都可以实现土地托管。

（二）进一步推进土地托管工作的对策建议

1. 强化村级统筹能力建设，营造良好的土地托管环境

村集体的统筹能力对土地托管工作意义重大。建议发挥村集体的组织能力，一方面，加强村集体与农户的沟通协调机制，将土地托管尤其是连片经营的优势讲清楚说明白，允许农户通过对比成效选择土地托管。同时协调农户的种植品种和种植方法，使农户之间可以通过调地等多种形式，实现相邻土地的统一经营，进而推进土地托管的连片经营。另一方面，建议村集体改善农田水利，修整机耕道路，完善基础设施建设，提高土地进行现代化生产的能力，为土地托管连片经营营造良好的环境。

2. 创新农村基本经营制度，形成多元化的统筹主体

坚持我国农村基本经营制度，对我国农业发展意义重大，我们必须坚持家庭经营的主体地位，必须坚持"统""分"结合的双层经营体制。然而，我国农村社会当前的状况是小农户分散无序，组织性不足，这就导致小农户在与市场主体的谈判中处于弱势地位，所以，首先，必须激活村集体的组织能力。可以设定土地托管、发展农业的专项资金，由村集体来承接，减轻村集体在沟通农户、推进土地托管中的经济压力，同时，给予表现突出的村集体政治荣誉、经济利益等方面的表彰，增强村集体组织农民的动力。其次，要培育多元化的统筹主体，发挥农村中的地方组织、农业社会化服务组织等力量的组织能力，将农户组织起来，对接土地托管的规模化发展。

3. 深化土地托管体系建设，加强新型农业经营体系与小农户的利益联结

土地托管体系的建立和完善是一个不断探索与创新的过程，要深入考

察土地托管的各利益主体之间的利益联结关系，规范土地托管体系的组织形式、分配机制、运行机制和保障机制。具体来讲，要明确各利益主体，包括新型农业经营主体、新型农业服务主体，以及小农户的生存逻辑和动力机制，加强新型农业经营体系与小农户的利益联结。土地托管组织首先对自身要有准确的定位，在追求自身利益、降低组织成本的基础上，建议规范土地托管组织的利益返还机制，将多数收益返还给农户，从而获得农户对土地托管组织的信任，实现农户与土地托管组织之间的双赢，保证土地托管这一制度创新的长远发展，在实现土地托管的经济效益的同时，实现土地托管的社会效益和产业效益。

此外，要聚焦土地托管主体，土地托管主体直接影响土地托管的成效，在推进土地托管的过程中，要注重保障农民利益，让农民共享农村改革的成果，因此建议培养一批职业农民，发展一批合作社，让农民成为土地托管主体，发挥农民在生产经营中的主体性。要正确处理各利益主体之间的关系，让利于民，建立健全对土地托管组织的激励机制，让农户得到比不参加土地托管更多的经济收益，获得更多的收入来源。

4. 创新土地托管模式，分程度有类别地将农业生产纳入土地托管体系

建议要因地制宜，因势利导，根据小农户家庭的具体情况，包括劳动力数量和质量、技术需求等方面，选择相适应的土地全托模式或者土地半托模式，切忌"一刀切"地强力推进土地托管。同时，建议在种植经济作物的地区，赋予县、乡两级更大的自主权，鼓励各地积极探索试验，创新土地托管模式，选择效果明显且农民可接受的土地托管模式，进行分程度有类别的推广。此外，对于城郊区的经济价值更高的土地，应尊重农民意愿和城市发展规律，不强制推进土地托管，也应注意到即使在城镇化水平较高的地区，仍有一部分人因对农业存在感情或就业无门等而从事农业生产，这部分人的土地承包经营权应首先得到切实的维护，在讲清楚说明白的情况下，让其自由选择土地托管的程度。

5. 发挥政策导向作用，完善分工协调的社会化服务体系

政策导向作用对土地托管工作的推进效果明显。首先，要做好宣传工作。要根据农民的生产和生活特点，结合实际，与时俱进，通过电视、广播、宣传车、微信公众号等传统方式和网络等新媒体，让农户深入了解土

地托管，改变农户的传统观念。各级党委政府要充分发挥舆论导向作用，向干部和农民群众讲清讲透土地托管。其次，要对土地托管工作进行行政指导，整合各部门资源为土地托管工作提供人力、物力支持。设立专项资金，在税收方面给予优惠，在金融借贷方面提供便利，以更好地服务土地托管工作，使得农村基层和托管组织有动力、有能力在土地托管工作中发挥作用。最后，完善分工协调的社会服务体系。土地托管本质上是一种农业社会化服务形式，农机、植保等各类专业社会化服务组织对土地托管具有重要作用，土地托管和规模经营离不开农业生产社会化服务组织的支撑，因此要发挥各利益主体的优势，建立分工协调的社会化服务体系。

第七章　农民合作社发展与新型农业经营体系的构建[*]

一　导论

长期以来，改造传统农业是推动中国农业产业化的重要方面，培育新型农业经营主体是实现中国农业现代化的重要途径。这是因为，农业在国家产业布局中处于基础性地位，没有农业的现代化，就没有国家的现代化。2017 年，中央一号文件提出"深入推进农业供给侧结构性改革，加快培育农业农村发展新动能"的意见。2018 年，中央一号文件进一步提出"乡村振兴战略"，要求各地做到"小农户和现代农业发展的有机衔接"。这是多年以来中国在农业经营体系认识上的一次深刻转变。这意味着在顶层设计层面，中央政府改变了以往过度注重培育规模经营主体的思路，而开始强调小农户参与现代农业的重要性。这种转变必然会给中国农村社会带来深远的影响。

在中国农村社会中，和小农户关系最为紧密的组织是农民合作社和农技推广体系。合作社出现较早，直到 21 世纪初，随着"谁来种地"的问题的提出，农民合作社才日益凸显其在农业生产中的重要性。作为新型农业经营主体的重要组成部分，农民合作社日益显现巨大的生机与潜力。孔祥智[①]在回顾农民合作社 2017 年发展的基础上指出，合作社在农民满意度、

---

[*]　本章内容由范凯文撰写。
[①]　孔祥智：《农民合作社的 2017》，《中国农民合作社》2018 年第 1 期。

农技推广和农民增收等方面发挥着重要的作用,有效地推进了小农户与现代农业的有机衔接。总体而言,农民合作社在农业生产中发挥着越来越重要的作用,它成为组织各类农户融入现代农业、进入国内外大市场不可或缺的通道,也成为广大农户提高生产经营效益、实现增收脱贫的重要途径。①

20 世纪 50 年代初,中国便初步建立了全国性的农技推广体系。历经五个时期的曲折发展后,中国最终建立了一套相对成熟的农技推广体系,当前中国农技推广体系正处于全国农技推广时期。② 改革开放后,中国对农技推广体系的职能和作用认识不全面,导致农技推广体系先后出现了商业化和"两上两下"的变动。③ 2006 年,中国推动新一轮的农技推广体系改革,并于 2012 年修改了《中华人民共和国农技推广法》,将"有利于农业、农村经济可持续发展和增加农民收入"作为首要原则,且着重区分了公益性农技推广和经营性农技推广的类型。目前,国家还在继续推进农技推广体系的改革,特别是引导基层农技推广体系改革以适应农村社会发展的总体需求。总体而言,国家新一轮的农技推广体系改革解决了条块分割、体系不顺等诸多问题,提高了政府为农民提供技术服务的水平,但也造成农技推广队伍行政化的加剧,④ 这极大地限制了农技推广体系为小农户提供优质技术服务的能力。

总体而言,学术界对农民合作社与农技推广体系之间的关系的认识尚显不足,这不利于探索小农户与现代农业发展有机衔接的发展路径。目前,关于农民合作社与农技推广体系之间关系的研究主要有以下两种观点。一是基于农业规模经营的"载体论"。在国家大力培育新型农业经营主体的背景下,部分学者将农民合作社看作一个同质性的农民经济互助组织,认为其既是农技推广体系的重要载体,又是对现有农技推广体系供给不足和私

---

① 夏英:《2017 年我国农民合作社发展现状、导向及态势》,《中国农民合作社》2018 年第 1 期。
② 关于中国农技推广体系的演变历程可参见赵晓峰《推广的力量:眉县猕猴桃产业发展中的技术变迁与社会转型》(中国社会科学出版社,2017 年 8 月)的第一章"'西农模式':应运而生"。
③ 《中国农业技术推广体制改革研究》课题组:《中国农技推广:现状、问题及解决对策》,《管理世界》2004 年第 5 期。
④ 胡瑞法、孙艺夺:《农业技术推广体系的困境摆脱与策应》,《改革》2018 年第 2 期。

有的社会化服务制度缺陷的重要补充。[①] 二是农业治理转型下的"垒大户论"。税费改革后，为降低政策执行成本，国家主要通过扶持规模经营主体的方式，推动中国农业现代化转型。[②] 在农业治理转型的过程中，各地基层农技部门基于多种考虑，会过度扶持农民合作社等规模经营主体而忽视小农户的需求，存在"垒大户"现象。[③] 同时，一旦新型农业经营主体形成，就会倒逼农技服务体系变革，促使惠农资源与政策向其倾斜，[④] 导致小农户被排挤出农技服务而遭遇边缘化的发展困境。[⑤]

上述研究都指出农民合作社对农技推广体系能够产生深远影响，也推进了两者关系的研究，但还存在以下不足。①缺乏动态地阐释二者关系的研究。载体论的前提假设是将合作社视为同一性质、同一类型的互助性经济合作组织，但这种假设不仅忽略了现实中由于农户之间的阶层分化而存在的异质性合作社情况，也忽略了合作社普遍发生的异化现象；"垒大户论"虽然细致地描述了农技推广部门的"垒大户"现象，但只是静态地说明了农技推广部门的行为逻辑，并没有揭示合作社为何以及如何依赖政府的内在机制。②从研究视角来看，上述两种观点都是从政府的角度出发，很少把合作社作为一个整体去分析农技推广体系中各个利益主体的行为逻辑，这导致相关研究没有形成一种整体性分析路径，难以揭示现象背后复杂的实践机制。因而本研究以眉县合作社的发展为例，从农民合作社的角度出发，着重分析合作社与农技推广体系之间的关系，试图揭示合作社的组织行为逻辑及其基层农技推广体系的内在机制。

为了推进陕西省新型农业经营体系的构建，探索农民合作社与农技推广体系之间的关系，人文社会发展学院专门成立了"农业治理课题组"（以

---

① 李中华、高强：《以合作社为载体创新农业技术推广体系建设》，《青岛农业大学学报》（社会科学版）2009 年第 4 期；苑鹏：《农民专业合作组织与农业社会化服务体系建设》，《农村经济》2011 年第 1 期。

② 龚为纲、张谦：《国家干预与农业转型》，《开放时代》2016 年第 5 期。

③ 孙新华：《规模经营背景下基层农技服务"垒大户"现象分析》，《西北农林科技大学学报》（社会科学版）2017 年第 2 期。

④ 冯小：《新型农业经营主体培育与农业治理转型——基于皖南平镇农业经营制度变迁的分析》，《中国农村观察》2015 年第 2 期。

⑤ 周娟：《土地流转背景下农业社会化服务体系的重构与小农的困境》，《南京农业大学学报》（社会科学版）2017 年第 6 期。

下简称"课题组")进行相关的研究。在校科技推广处的课题资助下，课题组在陕西省眉县开展了大量的研究，并取得了丰富的调研资料。2016 年 11 月 21 日，课题组首次进入眉县。经过试调查后，课题组返回学校修改访谈提纲并制订规划，几天后重新进村入户开展调研。在 2016 年 11 月至 12 月两个月里，课题组前后开展了三次长时段调查。其间，课题组深度访谈了 30 多人，涉及县乡农技员、村干部、合作社的负责人、技术骨干和普通村民等不同身份的群体。此外，课题组选取田村作为重点调研地点，对田村的 4 家合作社及其与农技推广体系之间的关系进行了研究，以此获取更全面而深入的认识。

二　眉县农民合作社的发展历程

（一）嵌入农技推广体系中的农民合作社：调查个案概述[①]

1. 农民合作社发展概况

眉县属陕西秦岭北麓半丘陵地带，有耕地 35.2 万亩，农业人口 26.6 万人。全县地形平坦，气候适宜，非常适合发展大规模的农业种植。眉县长期以来都十分重视农业技术的推广，自 1989 年大规模推广猕猴桃以来，曾获得过"一县一业"重点县、果业生产先进县、优质猕猴桃生产基地县等荣誉。眉县也十分重视培育新型农业经营主体，比如，截至 2015 年底，全县合作社总数已超过 300 家，其中猕猴专业合作社超过了 250 家，而所有合作社入社成员有 10799 户，注册资金达 5.98 亿元，辐射带动农户 4.83 万户。目前，农民合作社已覆盖了全县 8 个镇的 112 个行政村，其中行政村覆盖率达到 91.2%，农户覆盖率达到 71.05%。[②] 本次调研的 10 家合作社都是猕猴桃专业合作社，其基本情况见表 7-1。

---

① 本节部分内容曾在赵晓峰《推广的力量：眉县猕猴桃产业发展中的技术变迁与社会转型》（中国社会科学出版社，2017 年 8 月）一书中发表，详情请参见第六章"合作社：助力农技推广与三农发展"。

② 赵晓峰：《推广的力量：眉县猕猴桃产业发展中的技术变迁与社会转型》，中国社会科学出版社，2017。

表 7 – 1　眉县 10 家农民合作社基本情况

单位：万元，人

	成立时间	注册资金	登记会员	主要种植作物	所在位置
QF 合作社	2008 年 11 月	6000	456	猕猴桃	田村
TLD 合作社	2011 年 3 月	500	200	猕猴桃	田村
TJZ 合作社	2014 年 5 月	500	4	猕猴桃	田村
TH 机械合作社	2012 年 11 月	500	5	—	田村
QW 合作社	2007 年 10 月	2000	612	猕猴桃	红村
XFY 合作社	2013 年 8 月	1128.5	—	猕猴桃	西村
CH 合作社	2008 年 12 月	40	14	猕猴桃	坡村
WC 合作社	2015 年 3 月	380	56	猕猴桃	王村
DWC 合作社	2011 年 4 月	5000	31	猕猴桃	五村
JQ 合作社	2007 年 8 月	584	158	猕猴桃	金村

　　从表 7 – 1 可以看出，10 家合作社的注册资金相对比较雄厚，且主要种植作物都是猕猴桃（唯一一家机械合作社也主要服务于猕猴桃种植），这表明眉县合作社发展的是高附加值经济作物，且农业资本化程度比较高。同时，从 10 家合作社的基本情况来看，各自的规模大小与经营状况不同，但这些合作社的发展都与猕猴桃产业的整体情况密切相关。下面分别介绍各个合作社的基本情况。

　　QF 合作社成立于 2008 年 11 月，当时有社员 35 人，注册资金 350.59 万元。它位于眉县田村 2 组，于 2012 年被陕西省人民政府认定为农业产业化经营重点龙头企业[①]，也是国家级农民合作社示范社。2012 年，合作社社员增加到 137 人，注册资金则达到 646.35 万元。如今，QF 合作社社员有 456 人，注册资金更是达到 6000 万元，现有有机猕猴桃示范基地 3000 亩，标准化生产示范基地 10000 亩。2014 年，QF 合作社曾在秦岭北麓的某村流转土地 800 亩，打造猕猴桃种植生态庄园。合作社创始人、社长 QF 是眉县猕猴桃协会（以下简称"协会"）的理事成员，也是陕西省政协委员和宝鸡市人大代表。

---

　　① 关于农业产业化龙头企业的由来与发展过程可以参见熊万胜《合作社：作为制度化进程的意外后果》，《社会学研究》2009 年第 5 期。

TLD 合作社成立于 2011 年 3 月，位于眉县田村 1 组。该合作社成立之初有会员 8 人，注册资金 20 万元。2015 年，该合作社有会员 200 人，注册资金达 500 万元。该合作社的社长 TQ 长期在外当公车司机，父亲 TZB 是当地有名的农业技术骨干，也是协会的理事成员，享有较高的知名度与权威。2015 年，TQ 辞去司机工作回家专心务农，并依托电商平台售卖水果。2016 年底，TQ 经田村村支书 SLB 推荐后成为该县政协委员。

TJZ 合作社成立于 2014 年 5 月，位于眉县田村 1 组。该合作社刚成立之时发展势头较好，到 2015 年有社员 121 人，而后由于经营管理不善，社员纷纷退社。如今，合作社仅有社员 4 人，且都是社长 YLK 的亲戚。因而该合作社被田村村民称为"家族企业""自己和自己合作的典型"。目前，该合作社用 22 万元买断了田村某农户 10 亩农地 10 年的经营权，用于发展猕猴桃种植。社长 YLK 是田村的副主任，曾在 XFY 合作社做过一段时间的管理人员，他回村担任副主任后不久，便创办了 TJZ 合作社。

TH 机械合作社成立于 2012 年 11 月，位于眉县田村村委会。该机械合作社的前身是村支书 SLB 发起成立的田村科技协会。2012 年，为了更好地承接与管理县上分配下来的农业机械，SLB 发动本村几个具有公心的技术骨干将科技协会升级为机械合作社，社长由 SLB 担任。该机械合作社不从事商业性经营，而主要服务于田村村民的猕猴桃种植。TH 机械合作社的 5 位社员都是协会的主要成员，其中包括 TQ 的父亲 TZB。

QW 合作社成立于 2007 年 10 月，其前身是眉县某果业协会，后成功转型为合作社。合作社现有社员 612 人，注册资金 2000 万元，曾获得国家级农民合作社示范社的荣誉称号，也是当地重点龙头企业。目前，QW 合作社有 5 个优质无公害猕猴桃示范基地，面积达 6630 亩，辐射邻近 5 个乡镇 15 个自然村。为了应对激烈的市场竞争，QW 合作社不仅在 6630 亩基地上计划设立 50 个服务点，也在总部建立起农机服务部，为农户提供更好的技术服务。2015 年底，该合作社在眉县 CX 镇流转了 240 亩农地发展猕猴桃种植基地。现任社长 QJS 既是眉县高级农技师，也是协会的理事成员。

XFY 合作社于 2013 年 8 月成立，注册资金有 1128.5 万元。该社由于经营管理不善，社员流失严重，不知具体人数。XFY 合作社的创办人 YXF 是陕西户县人。他曾在某工厂从事技术工作，下岗后创办了一家果品贸易公司。2013年，他在眉县西村又组建了公司领办型合作社——XFY合作社。2011～2014年，该合作社最早开始技物配套和订单协议，且由于推动果农晚采晚摘猕猴桃而获得多项荣誉。不过，由于合作社内部经营管理不善，市场销售乏力，XFY合作社负债累累，濒临关门倒闭。

CH合作社由坡村村支书牵头于2008年12月成立，注册资金有40万元。该合作社原有社员40人，而后由于经营管理问题，社员只剩下14人，且村支书将社长位置转给其他人。目前，CH合作社成为"有名无实"的挂牌合作社。

WC合作社成立时间较晚。WC合作社成立之前，王村村民在村支书的牵头下参加XFY合作社，之后因为XFY合作社经营管理不善，王村村民纷纷退社。2015年3月，WC合作社由王村村支书在村委会牵头成立，目前注册资金有380万元，社员有56人。该合作社主要承接和管理县上分配到村的农机农具等，为本村村民提供一定的技术服务。社长是王村村支书，也是协会的主要成员。

DWC合作社于2011年4月成立，注册资金达到8500万元，社员11人。这些社员都是合作社的股东。该合作社在成立之初因其雄厚的资金与强大的组织行动能力，得到了当地政府部门的关注与扶持，也吸引了大量的惠农资源。2015年，该合作社因为经营管理不善，发生了合作社股份转让行为。目前，该合作社有股东6人，社员31人，注册资金5000万元。此外，该合作社的库房基本上租赁给其他涉农企业或合作社。

JQ合作社是眉县最早一批成立的合作社，于2007年8月登记注册，是由某果业协会转型升级而来。该合作社是农业产业化龙头企业，现有成员158人，出资总额为584万元。作为全国农民专业合作社示范社，该合作社的发展态势较好。当前，该合作社正在努力建设505亩猕猴桃有机种植基地，比如已经花费了6年时间进行农地的土质转化。社长RJS是协会的会长，也是宝鸡市的人大代表。

2. 组织架构

调研发现，在这些农民合作社的办公室中都整齐地悬挂着一系列合作社章程、合作社组织架构、理事会职责等挂牌，这似乎表明合作社已经建立了完备的合作社治理结构、盈余分配、监督机制等规章制度。但在实际过程中，农民合作社基本上不会严格遵守这些规章制度，而是采取另外一套更为灵活、更加符合地方规范的组织架构来运作。这表明合作社不同程度地发生了异化情况。

为了揭示合作社异化的内在机制，本节以田村的 TH 机械合作社为例进行分析。TH 机械合作社的前身是田村的民间科协组织。20 世纪 90 年代末，现任村支书 SLB 放弃了高收入的个体运输职业，回村担任村干部，并牵头成立了民间科协组织，制订了猕猴桃产业规划，以及实施了"一村一品"战略等。2011 年，村支书 SLB 联合本村 5 个技术骨干成立了 TH 机械合作社。这个机械合作社是为了承接县上农机农资等涉农项目而成立的，实际的组织架构与形式的文件规定之间存在一定的差距。比如，章程中规定"本社为每个成员设立个人账户，主要记载该合作社的出资额，量化为该成员的公积金份额"①。在问及 TH 机械合作社是否为每位成员设立了个人账户时，社长坦言，"哪管那个事，都是自愿的"（20161227 – SLB）。除此之外，合作社的章程详细地规定了组织机构、财务管理、合并、分立、解散和清算等方面，但也没有得到严格的执行。有趣的是，在县上给村里下发农机农资时，村支书 SLB 会召开社员会议，几个人坐在一块商议如何管理农机与分发农资等情况，并没有严格地遵照规章制度执行。

不仅 TH 机械合作社如此，其他的合作社也都不同程度地存在这种异化的情况。这些合作社的异化主要体现在以下两个方面。

第一，合作社公司化趋势。合作社的规章制度规定，合作社每年至少需要召开一次社员全体大会。但由于合作社管理者与社员的意识相对淡薄，且部分合作社的正式社员数量较大，合作社很少或几乎没有召开一次社员全体大会。因而，这类合作社主要是由理事会进行管理。然而，理事会成员采取法人企业的管理方式来运作合作社，这些理事会成员也是合作社的主要股东。这些股东很少或几乎不召开社员全体会议，也就侵害了正式社员的合法权益。正如 JQ 合作社电商部门负责人 MZ 所言，"在公司＋合作社＋基地＋农户的模式之下，他们（农户）只需要做好种植即可，其他的我们都可以免费提供。但是，这个订单农业并不是一个简单的模式，而是

---

① 参见内部打印资料《眉县 TH 机械化专业合作社章程》。

公司与顾客的订单，以及合作社与农户的订单两个方面相结合。公司负责销售端，合作社负责种植端，这样一来，公司是合作社的一个升级版，两者其中的架构是一样的"（20161125 - MZ）。这种将合作社和龙头企业看作"一体两面"的观点，反映了部分企业领办型合作社的组织架构是按照公司的经营制度来运作的。

第二，合作社股东亲友化趋势。赵泉民和李怡的研究指出，中国农民的信任是以亲缘和拟亲缘关系为基础的带有"圈子主义精神"的"熟人信任"，这深刻地影响了他们的合作行为及其参与合作社的逻辑。[1] 例如 2011 年，QW 合作社的原理事长因为身体缘故而退居二线，新上任的社长 QJS 变更了合作社的组织架构。当前合作社的几位常任理事，都是社长 QJS 的亲友：生产部总经理是其在保险公司的同事，生产技术部理事是其保险公司的同事，销售经理是其在村的好友，而销售副经理则是其表弟。"（合作社的其他发起人）目前都享有固定分红，他们现在就像是家里的老人一样，管好里面的事情，一般不参与公司具体的决策，（也因为）他们年纪大了，感觉思路跟不上，不爱冒险了。"（20161130 - QJS）这种现象在农村能人创办的合作社也普遍存在，正如 TJZ 合作社虽然已经成为"挂牌合作社"，但也是"自己和自己合作的典型"。田村副主任自己担任社长，其他的三个成员分别是其侄子、儿子和女婿。这三人有着较为明确的分工：侄子负责沈阳部分的销售；儿子在浙江金华做销售；而女婿因为大学本科毕业懂得一些电子商务知识，在家负责电商销售。不过，TJZ 合作社基本上不提供技术服务，主要是充当客商在各地收购猕猴桃后进行售卖，因而被村民认为是"家族企业"。而 TLD 合作社虽然才刚刚起步，但其合作者也都是现任社长的好友。这些都表明了农民之间的"熟人信任"对合作社股东结构的影响，其中具体的作用机制需要进一步的研究。

从某种程度来看，上述的农民合作社部分甚至完全不符合合作社的本质属性，可能会被学者认定为"假合作社"，应当予以取缔或者整顿。但正如苑鹏[2]指出，当前中国的合作社其实是农产品供应链上的相关利益群体的

---

① 赵泉民、李怡：《关系网络与中国乡村社会的合作经济——基于社会资本视角》，《农业经济问题》2007 年第 8 期。

② 苑鹏：《中国特色的农民合作社制度的变异现象研究》，《中国农村观察》2013 年第 3 期。

组织，因而合作社制度必然会发生具有中国特色的异化情况。笔者也认为，受限于中国法制环境、农民素质、市场环境等约束因素，合作社难以凭借自身完成推进制度构建的重任，这需要相关利益主体的共同努力。

3. 嵌入过程

在嵌入性理论看来，经济行动是嵌入社会结构之中的。赵晓峰发现，在农民合作社的发展历程中，会受到众多因素的影响，因而合作社会嵌入农村社会阶层结构、村庄派系势力结构、行政结构和庇护关系网络等社会结构之中。[①] 从上述 10 家合作社的基本情况可以发现，眉县农民合作社也是嵌入农技推广体系之中的。正如格兰诺维特提出的，人类的经济活动嵌入相应的人际关系网络之中，这种嵌入表现为结构嵌入和关系嵌入两个维度。[②] 本章借鉴格兰诺维特关于社会嵌入的两个维度作为分析的依据。为此，首先需要了解嵌入性理论中关系嵌入和结构嵌入的内涵。第一，关系嵌入主要用于分析两者之间的强弱关系，需要综合考察几个方面，如互动方式、亲密关系、双方互动时间与互惠内容；第二，结构嵌入是指从整个宏观层面来看待研究对象所处的位置，这需要考量该对象在结构中的关系强弱与大小的程度。[③] 本章借鉴其分析思路，进而论述眉县农民合作社是如何嵌入农技推广体系之中的。

（1）从结构嵌入角度来看，这 10 家农民合作社的创办者或者本身是农技推广体系的重要组成部分（比如 TH 机械合作社），或者因为创办或领办合作社后被吸纳到农技推广体系之中（比如 TLD 合作社和 QF 合作社），并且，这些合作社的创办者都与眉县猕猴桃协会这一组织密切相关，多名合作社社长都是协会重要的理事成员，甚至 JQ 合作社社长担任协会理事长。这就需要了解一下该协会的情况。协会第一任会长 ZJC 介绍，眉县猕猴桃协会的前身是一个民间科技组织，由科技下乡带动而涌现出来的一批技术过硬、致富能手和热爱农业的农民自发建立而成，协会"从一些猕猴桃发展比较好的村子吸纳 1~2 名热心服务的理事，组成理事会，主要为猕猴桃产

---

① 赵晓峰：《新型农民合作社发展的社会机制研究》，社会科学文献出版社，2015，第 48 页。

② 〔美〕格兰诺维特：《镶嵌：社会网与经济行动》，罗家德等译，社会科学文献出版社，2015。

③ 郑阳阳、罗建利、李佳：《技术来源、社会嵌入与农业技术推广绩效——基于 8 家合作社的案例研究》，《中国科技论坛》2017 年第 8 期。

业提供技术支撑"（20170101－ZJC）。20 世纪 90 年代，受到全国农技推广体系改革的影响，眉县农技推广部门也经历了两次"断奶"①，大量农技人员流失，组织基础受到了冲击，难以发挥支撑猕猴桃产业的作用。这些技术骨干自发组织起来弥补了公益性农技推广力量的不足。② 协会在农技推广体系供给不足情况下发挥的作用得到了政府部门的关注与肯定。在政府部门的领导下，民间科技组织改组为眉县猕猴桃协会，其主要职责是推动猕猴桃产业的健康发展。2012 年底，为了更好地发挥协会在猕猴桃产业中的作用，政府推动协会改制，最终使其成为一个集新品种引进、试验示范、技术推广、科技培训、果品贮藏、加工销售于一体的专业技术协会。

目前，协会有理事 252 人，各类猕猴桃栽植户、科技示范户、科技推广人员及农村乡土人才等 1500 多户，涵盖了猕猴桃产业的全过程。改制后的协会承担着政府以及农技部门的部分职责，比如，协会需要开展标准化生产，定期组织技术干部下乡指导，讨论产业的突出问题，规范果品的生产环节等，这一方面说明协会被政府部门行政吸纳，③ 另一方面也说明协会主动嵌入社会治理之中。④ 这意味着，协会的改制具有涂尔干言及的"法团化"趋势，因为法团很重要的一个特征是"实现职业群体与经济活动之间的关联"，法团就是当时的职业团体，这种团体起初是自发形成的，后来则被纳入国家机构之中。⑤ 这些合作社负责人参与协会，而协会是主动嵌入政府治理之中的，因而可以认为合作社参与农技推广有着稳定的组织基础，合作社可以通过这一组织基础而获得政府部门的支持。总之，仅从农民合作社的创办者角度来看，这些创办者基本上都是协会的成员，而协会在某种程度上成为"法团化"组织，承担着部分农业治理的职责。

（2）从关系嵌入的角度来看，判定合作社与农技推广体系的关系程度

① 20 世纪 90 年代，当地政府觉得基层农技推广部门可以自主经营养活自己，两度削减或取消农技干部的工资待遇，导致大量农技干部离职或从事商业性技术服务，影响了公益性农技服务的供给。
② 陈辉、赵晓峰、张正新：《农业技术推广的"嵌入性"发展模式》，《西北农林科技大学学报》（社会科学版）2016 年第 1 期。
③ 蒋永甫：《政府与民间组织的合作伙伴关系及其建构》，《新东方》2016 年第 6 期。
④ 陈书洁：《合作治理中社会组织吸纳专业人才的制度环境与路径分化》，《中国行政管理》2016 年第 9 期。
⑤ 〔法〕涂尔干：《社会分工论》（第二版），渠敬东译，生活·读书·新知三联书店，2013。

有四个要素，下面分别对其进行分析。

第一，在互动频率上，合作社与农技推广体系的互动频率较高。在正式互动关系上，合作社参与协会后，每个月要求至少召开一次理事长扩大办公会议，与会代表包括农技推广干部、合作社负责人、村干部、技术骨干等，协会成员向政府提供产业发展存在的问题，获得政策信息服务，开展农户的培训工作。2006年以来，眉县农技推广部门依托西北农林科技大学开展合作，每月要求农技干部至少两次到合作社上门了解技术难题并提供技术支持。此外，在这些正式的互动关系外，双方还有大量的非正式互动行为。因而，不管在正式场合还是非正式场合，双方都有着频繁互动。

第二，在亲密程度上，农技干部与合作社的负责人保持着良好的私人交往关系。在调研中发现，一方面，农技干部在得知课题组要进入合作社时，他们往往直接就给合作社的负责人打电话，先亲切地问候几句，然后直接道明需要对方配合调查，而合作社的负责人往往也会热情地同意；另一方面，合作社的负责人在访谈中也会多次提及自己和某农技干部很熟悉，碰到问题后给他打电话，对方就会马上赶过来。合作社负责人与农技干部之间在长期的互动下，形成了较为稳定的私人关系。这种关系类似于黄光国所提及的"混合性关系"，不同于长久而稳定的情感性关系，也不同于崇尚公平法则的工具性关系，而是以人情法则为核心，其本质是特殊性和个人化的。[1] 上述多种表现意味着互动双方的亲密程度比较高。

第三，在关系持续的时间上，农民合作社与农技推广体系的往来较久。从上述合作社成立情况来看，虽然合作社的成立时间都是在《中华人民共和国农民专业合作社法》（以下简称《合作社法》）颁布实施以后，但这些合作社大多在成立之前，就与农技推广部门保持着密切的互动关系。比如，TH机械合作社、QW合作社和JQ合作社的前身就是本地的民间科技协会，后来才升级转型为农民合作社。在国家政策的支持下，这些民间科技组织不仅弥补了农业公共技术服务的不足，为农户从事经济作物生产提供了技术支撑，更成为农民合作社发展的母体。早在20世纪80年代初，这些技术骨干遇到技术难题就去请教农技干部，长期以来维系着良好的私人关系。

---

① 黄光国等：《人情与面子：中国人的权力游戏》，中国人民大学出版社，2010，第5~12页。

因而，农民合作社与农技推广体系的关系持续时间也比较久。

第四，在互惠内容上，农民合作社主要为农技推广体系提供新技术试验示范用地、农机器具的试验以及质量可追溯系统的建设等方面。关于新技术的试验示范很好理解，因为实验室的新技术落地需要经过地方的转化，才能大规模地推广给广大农户，而合作社就会首先承担起这个责任，一方面检验技术在当地是否具有可操作性，另一方面良好的成果也会直接展示给周围的农户，从而引导农户采用新技术。当然，新技术的试验示范也会伴随着风险，比如坡村 CH 合作社曾接受县上的"臭氧防冻技术"试验，给果树刷油后导致猕猴桃种植损失惨重。而政府部门推动质量可追溯系统的建设需要借助合作社、涉农企业才能完成，一般的散户因难以承担成本而不会接受。从上述四个方面内容来看，农民合作社对农技推广体系存在较强的关系嵌入。

总之，结合结构嵌入和关系嵌入两个方面来看，农民合作社是嵌入农技推广体系之中的，这不仅是合作社成立之初的选择，更是贯穿其发展历程的全过程。换言之，嵌入农技推广体系中的农民合作社，是理解两者之间关系的重要前提。

（二）处于分化中的农民合作社：类型特征与发展趋势

1. 类型特征

前文剖析了农民合作社与农技推广体系之间的嵌入性关系，接下来本节将呈现合作社之间的类型关系。在此，根据领办对象不同，将这 10 家农民合作社划分为三类：龙头企业领办型合作社、农村能人创办型合作社和村委牵头型合作社（见表 7－2）。

郭晓鸣等基于制度经济学的视角将中国农业产业化的进程归纳为三种模式，即龙头企业带动型、中介组织带动型和合作社一体化，并从组织形态、博弈关系、产权关系和劳资关系等方面区分了各自的制度特征。[①] 本节借鉴其分析思路，从组织形态、博弈关系和劳资关系三个方面将三类合作

---

① 郭晓鸣、廖祖君、付娆：《龙头企业带动型、中介组织联动型和合作社一体化三种农业产业化模式的比较——基于制度经济学视角的分析》，《中国农村经济》2007 年第 4 期。

社的类型特征揭示如下。

表 7-2 眉县 10 家农民合作社的类型特征

类型	农民合作社	特征
龙头企业领办型合作社	QF 合作社、QW 合作社、XFY 合作社、DWC 合作社、JQ 合作社	相对松散的组织形态；地位悬殊的博弈关系；资本雇佣劳动
农村能人创办型合作社	TJZ 合作社、TLD 合作社	相对紧密的组织形态；相对均衡的博弈关系；劳动雇佣资本
村委牵头型合作社	TH 机械合作社、CH 合作社、WC 合作社	紧密的组织形态；均衡的博弈关系；劳动雇佣资本

（1）龙头企业领办型合作社在成立之初，由于其具有较雄厚的资本和强大的组织行动能力，可以迅速地发展壮大。此类合作社还可以从政府部门获取大量的惠农资源。[①] 此类合作社的特征如下：第一，在组织形态上，龙头企业虽然通过协议等方式将广大小农户整合到农业生产之中，但企业和小农户是独立的市场主体，双方更多的是农产品的销售往来关系，因而组织形态比较松散；第二，在博弈关系上，相对于分散的小农户，龙头企业占有绝对的优势，其可以运用多种方式来获得更强的协商谈判能力，进而与小农户形成不均衡的博弈关系；第三，在劳资关系上，尽管龙头企业参与到合作社之中，但实际上，更多的是龙头企业利用其支配地位而进行"资本雇佣劳动"。这在一定程度上违背了合作社的本质属性，但处于相对弱势地位的小农户很难对企业形成有效的约束。总之，这类合作社发展起来后，因其实力较强、规模较大、影响较广，往往成为承接各级政府惠农资源的主体。但在合作社的内部管理方面，其规模较大且利益主体较多，因而经营管理的难度也相对较大。

从上文可知，QF 合作社、QW 合作社、XFY 合作社、DWC 合作社和 JQ 合作社这 5 家合作社都属于龙头企业领办型合作社。从实际经营情况来看，

---

① 熊万胜：《合作社：作为制度化进程的意外后果》，《社会学研究》2009 年第 5 期。

这些合作社在成立之初就有着丰厚的资本，足以撬动起更多的资源，但内部管理上难度也较大，如5家合作社就有2家因经营管理不善而濒临倒闭。也就是说，龙头企业领办型合作社起步可能快于其他类型的合作社，但在市场中面临的风险也比较大，更容易陷入困境。

（2）农村能人创办型合作社主要是指在《合作社法》颁布之后，农村社会里资源禀赋较好的一些人为获取更高的经济收益而成立的合作社。这类合作社只有少数可以发展壮大，其他的绝大多数只能艰难地发展，甚至很快就消失了。农村能人成立这类合作社，大多数是为了更好地谋取自身的私人利益。甚至这些领办者自身不太了解相关的法律政策，因而这类合作社的规章制度也相对不健全，社员之间没有形成稳定的交易关系，基本上2~3年就容易"散伙"。① 此类合作社的特征表现如下：第一，在组织形态上，农村能人与普通农户之间是一种相对平等的利益联结的关系，农村能人需要整合普通农户的资本，且对后者有着较强的依赖，因而这种关系相对比较紧密；第二，在博弈关系上，虽然合作社是由农村能人创办的，但合作社的决策机制、管理机构也会对其形成约束，如果农村能人无法满足普通农户的利益诉求，那么普通农户可以选择退社，因而双方呈现相对均衡的态势；第三，在劳资关系上，农村能人和普通村民之间相对均衡的关系使得双方都享有对合作收益的分配权利，可以通过适当的方式共同分享合作收益，呈现劳动雇佣资本的特征。总之，这类合作社在现实社会中比较普遍，但可能发展不长久，容易衰亡或者转变为法人企业。

TJZ合作社和TLD合作社就属于农村能人创办型合作社。TJZ合作社虽然是田村副主任创办的，但和村两委没有直接关系，田村村民都认为这是"家族企业"，而田村村支书也认为，TJZ合作社"纯粹是自己和自己合作，和村里没关系，迟早得摘它牌子"。2014年由于管理不善，该合作社多数农户纷纷撤资，TJZ合作社逐渐转变为家族企业，成为眉县众多的猕猴桃经销商之一。而TQ创办的TLD合作社刚刚起步，发展态势也比较好，在村民中的口碑也不错。在其父TZB和自身县政协委员身份的双重影响下，该合作

---

① 赵泉民、李怡：《关系网络与中国乡村社会的合作经济——基于社会资本视角》，《农业经济问题》2007年第8期。

社也可能会有不同于 TJZ 合作社的命运。

（3）村委牵头型合作社属于农村能人领办型合作社的一种特殊变形，此类合作社在组织形态、博弈关系和劳资关系上与农村能人领办型合作社大同小异，不过相比于后者，其建立的初衷有所不同。此类合作社最大的特色在于，某种程度上具有村级自我管理、自我服务的公共性质，因而以公益性服务供给为主。《合作社法》颁布后，各级政府对合作社的惠农资源倾斜日益增多，也有很多基层政府直接惠及村民自治组织的惠农资源，比如农机器具、化肥农药以及培训指标等。这就需要村委会成立相应的合作社来承接这类资源，以便更好地为所有村民提供相应的服务。当然，也有一些以村级组织为单位而成立的生产性合作社，主要与外来的生产主体进行合作。因而，合作社主要负责猕猴桃的生产环节，而后期的销售环节由外来的企业或合作社负责。

TH 机械合作社、CH 合作社和 WC 合作社 3 家合作社属于村委牵头型合作社。TH 机械合作社不参与直接农业生产过程，而是以为村民提供农机服务为主。坡村村委专门成立了 CH 合作社来发展猕猴桃基地，试图带动本村村民发家致富，后来因为坡村村委管理不善，CH 合作社转变了性质。王村村两委试图只承担县乡农机农具等物资来服务本村村民，因而牵头 1500 多户农户加入其他合作社，但其他合作社经营管理不善使得王村村两委重新思考合作社建立的必要性。村委牵头型合作社的发展道路比前两类合作社更为曲折，其中折射出很多值得思考的地方，因其与本书研究主题无关而不展开讨论。

从本节的三种合作社的类型特征来看，龙头企业领办型合作社的规范化程度最低，而农村能人创办型合作社和村委牵头型合作社的规范化程度相对较高。刘老石[1]曾把中国的合作社大致分为三类：第一类是由外来非政府组织或者大学科研院所参与的"真合作社"，这种严格意义上不算是农民主导的合作社，占了不到 20%；第二类是由种养大户或涉农企业领办的空壳合作社，这类合作社没有建立起正式的规章制度，占了不到 30%；第三类超过了 40%，是介于合作社与法人企业之间的农民合作社，这类合作社

---

[1] 刘老石：《合作社实践与本土评价标准》，《开放时代》2010 年第 12 期。

往往有规章制度却在实际中没有严格执行，而是发生了异化，也被称为异化的合作社。

在本研究调研的 10 家合作社中没有外来非政府组织或大学院校参与的"真合作社"，都是后面的两类，即"空壳合作社"与"介于真假之间的合作社"。相对而言，龙头企业领办型合作社和农村能人创办型合作社容易发生"大农吃小农"[1] 的现象。特别是龙头企业领办型合作社呈现"资本雇佣劳动"的特征，这表明这类合作社出现了为工商资本所改造的色彩，一些学者将这类追求资本利润最大化的合作社，称为"资本化的合作社"[2]。同样地，本书也借此提法，将这类遵循资本的逻辑，而非追求社员利益最大化的合作社称为资本化的合作社。需要说明的是，这类合作社并非生产关系上的资本主义，而只是生产形态上的呈现。

2. 发展趋势

值得注意的是，这 10 家农民合作社基本上都是在 2008 年之后才成立的（QW 合作社成立于 2007 年 10 月），特别是后两类合作社，更是近期才出现与发展起来的。这种现象一方面表明眉县猕猴桃产业仍然处于较快的发展之中，另一方面也表明眉县的猕猴桃专业合作社已经出现了越来越明显的分化，呈现鲜明的特征。农民合作社的发展趋势有着两个方面的体现：一是作为个体的发展趋势；二是作为组织的发展趋势。

（1）就作为个体的农民合作社的发展趋势而言，最与之相关的理论是企业生命周期理论。企业生命周期理论最早用于分析企业组织的演化路径，其主要认为组织如同有机体一样会经过产生、发展、成熟到衰落甚至死亡的全过程。国外有学者将企业生命周期理论直接运用到合作社上，并将合作社划分为五个阶段。国内学者借鉴了其划分阶段的研究方法，也提出了四阶段或者五阶段的划分方法。

本书拟采用四阶段的划分方法，即将农民合作社分为诞生期、发展期、完善期和分化期四个阶段。第一，在诞生期，随着《合作社法》的实施，

---

① 仝志辉、温铁军：《资本和部门下乡与小农户经济的组织化道路——兼对专业合作社道路提出质疑》，《开放时代》2009 年第 4 期。

② 何钧力：《农业资本化进程中的农民合作社经济实践》，载卢晖临等编《2017 北大清华人大社会学硕士论文选编》，中国发展出版社，2018。

合作社在各地政府的指导下纷纷成立。经过一段时间的探索，部分合作社由于市场经营不善或内部管理等问题会直接进入分化期中的衰退或者消亡，而其他的合作社摸索出符合自身发展的道路则会脱颖而出，从而继续完善自身与发展社员。第二，在发展期，合作社的规模越来越大，成员数量的增加也带来了成员异质性的难题，因而合作社管理体系也随之逐步完善，这一时期合作社积累了较多的盈余来进行扩大再生产，其主要任务是走向规范化、专业化和规模化。第三，在完善期，合作社在内部管理体系上会形成骨干社员对普通成员的支配性关系，[①] 而在外部关系上则会走向业务的纵向一体化和规模的横向一体化，业务的纵向一体化表现为农民合作社会拓展自身的业务，实现全产业链的覆盖；而规模的横向一体化是指，合作社会通过股份制等方式来完成资源的优化配置与集中，这会促使部分合作社消失，而其他的合作社则会进一步发展壮大。第四，在分化期，合作社有两条分化路径，一是维持合作社形式并逐步走上规范化发展道路，二是无法摆脱"异化"而陷入困境，要么转型为法人企业，要么步入衰退直到消亡。

根据上述四个时期的划分，我们可以将 10 家合作社一一对应起来。根据上文中对合作社的经营情况的介绍，可以将农民合作社分为继续走向规范化、转型为法人企业以及步入衰亡三种情况。首先，5 家龙头企业领办型合作社有 2 家（DWC 合作社和 XFY 合作社）显然已经走向了衰亡，其主要是内部管理问题，且都因为内部人太多，难以维系。比如，"DWC 合作社现在管理有问题，管理人员很多是自己家人，……很多辈分比他大的人在管理，比如，很多化肥质量有问题，他们还要找我们收化肥钱，也是这些管理人员搞坏了"（20161201 - JGS）。"XFY 合作社很招农民喜欢，自己也有品牌，不过因为（它）是家族企业，很难向银行贷款。"（20171227 - XXR）

其余的 3 家合作社（QF 合作社、JQ 合作社和 QW 合作社）克服了内部管理难题，建立起规范的现代企业制度，成功转型为法人企业。不过，这类合作社的合作色彩逐步退却，更多以企业的形式存在，表现为资本化的合作社。但由于规模较大、影响较广、资金雄厚，这类合作社占据主导地

---

① 赵晓峰：《新型农民合作社发展的社会机制研究》，社会科学文献出版社，2015，第 81 页。

位。其次，2 家农村能人创办型合作社中，TJZ 合作社没有经受住市场经济的波动，走向了衰亡。而 TLD 合作社正处于发展期，社长自身资源禀赋较好，见识较广，技术较硬，一旦克服成员异质性难题，可能会走向完善期。最后，对于村委牵头型合作社而言，它们不存在较大的经营压力，而主要是探索如何为本村村民提供更好的服务，因而容易被其他两类合作社整合进横向一体化之中。

（2）作为组织的农民合作社需要与其他组织打交道，而资源依赖理论正是在开放系统的基础上研究组织间关系，因而运用资源依赖理论比较贴切。资源依赖理论认为组织具有有限性，内部资源无法满足自身的需求，需要与外部环境进行交换，以便获得足够的资源以维持生存与发展，组织间的依赖关系使得组织间存在组织权力关系。该理论基于资源视角有一个重要的理论维度，即将依赖关系划分为两类：一是竞争性依赖，是指在同一市场领域内的组织因为具有利益矛盾和共同利益并存的情况，组织之间会呈现既竞争又合作的依赖关系；二是共生性依赖，是指在不同的市场领域内的组织，因为不存在或存在较少的利益矛盾，相互之间可以通过依赖而共同获益。合作社在农业领域中主要面对两种市场领域，即农业规模生产领域和农业生产服务领域。[①] 下面从这两种农业领域的角度分别分析不同类型合作社的依赖关系。

在农业规模生产领域，相比于农村能人创办型合作社和村委牵头型合作社，龙头企业领办型合作社具有更强大的资本实力，以及更广泛的规模群体，因而在农业规模生产领域中容易占据主导地位，也容易吸引政府部门的关注与扶持。这类合作社的优势主要体现在以下几个方面：注册资金远远高于其他两类合作社；社员规模较大，基本上正式社员超过 100 人；规模流转的土地范围较大，动辄几百上千亩；经营范围较广，基本上都建厂进行深加工，涵盖了产供销全过程。其他两类合作社在这些方面都远远不如龙头企业领办型合作社。因此，龙头企业领办型合作社在竞争性依赖上占据着优势，但也和其他两类合作社有合作关系。这是因为，当前猕猴桃

① 赵晓峰、赵祥云：《农地规模经营与农村社会阶层结构重塑——兼论新型农业经营主体培育的社会学命题》，《中国农村观察》2016 年第 6 期。

市场需求较大，各类合作社都处于猕猴桃市场的繁荣阶段。龙头企业领办型合作社兴建了大量的冷库，不仅售卖自己合作社的猕猴桃，也大量向其他合作社或散户收购猕猴桃。

在农业生产服务领域，各类生产性合作社都需要社会化服务体系的支持，不然无法进行相应的农业生产活动。农业社会化服务体系包括从农产品的种植端到销售端的全产业链过程，这在猕猴桃等经济作物中作用相当明显。赵晓峰和赵祥云根据江苏省射阳县的联耕联种模式提出了农业服务领域规模经营模式，即外来资本或合作社在地方政府或基层组织的引导下开展农业社会化服务，而农业生产则继续由农户负责，相互之间收益分明，这有利于农村社会的可持续发展。① 但在眉县调研时发现，龙头企业领办型合作社基本上都插足了社会化服务体系，纷纷成立自己的农资农机服务部或农资农机服务合作社，甚至部分合作社直接建立了农资农机服务公司。这些合作社试图借助自身的优势和政府的扶持，进入这个全新的市场。"2011 年，我估算猕猴桃种植面积有 20 多万亩，每亩地需要化肥 2000 ~ 5000 元不等，这可是几个亿的市场！"（20161231 - ZXK）与此同时，其他两类合作社还必须依靠政府或市场提供的社会化服务，才能维持生存与发展。这表明龙头企业领办型合作社对其他两类合作社共生性依赖较小。

因此，在作为个体的农民合作社方面，龙头企业领办型合作社一旦解决了内部的管理问题和市场经营难题，就可以成功地避免衰亡的命运，但很有可能走向法人企业；而在作为组织的农民合作社方面，不管是在农业规模生产领域还是农业生产服务领域，龙头企业领办型合作社相比其他两类合作社占据主导地位，对后两类合作社的依赖度较低。换言之，龙头企业领办型合作社运用横向一体化方式在农业规模生产领域中消除了竞争的不确定性，在农业生产服务领域中以垂直整合关系降低了与社会服务体系的共生性依赖。

在此，本部分指出农民合作社是嵌入农技推广体系之中的，且其发展趋势是龙头企业领办型合作社在农业生产中逐渐占据优势，这些构成理解

---

① 赵晓峰、赵祥云：《农地规模经营与农村社会阶层结构重塑——兼论新型农业经营主体培育的社会学命题》，《中国农村观察》2016 年第 6 期。

合作社与农技推广体系之间关系的前提。中国农民合作社在当前的发展阶段中，最主要的依赖资源是市场资源、人力和资金资源以及政府资源。[①] 市场资源、人力和资金资源显然很好理解，值得思考的是，为何龙头企业领办型合作社即使在农业生产中占据了主导地位也不放弃政府资源？资本化的合作社如何吸纳资源？合作社与农技推广体系之间的关系究竟是怎样的？回答这些问题需要回到眉县农民合作社的实践形态之中，进而剖析合作社与农技推广体系之间的关系。

三　农民合作社吸纳农技推广力量的表现与机制

作为开放系统中的组织，组织会采取多种实践行为来增强自身获取关键性资源的能力，也会主动地改变外部环境以减少甚至摆脱这种资源需求对自己的约束，这被称为吸收资源约束。[②] 同理，合作社不会被动地嵌入农技推广体系之中，而是采取多种实践行为来减少或者摆脱其对自身的约束。在此，本书将合作社改变与农技推广体系关系的实践行为称为吸纳。吸纳原意指的是在企业战略管理中，组织通过对外部知识的汲取和消化，达到将外部资源整合进企业内部知识的整个组织活动过程。在管理学中，组织吸纳能力意味着组织在原有基础上，可以提高组织的绩效水平和创新能力。相应地，合作社吸纳农技推广力量也会有效地提高其生存能力和发展潜力。在此，本节着重分析合作社吸纳农技推广力量的实践行为及其多重机制。

（一）农民合作社吸纳农技推广力量的多种表现[③]

本节中的基层农技推广体系主要是指县级农技推广部门、乡镇农技推

---

① 倪细云：《基于生命周期视角的农民专业合作社发展策略选择》，《管理现代化》2013 年第 1 期；毕誉馨：《资源依赖理论视角下农民专业合作社发展研究——基于山东省文登市的实证分析》，硕士学位论文，浙江大学，2009。

② 吕文晶、陈劲、汪欢吉：《组织间依赖研究述评与展望》，《外国经济与管理》2017 年第 2 期。

③ 本节部分内容曾在赵晓峰《推广的力量：眉县猕猴桃产业发展中的技术变迁与社会转型》（中国社会科学出版社，2017 年 8 月）一书中发表，详情请参见第六章"合作社：助力农技推广与三农发展"。

广部门和村农技员等。目前，眉县基层农技推广体系主要由以下几部分组成：县政府主管部门、县级农技推广部门（包括果业中心、果业局、农技推广服务中心、农业广播电视学校等）、乡镇农业综合服务站、村农技员、科技示范户和技术骨干。县政府主管部门的职能是领导和管理农技推广工作，其日常主要工作由县级农技推广部门负责。然而，县乡农技推广业务脱节、管人和管事职权分离，使得乡镇农技推广部门存在人员管理缺位、经费无保障、服务效率低下等问题。[①] 为此，县级农技推广部门只能"一竿子插到底"，通过培育技术骨干直接和普通农户进行对接。接下来，本节首先描述合作社吸纳地方政府等不同利益主体的实践形态。

1. 对地方政府：吸纳惠农资源

取消农业税费后，国家财政惠农资金主要是通过项目的形式发包到农村社会中。[②] 因而，地方政府掌握着农技推广项目的审批权，决定着惠农资源的分配方式。随着农民合作社等规模经营主体的形成，地方政府将更多的项目资源向其倾斜：一方面，合作社的经营规模较大，对技术推广带来的潜在收益期望值高，因而对惠农资源的需求量很大；另一方面，合作社的资金力量较为雄厚，社员规模较大，行动与组织能力较突出，向政府表达利益诉求的方式与渠道更多，更容易引起地方政府的关注。此外，合作社还自发形成了猕猴桃协会，通过协会与政府部门保持着密切的往来关系。由此，合作社相对于小农户，更容易表达利益诉求，吸纳惠农资源。在眉县调研中发现，合作社也更容易向地方政府表达利益诉求，并吸纳相应的惠农资源，从而推动自身的发展。尤以龙头企业领办型合作社的行为最为明显，具体表现在以下三个方面。

（1）在项目资金方面，主要体现为冷库项目资金补助和品牌店建设资金补助两部分。第一，在冷库项目资金补助上。2012年陕西省推行"百村百库项目"，规定对建立100吨以上冷库的主体一次性给予120万元的补助，小农户几乎不可能建设100吨以上的冷库，因而这些项目主要是针对规模经营主体，如QF合作社拥有的冷库容量为2万多吨，JQ合作社为6000多吨，QW

① 陈诗波、唐文豪：《乡镇农技推广机构"三权归乡（镇）"管理模式分析——基于山东省枣庄市的实地调研》，《中国科论坛》2013年第7期。
② 周飞舟：《财政资金的专项化及其问题——兼论"项目治国"》，《社会》2012年第1期。

合作社为 4000 多吨。第二，在品牌店建设资金补助上。眉县争取到陕西省的项目支持，对建立品牌店的合作社一次性给予 10 万元补助。当前，眉县一共有 20 家品牌店，其中 QF 合作社 7 家，JQ 合作社 5 家，QW 合作社 3 家。

（2）在农资农机项目方面，政府这部分项目主要有两个目标：一是用于完善基础设施建设，如引进农业机械、物理除害工具（如太阳能杀虫灯）、水利灌溉设施等；二是推广标准化技术操作，包含推广人工授粉技术、果园生草技术、生物防治技术、优质有机肥、果实套袋等方面。在农业机械上，县果业局会在国内外引进适用于猕猴桃种植的机械，如弥雾机、自走式多功能自动施肥机、秸秆粉碎机等，这些农业机械的费用普遍较高，比如秸秆粉碎机，一台小型粉碎机需要好几千元，一台大型粉碎机则需要几万元。政府部门会将这些农机农资免费发放给行政村和合作社，不过"项目会倾斜于发展好的合作社"（20161128－YJE）。这些合作社则在协会的框架下进行资源的分配，"眉县协会不是利益联盟，但相互之间的关系比较好"（20161130－QJS）。而农民合作社在获得惠农资源后会重新规划使用：依据与农户签约的时间以及合作的程度等标准，合作社将化肥、花粉等农资下发给一些优质农户，并规定只有信誉良好的农户才能使用农机。

（3）在技术培训项目方面，主要有职业农民培训和电子商务培训两部分。眉县农广校（农业广播电视学校）每年组织"阳光工程"项目和电子商务培训。2008 年起，农业部下发"阳光工程"项目，该项目的目标是培育新型职业农民，即以农业为职业的优秀农民。该项目参与条件较低，要求年龄在 16~55 周岁；而 2015 年开办的电子商务培训的参与条件并不低，招收要求为 16~55 周岁，人均年纯收入在当地人均年纯收入的 5 倍以上，有一定文化基础的农民或有志于以农业为业的人。2015 年招收了 2 个班，每班 50 人；2016 年招收了 2 个班，共 170 人；2017 年计划开设 4 个班，招收 200 人。报名人数较多，这是因为通过认证考核的人则享有一定的优惠政策，比如，取得职业农民资格证书的农民在贷款上享受政策优惠，银行可以提供更高的额度，政府也可以提供部分贴息资金补助等。农民合作社可以优先享有职业农民培训的推荐机会，并且，龙头企业领办型合作社可以直接参与电子商务培训。比如，2013 年，JQ 合作社试水电商业务，专门成立了"信息部"来负责运营管理，并计划在本部 2 楼建立电商孵化中心，与政府合作开设各类电子商务培训班。

2. 对农技推广部门：倒逼技术供给方式变革

冯小在皖南平镇发现，政府推动农地规模流转会促使新型农业经营主体迅猛成长，而一旦成长起来新型农业经营主体便会产生反向驱动力，倒逼农业产业链条中的社会化服务体系的转变。① 本研究认为，农民合作社不仅对农技推广部门有着强烈的技术需求，也会倒逼农技推广部门的技术供给方式变革。这主要是因为农民合作社的经营规模较大，给技术带来的潜在收益期望较大，因而比较重视农技推广，对农技推广部门所提供的农业技术服务也有着巨大的需求。合作社倒逼农技推广部门的技术供给方式变革，主要体现在以下四个方面。

（1）在水利灌溉设备上追求规模化。合作社追求喷灌覆盖面比较广的设施，能够一次性满足几十亩地的施肥灌溉要求，而小农户喜欢分组分户喷灌的设备，农技推广部门主要是回应了农民合作社等规模经营主体的诉求，在农地上主要引进与配置了大型喷灌设备。五村村民表示，"自动喷灌的设施现在很少用，不符合小农户（的需求），启动一次要浇灌20多亩地。之前也有一些人合作，但是现在很少。比如，有些人已经喷灌了，但是有些人还没喷灌，容易有一些矛盾，并且这个费用比较高——虽然省时省力"（20161201 - JGS）。

（2）在农业机械上追求专业性。眉县果业局这些年引进了国内外大量的农业机械，一般引进的农业机械主要提供给村委会和农民合作社试用，并"向发展好的农民合作社倾斜"。这就相当于农技推广部门首先引进农业机械，为农民合作社减少了试用的风险。比如，这两年农技推广部门给 QF 合作社引进了两架60万元的喷灌飞机、18万元的进口打药机、4万元的国产小型打药机等。这些农业机械需要专业人员操控，对使用者的素质要求比较高，这不仅不符合小农户的技术需求，也对小农户形成门槛效应。对此，面对"小农如何实现机械化"的问题，农业局的副局长也表示，"这个问题需要共同探讨"（20161128 - YJE）。

---

① 冯小：《新型农业经营主体培育与农业治理转型——基于皖南平镇农业经营制度变迁的分析》，《中国农村观察》2015年第2期。

（3）合作社与农技推广部门在农资供应上开展基础性合作。为降低自身对农技推广部门的依赖程度，加大自身对农资供应的控制力度，合作社与农技推广部门开展基础性合作。例如，在花粉上，QF 合作社不满足于对这项技术的市场需求，而是试图直接掌握这项技术。2016 年初，QF 合作社专门成立了研发室，聘请浙江一位崔教授作为技术顾问，准备自主量化生产。"目前已经研发成功，明年可投入使用，基本上能够满足我们的需求。我们下一步的目标是在全县范围内推广花粉，做花粉市场的'捣乱者'。"对此，QF 合作社的社长还表示，"政府部门有 30% ~ 40% 的人不接地气，不反映农户的真正需求，怎么做到和农户紧密挂钩"（20161230 - QF）。QF 合作社还试图跨过农技推广部门直接和科研院校开展合作，如和陕西省科技局的猕猴桃研究中心以及西北农林科技大学的农学院进行对接，准备高薪聘请技术人才。这就使得农技推广部门对合作社产生较大的依赖性，更容易向其倾斜技术服务，最终与合作社形成较为稳固的关系网络。

由此可见，从水利灌溉设备、农业机械和技术研发几个方面可以发现，合作社对农技推广部门的技术服务体系产生了巨大的影响。当前的农技推广部门所提供的农技服务更符合规模经营主体的需求，而不太能满足小农户的技术需求，并且龙头企业领办型合作社对农技推广部门的依赖性远远低于其他两类合作社，因而这类合作社对农技推广体系的影响更为深远。

3. 对农村技术骨干：聘请或者雇用

前文已经论及，为持续开展农技推广工作，县级农技推广部门将农村技术骨干作为对接普通农户的主体。经过十几年的培育，这些技术骨干在眉县猕猴桃产业的发展历程中发挥了重要作用，也赢得了普通农户的高度认可。陕西省现代猕猴桃产业技术体系首席科学家表示，"这些（技术骨干）的水平有多高，一个地方的产业水平就有多高。这是我们这些年摸索出来的经验，一般果农不会听我们的，而会听他们（技术骨干）的"（20161121 - LZD）。因而，这些懂技术、会经营、善于分享作物技术的技术骨干也就赢得了普通农户的高度认可。这些技术骨干被当地人称为"田教授"。

不仅农技推广部门依赖这些技术骨干，合作社也相当依赖他们。合作社的依赖主要表现在两个方面。

（1）聘请高水平的技术骨干作为合作社的技术顾问。高水平的技术骨干是一些较早从事猕猴桃种植的农户，他们在长期的作务中已经逐渐摸索出一套符合当地作务的技术，有的还总结作务经验发表在《农业科技报》上，参与《猕猴桃实用技术》书籍的编写等，在农村社会中具有较高的权威。总体而言，这些技术骨干具有丰富的作务经验、熟练的问题解决能力，也善于总结与表达，自身收入水平也比较高。比如，2005年，某农户便以3亩多徐香猕猴桃卖出3.6万元的高价而引起轰动。合作社将这类技术骨干聘请为技术顾问，一方面让其分享传授种植经验，从而带动社员农户的整体技术水平；另一方面可以借助其权威来提高合作社的影响力，增加组织的无形资产。以田村为例，由于起步较早，田村涌现了好几名能力突出的技术骨干，QF合作社长期雇用一名技术骨干TZB，"田师傅的能力比较强，200元一天，其他人（一天）只有100元"（20161231－ZXK）。

（2）雇用做代办的技术骨干作为基地服务站站长。农村经纪人在农村社会通常被称为"代办"。代办通常被认为是"一只手握着市场的需求，一只手牵着农民的产品"，在小农户与大市场之间发挥着重要的桥梁作用。随着猕猴桃产业的发展，眉县也产生了大规模的代办群体。这些代办不仅技术水平较高，且都有外出经商的经历，拥有良好的社会关系网络，因而合作社或外地客商都愿意与之合作。农民合作社与这类技术骨干的合作可划分为两个阶段：一是松散的合作关系阶段，合作社和代办都是独立的经济主体，双方主要是委托与被委托的合作关系，同一个代办可以与不同的合作社进行合作；二是正式的雇佣关系阶段，即合作社雇用代办型技术骨干作为基地服务站站长，以便提高基地服务站为社员农户提供服务的能力，这实质上是将松散的合作关系转变为正式的雇佣关系，这在当地被称为"代办转型"。QF合作社、QW合作社和JQ合作社这几家龙头企业领办型合作社都在推动"代办转型"。

以QF合作社为例。目前，QF合作社已经建立了76个基地服务站，计划在未来2～3年建立起100个基地服务站，每个服务站设立站长1名，每个服务站管理与服务附近50亩本合作社会员的农地。总服务面积为5000多亩农地，辐射面积为5万多亩农地，基本上覆盖了眉县当地的猕猴桃优质产地。这些站长不是随意选择的，而是综合作务水平、管理能力与沟通能力等多方面标准才选拔出来的。合作社通常会选择在签订了订单农业的村庄设置代办，再根据种植规模的大小来确定具体的代办人数，遵循的是"本村人管本村"原则，比如，QF合作社在田村建立了3000亩有机猕猴桃生态基地，因而选择了3名代办分别管理3个村民小组。合作社对这些代办较为依赖，因为需要借助他们的人际关系网络才能迅速地进入某个村庄，从而打开服务市场。QF合作社选择以直销化肥作为基地服务站的重要部分，农户刚开始是不认可的，觉得合作社跨界做农资且价位过低，没有多少果农相信是真货，各个村庄的代办就发挥了重要作用，"化肥需要我们动用私人关系才能售卖出去"（20161231-ZYC）。因而，在某种意义上，合作社也是嵌入村庄内部的，必须通过村庄原有的社会关系才能进一步打开市场。

这些代办转型为基地服务站站长后，必须具备以下四种基本能力：第一，较高的作务技术，可以识别相关的病虫害，并及时反馈给公司相关的农田信息；第二，懂得基本的办公软件操作，合作社正在开发相关的软件来进行登记与管理果农、农资情况等，以便实现信息化与质量可追溯系统；第三，具备基本的农资经营理念，将农资农肥通过一些渠道售卖出去；第四，懂得操作与管理基本的农机，对于管理规模较大的地区专门配备基本的农机，以方便本区内的管理。"未来的站长必须是能力较为突出的，作为联系广大果农的重要桥梁，沟通能力要好，学习领悟能力好。之所以要求学习能力要好，是因为代办在未来3年内经过专业的技术培训后，需要获得中级以上的农艺师资格证。"（20161231-ZXK）目前，这些服务站站长的收入主要由两部分构成。第一，售卖农资的收入。以2016年秋季化肥售卖为例，将农资化肥划分为菌肥和复合肥两种，执行不同的优惠政策：销售菌肥10吨以下，代办费5元/袋；销售菌肥10吨（包括10吨）以上，代办费6元/袋；销售菌肥30吨以上，代办费7元/袋；销售菌肥50吨以上，代办费8元/袋。复合肥5元/袋。第二，收购猕猴桃的中介费用。这些年一般执行的是，徐香猕猴桃中介费每斤2分钱，海沃德猕猴桃中介费每斤3分钱。以后，QF合作社还会逐步将农机管理下放到各个服务站，由站长收取部分人工费和燃料费。

总体而言，合作社聘请或者雇用这些技术骨干，将他们纳入合作社的发展之中，极大地降低了这些合作社对外部技术与人才的依赖。合作社依据农村技术骨干的自身能力特长，将其分别聘请为技术指导或雇用为基地服务站站长，完成了组织内部的垂直化整合，增强了自身对关键交易的控制。

4. 对普通农户：托管模式与农地流转

普通农户既是基层农技推广体系的主要服务对象，也是农民合作社的主要服务对象。如何处理好与社员农户之间的关系一直是合作社最重要的问题之一。眉县农民合作社对这一问题探索多年，最终推行"会员制"，并在会员制的基础上进行土地流转。下面以 QF 合作社为例，简要说明合作社的"会员制"、托管模式和农地流转的建立过程，以及合作社是如何将广大普通农户整合进合作社组织之中的。

（1）在眉县合作社的发展中，会员制的推行是对之前订单农业的取代与升级，因为订单农业协议无法有效地约束合作社和农户的行为，受市场行情变化、自然气候等因素的影响，双方都可能出现违约情况，这容易导致双方出现合作难问题。在合作社与果农签订合同时便规定，果农如果违约出现早采或者卖给其他客商，则需要向合作社退回定金以及化肥费用；如果合作社未履行约定没有及时收购猕猴桃，则果农可以扣下定金并拥有自主售卖猕猴桃的权利。在村委会的见证下，双方签订了该合同协议。不过，在市场行情变化、自然气候的影响下，合作社与果农之间的关系并没有达到足够的信任度，双方都会出现一些违约的情况。但是在县政府、村委会的外在调解之下，双方可以有效解决争端。因而，眉县合作社以"会员制"取代"合作制"，并将普通农户划分为优质农户和弱势农户两类，吸纳优质农户为会员的同时，也在排斥弱势农户，以此解决合作社与社员农户合作难的问题。会员制的主要内容如下所示。

A. 在会员选择上。会员选择要求满足以下条件：首先，农户的农地必须处于优质土壤地区，因为一些沙土地和低洼地种植出来的猕猴桃品质不好；其次，农户自身素质必须较好，要求具备一定的文化基础，技术作务能力较强，人品诚信水平高。只有满足这些基本条件才具备发展为会员的资格。

B. 在会员管理上。对会员实施以信誉度为核心的管理制度，每位会员刚加入时有 5 分基础信誉度，参加技术培训、购买农资化肥或者提出技术革新等都会有加分，而出现违约、不按时参加培训、滥用化肥农药等则会被减分；农户一旦被扣除到 0 分时会被取消会员资格；每位会员必须定期参加培训活动；要求每位会员在 3 年内考取中级农技师证书，否则也会被取消会员资格；等等。

C. 在会员等级上。合作社计划在眉县发展 800 多位会员，将所有会员划分为一类和二类，一类会员保证在 500 名左右，这些会员可以享有免费的高品质化肥直供、免费的机械化农技服务、全程的技术指导与技术培训，最后对其猕猴桃园里的所有果子都会统一收购，除此之外，一类会员还可以享受利润分成；二类会员则不定数量，这些会员可以享有部分减免的高品质化肥直供、免费的机械化农技服务、全程的技术指导与技术培训，其猕猴桃果基本上会被收购。

（2）随着会员制的实施，QF 合作社开始推广托管模式。托管模式主要是针对眉县已经建立了猕猴桃园的基地，其目的是应对高标准出口的要求，实现从源头上高度重视猕猴桃种植标准化目标，解决猕猴桃品质的问题。高标准意味着更高的资本投入与技术要求，单家独户的小农户很难负担得起。QF 合作社则有这方面的优势，可以集中投入使用相关的资金、技术与人力等，保证猕猴桃生产标准化，并做到从源头到终点的全程质量可追溯系统。从目前来看，QF 合作社的托管模式分为两类：半托管模式和全托管模式。

A. 半托管模式主要针对签订协议的社员，合作社为社员提供农资、农机等方面的"一站式服务"，这种模式主要由四部分构成。第一，技术指导。合作社自主成立技术服务队，将农技推广部门、技术骨干等吸纳进组织内，为社员提供标准化技术服务。初步统计，2015 年 QF 合作社组织了 100 场左右的各式讲座，极大地推动了农技推广。第二，农资直销。QF 合作社直接和国内外优质的农药厂和化肥厂开展合作，引进菌肥、有机肥、第四元素以及杀菌药等各种农药化肥，通过各个基地服务站将这些农资农肥按成本价售卖给农户。合作社还附带供应其他农资，以此为农户服务。从 2014 年到 2016 年底，QF 合作社按成本价售卖化肥共计 1000 多万吨，直接拉低眉县的化肥价位 10% 以上，极大地降低了农户的生产成本。第三，农机服务。通过承接县上农技推广部门和自行购买的方式，QF 合作社购置了大量的农机并组建了机械服务队，免费为会员提供部分修剪树枝、人工授粉、抹芽等服务。目前 QF 合作社已有喷洒农药无人机、农药喷洒农机、弥雾机、悬耕机、割草机和秸秆破碎还田机等常用农机，正准备购置其他农机。第四，高标准收购。每年开春季节，在田村村委会的见证下，QF 合作社与农户签订协议。在收购价上实行保底价加补助的方式，以高于市场价几毛钱来收购猕猴桃。

B. 全托管模式存在较大规模的土地流转或土地承包，将一些农户的农地成片地流转到一起，由合作社全面负责管理，这也是与半托管模式最大的不同。全托管模式试图达成以下两个方面的目标：一方面做到猕猴桃从开花到进入市场的全程监控；另一方面促使猕猴桃产业走上标准化农业产业道路。全托管模式由以下几个部分组成：第一，设立基层服务站站长，这些技术骨干懂技术、会经营、善管理，其职责是管理好附近 50 多亩农地，及时反映相关的病虫害信息、果农信息以及农资农肥农药的使用情况，工资待遇由 QF 合作社负责发放；第二，小面积土地流转，将村子中作务水平低者、年老体衰者以及无意经营者等的果园农地集中成片流转，经过几年的集中改造后，建设成为标准化猕猴桃种植基地；第三，打造优质的农技服务队，开展自主自营服务，为基地提供标准化的抹芽、施肥、打药、摘果等全环节"一条龙服务"；第四，其他配套服务，比如巡逻队抽查、质量监管系统、财务专项管理等，从而最大限度地保障全托管模式的推行。总体而言，全托管模式一方面有效地解决了农产品如何标准化种植的问题，另一方面也回应了合作社与社员难相处的问题。

（3）随着会员制的推行，合作社进一步进行土地流转。为扩大猕猴桃的种植规模，发展综合性生态农业，眉县合作社将种植小麦、玉米等粮食作物的土地集中流转为生态农庄，试图获得更高的投资回报。全托管模式中的农地流转只是小规模的农地流转，种植作物的性质没有发生变化，而 QF 合作社在眉县秦岭山脚下大规模流转了 800 亩小麦地用于发展生态农庄，这不仅深刻地改变了当地的种植生态，也吸引了大量的农技推广部门的资源投入。该生态农庄目前已有 800 多亩地，规划建设 1000 亩有机猕猴桃生态基地。整个基地从建园开始就遵循 3 米×4 米的标准化猕猴桃作务技术，基地全部使用铁丝网搭建，不仅美观平直，而且抗风性能好。基

地的猕猴桃苗木从省果树所中心直接引进，作务技术是从新西兰引进的
"一枝两蔓"，不仅操作简便，人工技术投入小，而且观光采摘比较美观
漂亮。目前园区已经全部采用"十项标准技术"，所需项目投入较大。以
水肥一体化技术为例，水肥一体化也属于眉县 GEF（三期）项目节水灌
溉示范基地，全称是水肥一体化薄膜滴灌技术，按照同期市场价格，仅这
一个项目，每建设 500 亩地，地方政府就需要配套投入至少 200 万元。在
农地规模流转上，QF 合作社给予这些农户每年每亩 1000 元的租金，并可
以提供就业机会，但 QF 自己也承认，"尽可能减少人工投入，才能赚钱"
（20181230 - QF）。目前，该农庄有着多重用途，可作为猕猴桃种植示范
基地、学生科普训练基地、员工素质拓展基地、观光旅游基地等使用。眉
县政府仍然计划建设此类公园 8 个。各大合作社纷纷采取行动，与政府进
行合作开展农地规模流转，比如 QW 合作社在靠近扶风县的某村流转了
500 多亩农地准备建设现代农业基地，JQ 合作社在靠近秦岭脚下的某村流
转了 520 多亩农地。

由此，在政府部门的支持下，农民合作社推行会员制将广大农户进行
整合，实施土地流转导致小农户逐渐退出农业生产，最终重建了其与农业
种植端的关系。

（二）农民合作社吸纳农技推广力量的多重机制

从上述农民合作社吸纳农技推广力量的实践行为可以发现，合作社的
吸纳行为既受到了多元利益主体的外部推动，也受到自身利益诉求的内在
推动。因而，本节通过分析合作社的吸纳行为，进而揭示其吸纳行为得以
实现的多重机制。

1. 中央政府的政策引导

作为农民自发形成的互助性经济合作组织，合作社本身具有弱质性和
反市场性，需要政府为其提供扶持与保护。为此，中央政府出台了一系列
的惠农政策推动合作社的发展。比如，在《合作社法》执行一年后，全国
人大常委会曾在各地进行调研，检查《合作社法》的执行情况。常委会已
经注意到合作社发展不规范的问题，但为了推动合作社的发展而主动放宽
执法尺度，"法律实施中要正确处理规范性和包容性的关系"，并督促各地

"尽快落实法律规定的政策优惠措施"①。这意味着在国家层面，中央政府为农民合作社的发展提供了必需的宽松的政策环境。这种逻辑也被一些鼓励合作社发展的地方政府工作人员认为是"先长发再理发"②。

在这种宽松的政策环境下，眉县地方政府和农民合作社有着较大的运作空间，这主要体现为以下两个方面。①地方政府在合作社管理上没有严格规范执法。由于中国国家治理体系是"上下分治的治理体系"，在中央政府无法对地方政府实行有效监督与约束的情况下，地方政府出于自身利益的考虑可能会默认合作社的"造假行为"，甚至主动参与其中。③当地政府在一定程度上认为部分合作社某种程度上蜕变为法人企业，只是形式上具备合作社的色彩。但当地政府也会默许这些合作社争取示范社等优惠政策，并主动将很多惠农资源引导向这些合作社。比如，眉县试图在各个乡镇都打造一个主题公园，而进行合作的基本上都是当地龙头企业领办型合作社。②部分农民合作社在政策诱导下会主动吸纳国家资源。农民合作社的成立条件比较宽松，这为合作社吸纳政府惠农资源或涉农项目提供了便利，也为部分农村能人或涉农企业套取项目资金提供了便利。"5个农村户口加1个城镇户口就可以成立合作社，国家政策是好的，但方针细节不足，出现了很多套取国家项目的合作社，据我估计80%左右的小农户是挂名头的。比如，武功县某四川老板投资1500多万元流转了800多亩地，后来被补上了国家级合作社，这种先建后补的太多了，政府也喜欢干锦上添花的事情。"（20161230 - ZXK）这也表明了，不管合作社的"真""假"，只要合作社的规模较大，向政府部门表达利益诉求的能力较强，就容易吸引地方政府的关注与扶持。

2. 农业资本化的内生需求

黄宗智和高原较早指出，中国农业领域出现了"旧农业"和"新农业"两种农业，这两种农业都表明中国出现了农业资本化的事实，并且这种农

---

① 乌云其木格：《全国人民代表大会常务委员会执法检查组关于检查〈中华人民共和国农民专业合作社法〉实施情况的报告——2008年10月27日在第十一届全国人民代表大会常务委员会第五次会议上》，《中华人民共和国全国人民代表大会常务委员会公报》2008年第7期。
② 严海蓉、陈航英：《农村合作社运动与第三条道路：争论与反思》，《开放时代》2015年第2期。
③ 赵晓峰：《农民专业合作社制度演变中的"会员制"困境及其超越》，《农业经济问题》2015年第2期。

业资本化主要是由广大小农户推动的。^① 就本书探讨的猕猴桃产业而言，属于黄宗智所言的"新农业"的范畴，即呈现高产值高投入特征的资本与劳动力双重密集型农业。黄宗智所说的"资本化"是指"单位土地资本投入的增加"，这是在生产资料层面提出的。在此，以来自田村的一份产业发展报告^②为例，说明猕猴桃产业中农业资本化的表现。

案例1："猕猴桃产业是高投入高回报的产业，科学作务，合理负载是关键。10 年以上树龄的徐香品种，按 4×3 的标准栽植 110 棵，亩产量控制在 6000~6500 斤，10 月上旬成熟采收，每市斤 3 元，亩产值 18000 元。投入成本：冬季施农家肥每亩 9 方 1200 元，3 月份催芽肥每亩 264 元，6 月份壮果肥每亩 320 元，生物菌肥每亩 360 元，灌溉 4 次，每亩 120 元，劳务费 1200 元，合计 3464 元。每亩纯收入 14536 元。

秦美品种每亩纯收入 6500 元左右。

海沃德品种每亩纯收入 12000 元左右。

一般农户每亩纯收入占示范户的 70% 左右。"

由此可见，猕猴桃产业作为一种新农业，对于资本的需求较大。仅从单位面积的资本投入来看，每亩猕猴桃的直接投入在 3500 元左右，这还未算上农户自己不计成本的个人劳动力投入。上文的 1200 元劳务费是指农户短期雇用他人从事猕猴桃的作务费用，包括剪枝、打药、除草、涂粉、采摘等环节。相应地，农户对化肥等的需求量也较大，一大半的支出都花费在化肥上。猕猴桃产业不仅需要投入的资本较大，而且劳动力需求也较大。"按照市场条件来说，一家人最多种 10 亩地，少一些要 7~8 亩地，5~6 亩地就不行了，还不如出去打工。"（20161201–JGS）对于当地一些种植 10 亩以上的农户，在农忙季节就需要请雇工帮忙，否则一家人根本忙不过来。

作为一种资本、劳动力双密集型产业，猕猴桃产业的资源集聚效应相当明显。从个体农户的角度可以发现，农业资本化对成本投入的需求较大，农户在不计个体劳动力成本的情况下才能保证较高的利润收益。这就意味着，合作社等规模经营主体进入猕猴桃产业后首先需要降低劳动力的支出

---

① 〔美〕黄宗智、高原：《中国农业资本化的动力：公司，国家，还是农户？》，《中国乡村研究》2013 年第 1 期，第 28~50 页。

② 参见《田村猕猴桃产业发展报告》。

成本，否则利润空间将微乎其微。而农业资本化的内生需求为合作社提供了向国家争取项目资源的合法性外衣，合作社可以代表广大小农户向国家或政府提出合情合理的要求。但在向政府部门争取项目上，广大农户不如合作社等规模经营主体有利。

农业资本化的内生需求使得合作社可以轻易地争取国家的支持，而政府部门自身也有动力借助合作社推动农业转型，这就为合作社吸纳农技推广力量提供了便利条件。同时，农业资本化的资源集聚效应越发明显，大量的惠农资源也流向了合作社。因而，农业资本化产生的内生需求为合作社吸纳农技推广力量提供了根本动力。

3. 地方政府的政绩驱动

地方政府在国家政策执行中发挥着重要的作用，总体上会遵照上级政府的政策导向，但受到自身利益的驱动，地方政府可能会出现与中央政府政策规定不相符合的情况。在中国长期以来大力推动规模经营主体的背景下，特别是在晋升锦标赛体系的驱动下，地方政府的主要领导在政绩驱动之下，会将发展规模经营作为一项政治性任务。[1] 在合作社的发展之中，地方政府会在一定资源约束的情况下，将有限的资源引导到能够带来明显政绩的扶持对象上，这就意味着地方政府会偏向龙头企业领办型合作社。不仅因为这类合作社能够以较大的规模和强大的组织动员能力迅速达到地方政府的要求，而且因为这类合作社有能力和意愿向地方政府输送足够的利益。[2] 当然，这种政治导向主要发生在以农业为主的地区，眉县正好符合这一条件。

眉县的工业基础较为薄弱，目前只有部分乡镇才建立起工业园区，大部分地区还是以农业产业为主。长期以来，眉县以农业作为主要的产业基础，20世纪50年代起就开始推动苹果产业的发展，80年代末开始大力推广猕猴桃产业。目前，眉县总的耕地面积有35.2万亩，而猕猴桃园地就超过了30万亩，因而猕猴桃产业已经成为眉县的主导产业之一。眉县政府多次强调，"把鸡蛋放在一个篮子里"，"举全县之力，打造百年大产业"（20161128 - YJE）。

① 孙新华：《规模经营背景下基层农技服务"垒大户"现象分析》，《西北农林科技大学学报》（社会科学版）2017年第2期。
② 赵晓峰：《农民专业合作社制度演变中的"会员制"困境及其超越》，《农业经济问题》2015年第2期。

县政府的这种政绩驱动主要体现在以下几个方面：①制订猕猴桃产业长期规划；②培育建设公用品牌和重视"三产一标"工作；③推动当地的质量可追溯系统建设；④强化品牌宣传与推介；⑤开展科技入户工程。眉县不仅每年为科技入户工程提供 20 万元的活动资金，而且为参加猕猴桃技术推广的农技干部提供职称评审的优惠政策，并且硬性要求眉县主要领导必须了解猕猴桃相关知识，比如，"眉县的党课叫我去上，县委书记要求各个部门一把手都在"（20161121 – LZD）。

从眉县政府的实践来看，当地政府对猕猴桃产业极为重视，不断推动产业的标准化和品牌化建设。而产业的标准化和品牌化建设需要依托规模经营主体，这是因为政府难以对接成千上万的小农户，只能依托合作社等规模经营主体才能有效降低政策执行成本，达到农业治理转型的目标。[①] 眉县政府推动规模经营主体，不仅回应了现代农业转型的呼声，也符合地方政府的政绩驱动。因为当地政府将猕猴桃产业作为一项政治导向来推广，会在政绩驱动下扶持能够符合利益需求的合作社，在这种情况下，龙头企业领办型合作社更容易得到地方政府的帮扶。因此，在眉县政府政绩驱动的政治导向下，合作社可以通过适应实践或建立联盟实践来获得政府资源。

4. 农技推广部门的行政利益考量

农技推广部门即使受到了当地政府部门的领导和管理，但也有着自身的利益考量。孙新华[②]发现农技推广部门会基于降低交易成本和行政风险的考量，而向当地的大户等规模经营主体提供倾斜性农技服务。这一方面是因为基层农技部门无法有效对接成千上万的小农户，另一方面则是规模经营主体经营的范围较大需要农技部门防范可能出现的问题。在眉县的调研中发现，除了当地政府一心推动产业的发展，农技推广部门向合作社等规模经营主体倾斜更多资源有着以下两个原因。

（1）凸显工作绩效。农技推广部门的主要职责是提供农业技术服务，但其工作的开展受到两方面的约束与限制。A. 基层农技推广部门行政化及其职能弱化。第一，基层农技推广部门行政化。国家新一轮的农技推广体

---

① 龚为纲、张谦：《国家干预与农业转型》，《开放时代》2016 年第 5 期。
② 孙新华：《规模经营背景下基层农技服务"垒大户"现象分析》，《西北农林科技大学学报》（社会科学版）2017 年第 2 期。

系改革很大程度上解决了体系不顺等难题，但也加剧了农技推广队伍行政化。[①] 不仅乡镇农村综合服务中需要配合乡镇政府，围绕着党建、计生以及维稳等中心工作开展具体事务，县级农技推广部门也出现了业务工作行政化，农技干部逐渐脱离了业务工作，不太了解一线工作。比如，某农技推广干部的话很有代表性，"我感觉现在国家的大环境不好，业务工作行政化了。如果你做业务，你不去下乡怎么指导工作呢？我原来是业务好手，但是这些年都不知道业务了"（20161129 – ZSC）。第二，基层农技推广部门职能弱化。在经过 90 年代的两次"断奶"和 2012 年的乡镇综合改革后，县级农技推广部门被削弱，"感觉瘸了一条腿"，处于"有钱养兵，没钱打仗"的境地，"在当前县乡两级管理体系中，名义上是五级，但是已经没有五级了。我们现在是一竿子插到底，有些培训还是需要下面的乡镇帮忙组织，否则就很难开展工作"（20161129 – ZSC）。不仅如此，目前农技推广部门还面临着青黄不接和人员素质参差不齐。以县土肥站为例，改制之前有 21 个编制，包括测报组、防治组、检疫组和试验组 4 个小组，经过改制后的土肥站只有 11 个人，其中 4 人退休，目前只剩下 7 个人，只能做一些基础性的推广工作，而无法开展具体的试验工作，并且土肥站真正做工作的只有 4 ~ 5 个人。B. 向农户推广的难易程度。当前在眉县主要从事农业生产的还是四五十岁的中老年群体，农技推广干部坦诚"和这些四五十岁的农民宣传技术相当困难"，担任技术骨干的坡村副主任也直言"和他们宣传新技术很难，农民要眼见为实"。相比于和成千上万的小农户做技术推广，合作社的带动能力强，辐射范围广，更容易凸显工作绩效。因而，在新型农业经营主体兴起的当下，农技推广部门会将有限的惠农资源用来扶持合作社，这不仅工作量较少，而且工作成效显著。

（2）防范未知风险。在基层治理"不出事逻辑"[②] 的主导下，农技推广部门要预防风险事件的发生，就需要谨慎地对待各种可能发生的风险。农业属于弱质性产业，容易遭遇市场风险和自然风险的双重冲击，这就使得农技推广部门需要谨慎对待农业产业发展中的问题。我们在眉县调研中，

---

① 胡瑞法、孙艺夺：《农业技术推广体系的困境摆脱与策应》，《改革》2018 年第 2 期。
② 贺雪峰、刘岳：《基层治理中的"不出事逻辑"》，《学术研究》2010 年第 6 期。

经常听闻受访者担心猕猴桃产业的现状与未来发展情况。为了应对这些可能出现的风险，农技推广部门主要采取以下方式来降低可能出现的行政风险。第一，推动猕猴桃产业标准化生产体系建设。眉县通过扶持合作社建设标准化生产体系，推动质量可追溯体系的建设，从而覆盖农业生产全过程。这些技术最佳的接受者是各类合作社，这些合作社因为其自身的规模较大，对技术需求也较大，也有着较大的动力来寻求改变，而这些合作社采纳技术后容易对其他的小农户产生示范作用。第二，解决土壤水质、农药化肥等污染问题，眉县当地的工业基础不发达，相对工业污染程度较小，最主要的是农民的农药化肥使用不当或者过量造成的污染，这种污染会长期性地伤害土地，短期内难以恢复，以至于有技术骨干感慨"当了一辈子农民，反而不会种地了"（20170101－ZJC）。第三，禁止早采早摘，眉县猕猴桃正常成熟一般是国庆节以后，而一些外地客商为了抢占市场会在8月提前收购，部分农户在客商的高收购价下会早采早摘。这些猕猴桃被喷上催熟剂后流入市场，会损害眉县猕猴桃的公用品牌。因此，眉县政府多年来都禁止早采早摘，一旦抓到会予以重罚，但行政处罚很难在短期内根除农户早采早摘的行为。而当地合作社可以通过订单农业、保底价等协议逐渐扭转农户的这一行为。农技推广部门在自身人员、资源有限的情况下，借助合作社可以较好地防范各类风险。

因此，基于自身的行政利益考量，农技推广部门一方面需要凸显工作成效，降低不必要的政策执行成本；另一方面又需要防范农业风险，推动农业产业的发展。然而，基层农技推广部门存在自身行政化及其职能弱化，以及无法有效对接小农户等困境，使得农技推广部门倾向于扶持合作社，并与之形成较为稳固的关系网络。

5. 技术骨干和普通农户的理性选择

学界关于农民经济行为的研究存在两种相互对立的观点：一种观点是把农民视为"理性小农"，认为农户始终关注着成本和收益问题，即使基于传统知识进行资源配置也是理性的，因为农户要避免采用新技术而带来产量不确定的问题；[①] 另一种观点是把农民看作"道义小农"，即农民在"生

---

① 〔美〕舒尔茨：《改造传统农业》，梁小民译，商务印书馆，2009，第33页。

存伦理"之下，会将"生存安全第一"作为原则，这体现了农村社会中的互惠准则和道德观念等价值观念。[1] 对此，郭于华认为，这两种观点反映了农民理性的两个方面，前者是经济理性，后者是生存理性。[2] 调研发现，眉县的农户与合作社的关系也体现了农民理性的两个方面，下面分别进行论述。

（1）技术骨干与普通农户共同的经济理性。按照理性选择理论的假定，农户在市场经济中会追求自身利益最大化，也有着自给自足、发展农业的需求。[3] 换言之，农户在农业生产中是一个标准的"经济人"，会计算大致的投入与产出，以便实现利益最大化。因而，面对采用新技术带来产量的不确定性，农户更多是依赖传统经验而非科学技术来从事农业生产。比如，专家教授要求施肥要科学适量，而农户认为施肥多产量高，一般会多施肥。这可能会被一些人认为是农户的不理性行为，但这恰恰是农户经济理性的表现。这就使得农技推广部门在向农民宣传技术时需要令农户相信技术标准，"我们调和了专业化的标准和农户的技术需求，我们只要讲得出道理，农民基本上都会采用我们的施肥建议"（20161125 – ZH）。

在与合作社的关系上，技术骨干和普通农户的经济理性表现有所差异，但都愿意参与到合作社之中，这主要表现为：第一，作为基层农技推广部门对接农民的主体，技术骨干技术水平较高，他们也愿意接受合作社聘请或者雇用，一方面有着不错的工资报酬，另一方面可以借助合作社获得更多的农资化肥和技术服务等，进一步形成领先优势；第二，普通农户普遍愿意成为合作社的会员，因为会员可以享受较多的优惠措施，如农资配送、农机服务、高价收购等，可以降低生产成本，最终增加农业收入。但是，农户相对于合作社处于弱势地位，在与合作社往来的过程中容易遭遇权益受损的情况。因而，即使农户在与合作社打交道中利益受损，也不得不"在说完气话后仍然打交道"（20161227 – XXR）。

---

① 〔美〕斯科特：《农民的道义经济学》，程立显译，译林出版社，2001，第1页。
② 郭于华：《"道义经济"还是"理性小农"——重读农民学经典论题》，《读书》2002年第5期。
③ 农业部农村经济研究中心：《从传统到现代：中国农业转型的研究》，《农业经济问题》1997年第7期。

（2）技术骨干与普通农户之间的生存理性。斯科特基于东南亚小农的研究对理解中国的小农有着一定的启发意义。农村社会中的互惠原则和生存权利等构成传统小农最重要的道德观念，意味着在互惠原则和生存权利之下，农村社会中的精英阶层有义务为弱势农户提供必需的道德援助，这构成前者合法性的基础。[①] 费孝通也曾论述传统社会中的士绅构成了社会结构中的重要一环，其对民众的教化权力主要来自对当地村民的保护，因而具有权威性。[②] 在农村社会，多数村民是在长期的互动交往中形成的熟人关系，这让彼此之间有着相对稳定的行为规范和价值预期，即使当下在一定程度上被削弱，村庄中的社区伦理也发挥着一定作用。

眉县的技术骨干在普通农户中享有较高的声望，也是来自对后者的保护作用。技术骨干与普通农户对合作社提供的技术服务和优惠措施有着不同程度的需求。但当普通农户和合作社发生纠纷或冲突时，技术骨干需要坚定地站在普通农户的立场上，为其伸张利益诉求。比如，在上文提及的发生在 QF 合作社的"堵门事件"中，在 3 位为 QF 合作社做代办的技术骨干的带领下，田村村民一致采取了行动。其中一位代办表示"QF 合作社这么大的企业，还存在压价心理，说不过去，里面有些人的素质太低了"（20161227 - XXR）。因为技术骨干的权威声望来自普通农户的认可，一旦技术骨干失去普通农户的信任，不仅会失去自身的权威，而且可能无法从事代办职业，因为其必须借助熟人关系才能收购农产品。当然，也有部分技术骨干不回应普通农户的需求，这些人自然也得不到普通农户的认可与信任。

总之，在共同的经济理性之下，技术骨干与普通农户和合作社保持着密切的来往，从而获取潜在的合作收益。同时，在生存理性之下，部分技术骨干会自觉维护普通农户的利益，代表普通农户与合作社进行协商谈判，在保护普通农户利益的同时，也表达着自身的利益诉求。因而，技术骨干和普通农户在追求自身利益最大化、发展农业的过程中，也为合作社吸纳农技推广力量提供了充分条件。

---

① 马良灿：《理性小农抑或生存小农——实体小农学派对形式小农学派的批判与反思》，《社会科学战线》2014 年第 4 期。
② 费孝通：《江村五十年》，《江苏社联通讯》1986 年第 10 期。

四 农民合作社重塑农技推广
体系的社会影响

(一) 农技推广体系的重塑

眉县农民合作社采取多种实践行为,通过对农技推广体系中不同利益主体的吸纳,重塑了当地的农技推广体系。这种重塑的影响主要通过以下三个方面表现出来,即农业社会化服务体系、惠农资源分配和农技推广服务面向。本节将从这三个方面进行分析,进而全面地展现农技推广体系的深刻变革。

1. 农业社会化服务体系的转型

在以龙头企业领办型合作社为代表的合作社的推动下,眉县的农业经营主体格局发生了较大的变化,这对农技推广体系产生了深远影响,更加速当地农业社会化服务体系的转型。农业社会化服务体系是指,为农业经营生产提供各类服务的组织或者个人构成的网络体系。[1] 在合作社等新型农业经营主体尚未形成之前,眉县的农业社会化服务体系主要为小农户提供服务,覆盖了猕猴桃产业的全过程。在眉县各地出现了较多的农资店、农机服务队,甚至季节性劳动力市场每天都有不少于 100 人的短期劳动农民,这些为小农户提供了必需的社会化服务。这个时期猕猴桃产业的发展主要由小农户自身推动,部分技术骨干甚至形成了横跨几个乡镇的民间猕猴桃协会。

在合作社等规模经营主体形成后,特别是龙头企业领办型合作社吸纳农技推广力量后,眉县的农业社会化服务体系发生了巨大的转型,这种转型主要表现为以下几个方面。

(1) 农资市场格局的剧烈变动。合作社长期以来都在探索有效的技物配套服务,而农机农资主要由农资店等农业生产性服务组织供给。但随着合作社吸纳农技推广力量,合作社开始跨界卖农资,这冲击了当地的农资市场经

---

① 孔祥智、楼栋、何安华:《建立新型农业社会化服务体系:必要性、模式选择和对策建议》,《教学与研究》2012 年第 1 期。

营主体，促使各类农资店消失，进而深刻地改变了农资市场格局。以 QF 合作社为例，QF 合作社开始进军农资市场，高薪聘用农资行业资深人员，组建农资公司，构建猕猴桃的农资供应、果农培训和农机服务经营工作一体化服务体系。"我们可以低价进入农资市场，计划 3~5 年内不赚钱，先抢占市场，做大品牌优势，每年售卖各类化肥 1 万多吨。"（20161230 – ZXK）

　　事实上，合作社进入农资市场确实可以有效地解决两个问题：一是假冒伪劣农药化肥流通于市场上，二是高质正轨的品牌农资化肥价位过高。QF 合作社直接对接各类农药化肥厂，以出厂价大量售卖农药化肥，既让厂商有了稳定而巨额的售货渠道，又让当地农户得到了实惠，确实是三方共赢的局面。不到一年的时间，QF 合作社将眉县的农药化肥价位拉低了 10% 以上，但这也极大地冲击了当地原有的各级农资店，比如坡村原来有 5 家农资店，如今只剩下了 2 家"惨淡经营"。因而，各级经销商和农资店店主极力反对这类合作社进入农资市场，比如，2016 年夏天，QF 合作社往某镇拉了 4 车化肥，本镇的农资店店主将这些车拦住，不让这些车进入，后来在当地政府的协调下才解决了这一争端。不过，合作社进入农资市场是必然的，因为合作社已经深度嵌入体系之中，且合作社已经将农技推广的主要受体农户整合进自己的产品链之中，这就具备了充足的市场。另外，QF 合作社正在与一些科研院校共同研发猕猴桃专用化肥，一旦研制成功并投入市场，势必会引起农资市场更为剧烈的变动。

　　（2）农机服务队逐渐消失。在眉县大力推动猕猴桃产业之前，当地主要产业是苹果产业，也夹杂着其他的各类经济作物和粮食作物，如大蒜、韭菜、辣椒等，以至于当地有句谚语"东辣西蒜，果树沿山转"。一些农技推广部门也建立了专门的农业服务队，比如土肥站下成立有绿农专业合作社，主要为小麦等粮食作物服务，而社会上也有着大量的农机服务队为各类农作物提供服务。在合作社吸纳农技推广力量之后，合作社聘请或雇用各类技术骨干，自主建立了专门的技术服务队，为社员（或会员）提供必要的农机服务，一方面导致为小农户提供市场化服务的小型农机服务队逐渐消失，另一方面也使得小农户对合作社的依赖性越来越高。同时，随着农技推广部门将涉农项目导向以龙头企业领办型合作社为代表的合作社，挂靠在农技推广部门下面的服务队也面临着项目短缺而难以维系的境地，这类公益性的社会化服务也难以惠及所有的农户。最终，不管是市场化还是公益性农机服务队，都会逐渐消失。

（3）季节性雇工的流失。眉县的季节性雇工较多，这主要有两个原因：一方面是因为当地的工业基础不发达，难以充分有效地吸纳本地农村多余劳动力就业，导致大量农民被剩余下来；另一方面是因为眉县的农业较早种植经济作物，农业收益较高，而每年农忙季节又需要大量的劳动力，这就使得当地的农户无须外出务工，在本地就可以满足务工需求。这些季节性雇工的工资待遇一般是男性人均每天100元，女性的工资待遇较低，只有人均每天70~80元，技术较高的可以达到每天120~150元。"整个农忙季节下来，收入可以有3万多元，不比外出打工差，外面的工资虽然高，但一年到头也很难攒得下2万多元。"（20161226 - YLK）季节性雇工主要为种植大户和普通农户服务，为后者提供了必需的劳动力。当然，这些季节性雇工身份仍然是农民，也不同于进城打工的农民工，而成为兼业农民，即一部分收入来自农业，一部分收入来自务工，但还是以农业生产为主，即使务工收入大大地超过了农业收入。

调研中发现，在合作社吸纳农技推广力量后，这些季节性雇工会不断流失。其中有几层原因：第一，为了降低人工投入成本以获取更大的效益，当地合作社会尽可能用机械化生产来取代人工生产，而合作社等规模经营主体的农地规模较大，这些农地采取机械化生产后，必然会大规模挤占部分雇工的生存空间；第二，合作社推行会员制和托管模式后，在整合优质农户的同时也将弱势农户排斥出农业生产，这部分弱势农户本身就难以负担农药化肥的使用，自然而然就更不会雇用雇工，这就进一步压缩了主要依赖技术骨干和普通农户雇用的雇工的生存空间；第三，在部分合作社进行农地流转后，这部分失去农地的农户仅靠每年不足1万元的租金是难以养活家人的，部分农户会到合作社流转后建立的农庄里干活，部分农户则会选择进城务工，这就导致雇工群体生存空间越来越小，规模却越来越大。

2. 惠农资源的倾向性分配

前一章已经提及，在中央政府的政策诱导下，合作社会采取多种实践来吸纳惠农资源，以便满足自身农业资本化的内生需求，并且地方政府和农技推广部门也有着自身利益的考量，因而这几部分主体会通过关系运作形成较为稳固的利益共同体。在依赖理论看来，组织双方一旦形成了高度密切的强关系，就会促使组织间投入更多的资源以便获得更高的互相依赖性。这就意味着，合作社与农技推广体系之间形成较为稳定的强关系后，合作社就会更为深度地嵌入农技推广之中，而农技推广体系也会将惠农资源主动导向合作社。

在眉县的实践样态中，龙头企业领办型合作社就与农技推广之间形成了较为稳定的强关系，也吸引了大量的惠农资源。以农业水利灌溉项目、冷库贮藏项目和现代农业项目三者为例。①在农业水利灌溉项目上，政府部门在猕猴桃产业的基础设施建设上投入较大，比如推进道路硬化、村村通工程，以及太阳能发电等，但在水利灌溉上追求规模化，这并不利于小农户的生产，坡村一位技术骨干也说"其他的不适应，主要是和我们小农生产的规模程度不相关"（20161201 - JGS），显然，引进的这些设施不符合农户的使用习惯，却满足合作社等规模经营主体的需求；②在冷库贮藏项目上，当地政府和上级部门争取到专项资金，建设了全国唯一一家国家级猕猴桃产业园区，其中有政府投资建设的6万吨气调冷库，相当于免费分配给眉县几家龙头企业使用，同时，在农村的冷库项目建设上，眉县虽然也为农户提供了技术培训、农业补贴，但主要的服务对象还是合作社等规模经营主体，因为后者的规模较大，更容易引起关注，而小农户自建项目通常是自己承担成本，比如，一位五村的技术骨干在2012年自建了一个6吨的冷库，植保站的一名工作人员说可以为他申请补助，但直到现在也没有消息，而对一次性建设100吨以上的提供120万元的补助；③在现代农业项目上，现代农业项目是由陕西省推动的，这个项目是针对所有农户的普惠性项目，政府部门在承接这一项目时应当让所有农户受惠。近5年来，果业局争取到4000多万元项目资金，覆盖了4.5万亩猕猴桃种植基地，惠及5个乡镇24个村。但事实上，这些项目主要是分配给发展好的那些合作社。以某位合作社负责人的话为证，"政府对我们合作社有专门的农资供应，比如说有40多台农机可以免费供应，也有杀虫灯、捕虫蛾等。这几年，镇里搞了园中生草技术2000多亩，我们园子占了800多亩地"（20161130 - QJS）。

从上述几个方面来看，政府部门在惠农资源上存在一定的倾向性分配，这主要表现为对合作社尤其是发展较好的合作社的倾斜，而对小农户则倾斜不多，甚至处于被边缘化的境地。龙头企业领办型合作社与农技推广部门形成联合依赖后，会不断增强双方的互相依赖性，这就意味着其他合作社或小农户更难得到足够的资源扶持。

3. 公益性农技推广服务面向的偏离

农技推广体系最主要的职能是为农户提供所必需的技术服务，解决农户在农业生产中遇到的各种难题。农技服务体系分为公益性和经营性两种，中国明文规定将"有利于农业、农村经济可持续发展和增加农民收入"作为首要原则。在眉县的农技推广体系中，公益性的农技推广服务在经历过两次"断奶"后仍然延续了下来，并对当地的农业生产产生了较大的影响，总体表现较好。但伴随着合作社吸纳农技推广力量，政府部门提供的公益性农技推广服务面向发生了一定的偏离，主要表现在以下两个方面。

（1）公益性农技推广服务向合作社等规模经营主体倾斜。在农民合作社等规模经营主体尚未发展壮大之前，农技推广部门主要服务对象是小农户群体，所提供的农技服务也主要面向小农户，小农户与农技干部之间联系较为频繁，关系也较为密切。农户在自家的农地上种植猕猴桃，自己钻研技术，遇到技术问题也会及时去农技部门请教；而农技干部也住在试验地附近，每天都会花时间和精力去悉心照料和研究猕猴桃难题。比如，五村的村民说，"我最早是在 2000 年前后去植保站请教问题，我们小组都种植红阳（猕猴桃），对于一些化学成分搞不懂，因而四五个人约着去（植保站），从那以后，我也就和植保站建立了联系。我们在春夏季节联系得较多，现在冬天联系比较少，如果有问题再联系。以前我们都是骑车去的，有了摩托车就骑摩托车去，现在有了电话就用电话"（20161201 - JGS）。某农技干部也表示，"（以前）不仅是打电话过来，也有直接来这里询问的。只要农民有需求，我们就需要下去"，"自己之前在院子里工作的时候，我每天晨练也会在农田地上转几圈，后来发现了'花大姐'的除害方法，并总结为'冬杀一个卵，夏少千条虫'"（20161129 - ZSC）。但伴随着合作社等农业规模经营主体的形成，农技推广部门主要工作中心围绕着这些规模经营主体而展开，与小农户的联系日益疏远。在合作社对体系采取多种实践行为吸纳农技推广后，农技推广部门与合作社形成了相对稳定的强关系，这就使得农技推广部门更依赖合作社等规模经营主体，从而会投入更多的农技服务。

（2）合作社吸纳技术骨干阻断了小农户的主要农技服务来源。在眉县，从事农业的小农户大多是 40～50 岁的中老年农户，这些农户有着较大的技术需求，即使得到了技术服务也很难将其发挥效用，以至于一些技术骨干觉得"一些农民既可怜又可恨，听到一些外来专家的话就容易走极端，不清楚概念和实践有差距"（20170101－ZJC）。同时，为了应对农技推广工作的职能弱化和行政化趋势，当地农技推广部门培育了农村技术骨干，作为对接基层工作的主要抓手。在猕猴桃产业的发展中，这些技术骨干在技术服务、技术推广和带头致富中发挥了重要作用。但随着合作社吸纳农技推广力量，技术骨干逐渐被整合进合作社的农业供应链之后，对普通农户的技术服务受到了约束。这种约束一方面是因为技术骨干受雇于合作社后，主要为合作社的利益服务；另一方面技术骨干也缺乏为普通农户提供技术服务的时间和精力。合作社吸纳技术骨干将当地农技推广面向偏离，这是因为，技术骨干作为农技推广向小农户推广的主要抓手，这意味着一旦技术骨干为合作社所完全整合，小农户将失去最主要的农技推广服务来源。

（二）社会阶层结构的重塑

合作社采取多种实践行为吸纳农技推广力量，不仅重塑了基层农技推广体系，更促使农业经营主体的变革。这是因为，合作社与农技推广体系形成稳固的关系网络后，合作社的不断发展会导致小农户逐渐退出农业生产，进而重塑农村社会的阶层结构。这种社会阶层结构的重塑主要体现在以下三个方面。

1. 规模收益下降导致中坚农民的退出

中坚农民是指，在农村劳动力大量外流的背景下，一些通过自发流转土地而达到足够种植规模的农业经营主体。[①] 中坚农民（以下简称"中农"）主动承包外出务工者或老弱病残者退出农业生产的农地，然后可以实

---

① 贺雪峰：《中坚农民的崛起》，《人文杂志》2014 年第 7 期。

现较大的规模效益，也足以令这部分因多种原因无法外出或难以外出的农户在农村立足。有学者将这个群体称为"中农阶层"①，在眉县也出现了农户之间土地自发流转的现象，这些农户依赖农村社区中的熟人关系，可以以较低租金或者免费承包一些农地发展种植。通过农地规模经营，中农可以取得不低于务工兼业带来的收入，并可以为雇工群体提供一定的就业机会。但随着新型农业规模经营主体的形成，当地农地自发流转受到了抑制甚至中断，这就促使农业经营主体的阶段性变革，即从中农转变为新型农业经营主体。②

不过，在眉县这种阶段性变革主要发生在边缘地带。这是因为，在已经种植猕猴桃的农地上，土地租金较为昂贵，规模经营主体难以支付得起巨额的租金成本，合作社在这些猕猴桃优生种植区主要采取托管模式和会员制的方式来吸纳农技推广。下面以田村某中农为例，以此说明合作社吸纳农技推广力量如何促使中农退出。

案例2：田村的农地有3675亩，其中猕猴桃种植面积有3400亩。全村人口有498户，一共2016人，人均猕猴桃种植面积1.7亩，户均6.8亩。田村村民一般种植7~8亩地，10亩地以上的较少，最多的一户是6组村民DSX，他有52亩地。这52亩地的构成比较复杂，其中自家承包地有11亩，2011年从5组流转了24亩，2013年从3组流转了17亩连片农地。这些土地原本是其他村民的粮食用地，再加上DSX的人缘不错，因而租金较低，如2011年流转的24亩地是以每亩150元流转的，签订了10年的合同，如今一年的租金也涨到了每亩500元。DSX 2016年的毛收入为43万元，其中租金、雇工、化肥、菌肥等成本加起来有18万元多，因而纯收入为25万元左右，相当于一亩地的毛收入是8270元左右，而纯收入为4800元左右。相对于一般农户的几亩地收入而言，中农DSX一年的纯收入是较高的。但这部分利润远远不如几年前，也不如普通农户的水平。据了解，田村普通农户一亩地可以收入8000多元，这就相当于DSX每亩地的成本是普通农户的

---

① 杨华：《"中农"阶层：当前农村社会的中间阶层——"中国隐性农业革命"的社会学命题》，《开放时代》2012年第3期。

② 冯小：《新型农业经营主体培育与农业治理转型——基于皖南平镇农业经营制度变迁的分析》，《中国农村观察》2015年第2期。

1.8 倍左右。

　　一般而言，中农可以取得规模效益，进而可以提高收入。但田村中农DSX 的案例表明中农不一定可以获得规模效益，这在眉县主要是因为合作社进入农业生产后吸纳农技推广力量。第一，合作社推广会员制和托管模式后，会带动当地猕猴桃优生种植区的农地租金上涨，间接影响中农的租金成本；第二，合作社吸纳农技推广力量后，导致农技推广体系的深刻变革，这就使得中农所需的雇工工资、农机、农药化肥、技术服务等费用上涨，导致中农的生产成本较高；第三，合作社吸纳农技推广力量会导致惠农资源的倾向性分配，中农所享受到的技术服务与涉农项目较少，这就迫使中农在这些方面也必须增加投入。在这多重因素的影响下，中农将逐渐退出农业生产。

　　同时，猕猴桃产业作为一种新农业，对资本的需求是较高的，这就限制了大部分农户通过土地自发流转成为中农，一般只有部分技术骨干才有实力负担得起高额的资本投入，一般流转 10～20 亩，像 DSX 这么大规模农地流转的也较少。其他的中农大多是流转部分农地后，在合作社担任代办。不过，随着合作社将技术骨干充分整合进农业产业链，这些代办转型为服务站站长后，也会面临 DSX 的难题，在不久的将来，因负担不起逐渐上涨的各类成本而退出农业生产，选择担当合作社的站长。

2. 小农户遭遇边缘化的发展困境

　　上文已经指出，合作社将普通农户划分为优质农户和弱势农户后，会将优质农户吸纳为会员整合进农业产业链中。优质农户在理性选择之下，也会主动加入合作社之中，从而可以享受相应的优惠措施，但实际上这已经发生了某种雇佣关系，表现为这些优质农户在成为会员后，必须按照合作社的要求从事农业生产，符合会员管理条例，满足底线要求等。一旦这些优质农户被淘汰或者自己选择退出会员制，那么他们也可能面临和弱势农户一样被边缘化的困境。这种边缘化的发展困境主要表现为以下几点。

　　（1）社会化服务体系无法满足小农户的需求。在合作社重塑农技推广体系后，社会化服务体系发生了转型，从农资供应、农机服务和雇工群体上表现为不再以小农户为中心，而是以合作社等新型农业经营主体为中心。在小农户无法从社会化服务体系中获得足够的资源时，小农户对合作社的依赖性就会越来越高，正如一些田村村民所言"说完气话还要打交道"。这是因为小农户对合作社是不对称依赖关系，合作社在与小农户的关系中占据着主导地位，但小农户很难改变对合作社的依赖关系，只能采取适应实践来调适相互的关系，即使出现了一些矛盾，也难以动摇合作社对小农户的支配性关系。因而，从社会化服务体系的角度来看，脱离了合作社的小农户也会遭遇边缘化的困境。

（2）农地规模流转导致小农户退出农业生产。这里分为两类情况。第一，在猕猴桃优质种植区里，合作社在推行以会员制为基础的托管模式后，部分农户因老、因病、因进城等将农地流转给合作社，有助于合作社发挥规模效应。这对于解决"无人种地"的难题有一定的帮助，同时也为这部分农户带来了较高的租金收入，这是一个多赢的局面。但也应当认识到，猕猴桃产业是高附加值农业，这部分农地一般不存在不被流转的情况，而且合作社一般流转的是较优质的农地，对于一般弱势农户的带动作用并不强。其余的小农户在得不到足够社会化服务体系的帮助后，就很有可能退出农业生产。第二，在尚未发展猕猴桃种植的地区，这部分地区主要是塬上，这是因为过去技术水平有限，水利不便，这部分地区不适合种植猕猴桃。但合作社吸纳农技推广力量后，将这部分农地规模流转，可建设苗木培育、猕猴桃种植等一体化的农庄，这部分农地自然就不再需要小农户的种植；同时，即使是合作社在政府的推动下只和当地的小农户签订了10年左右的协议，但农地的部分土地已经发生了使用性质的变化，不可逆地改变了当地的农地生产方式，这将导致部分小农户可能永久性退出农业生产。

（3）小农户即使成为农业产业化雇工也可能面临失业。合作社在猕猴桃优质种植区推行托管模式和在尚未种植猕猴桃的地区进行规模农地流转，会导致小农户不再直接从事农业生产，部分小农户可能选择直接退出农业生产，其他的小农户可能成为农业产业化雇工，为合作社提供季节性的劳动力，以便获得部分农业收入。但这部分农户可能在合作社不断压缩减少农业投入的情况下，面临失业的风险。下面以QW合作社为例，说明合作社在将小农户转变为雇工后，如何将这些雇工排挤出去。

案例3：QW合作社在三县交界之地，计划规模流转农地500亩。2016年开始建设240亩（分为两个基地，一个160亩，一个80亩，两个基地相

距 500 米)，2017 年再投资建设 260 亩。这些农地原来是种植小麦的，QW
合作社以每亩地 800 元的租金流转过来，签订的合同是 20 年，每 5 年租金
增加 5%。QW 合作社规模流转农地的原因，一方面是解决猕猴桃收购标准
不达标的问题。如该社社长提出，"我们现在 75% 以上是订单农业，有一些
不收是因为果品的品质不好，而有一些是因为农户毁约收不到。现在独立
个体的果农容易急功近利，出现违约的情况比较多"（20161130 - QJS）。另
一方面则是试图抢占猕猴桃种植地区而提前布局。据粗略统计，眉县 94%
以上的土地都已经种植了猕猴桃，有一些是 20 多年的老地，大部分是 8 ~
10 年的地。这就意味着以后猕猴桃的增长速度将大幅度降低。也因为猕猴
桃产业是一种资本与劳动力密集型的产业，风险较大，为了降低成本，QW
合作社的做法是"可以不使用人力的地方坚决不用人力"。

3. "半无产化"农民的出现

从上述分析来看，眉县的中坚农民和小农户会被迫不断地退出农业生
产，这就使得合作社成为主要的农业经营主体。这些合作社又不是具有本
质属性的合作社，即并非农民自愿形成的互助性经济组织，而是发生了异
化或漂移的合作社，这就表明中国的合作社更多是混合性经济组织。刘老
石曾指出，中国有 40% 以上的合作社介于真假之间，不到 20% 的是假合作
社，这就意味着中国有超过 60% 的合作社是不规范的。[①] 本次调研中的合作
社都发生了异化，尽管保持着基本的外形，但内在很难称得上以社员（农
户）利益最大化为目标的合作社，甚至部分合作社出现了"资本雇佣劳动"
的转变，同时这部分合作社又是最容易发展壮大的。从资源依赖理论来看，
这些发生了异化的合作社容易吸纳农技推广力量，并与农技推广体系建立
相对稳定的强关系，促使双方不断投入资源增强组织间的互相依赖性，最
终这些合作社逐渐占据主导地位，对其他合作社形成支配性关系。这些合
作社在吸纳农技推广力量的过程中，会逐渐将小农户整合进自己的农业产
业链之中。这就导致部分小农户在被排斥出农业生产后，成为农业的雇工，
而部分农户尽管看似独立自主，但对合作社的依赖性越来越强。

武广汉曾指出，中国不复存在独立的农业生产者，小农户兼有小生产

---

① 刘老石：《合作社实践与本土评价标准》，《开放时代》2010 年第 12 期。

者和雇工身份，并身处雇佣关系之中，因而小农户具备了"半无产化"的特征，这不是量的关系，而是质的变化。这也适用于眉县的实际情况。[①] 这部分发生了异化的合作社背后主要是工商资本，这些资本完成了对农业的生产环节、流通环节和销售环节的全方面整合，使得小农户不断从属于资本的控制之下，这就导致规模流转农地的部分农户成为"半无产者"。不仅如此，在合作社托管的农户中也存在隐蔽的雇佣关系。比如，陈义媛基于一家龙头企业的调研发现，龙头企业与所整合进来的代管户之间实际上存在隐蔽的劳动雇佣关系，这表明即使是被托管的农户也处于半无产化状态。[②]

总之，这些异化的合作社背后实际上是工商资本，而工商资本追求自身利润最大化，而非追求社员利益最大化。这意味着不管是土地流转还是托管模式，农户都会被这些工商资本所吸纳，最终导致"半无产化"的农民源源不断地被生产出来。因此，异化的合作社吸纳农技推广力量后不仅重塑了农技推广体系，也在重塑农村社会的阶层结构。

五　结论与讨论

本书将农技推广体系中的相关利益主体划分为地方政府、农技推广部门、技术骨干与普通农户，进而探究合作社与农技推广体系之间的关系。不同于从政府的角度出发把两者之间的关系看作"载体论"或"垒大户论"，本书从农民合作社的角度出发认为两者之间的关系是，合作社通过多种实践行为吸纳地方政府等不同利益主体，进而重塑基层农技推广体系。合作社吸纳农技推广力量有着不同的实践形态，如对地方政府吸纳惠农资源、对农技推广部门倒逼技术供给方式变革、对技术骨干进行雇用或聘请、对普通农户分类整合或土地流转。合作社的实践行为既受到各个利益主体的外部推动，也受到自身利益的内在推动，有着复杂的多重机制。这些复杂的多重机制表现为中央政府的政策诱导、地方政府的政绩驱动、农技推

---

① 武广汉：《"中间商＋农民"模式与农民的半无产化》，《开放时代》2012 年第 3 期。

② 陈义媛：《资本下乡：农业中的隐蔽雇佣关系与资本积累》，《开放时代》2016 年第 5 期。

广部门的行政利益考量以及技术骨干和普通农户的理性选择。正是在多重机制的作用下，农民合作社得以重塑基层农技推广体系。

农民合作社通过吸纳农技推广力量，不仅重塑了基层农技推广体系，而且促进了农业经营体系的变革，进而重塑了农村社会的阶层结构。这是因为，合作社吸纳农技推广力量的实践行为，引起农业社会化服务体系、惠农资源分配和公益性农技推广服务面向等方面的深刻变革，导致小农户逐渐退出农业生产。同时，在合作社推行会员制与实施土地流转后，小农户不仅被排斥出农业生产，还成为"半无产化"农民，即从农民身份转变为农业雇工。显然，当前农民合作社基层农技推广体系的实践形态，不利于构建小农户与现代农业之间有机衔接的发展路径。这急需通过必要的制度创新破除合作社与地方政府部门之间稳固的关系网络，扭转惠农资源的倾向性分配，加快农业社会化体系的建设，保障农技服务面向小农户，从而抑制重塑的消极影响，最终探索小农户与现代农业有机衔接的长效机制。

图书在版编目（CIP）数据

农业现代化的中国道路与关中实践 / 赵晓峰等著
. -- 北京：社会科学文献出版社，2020.5
（西北农林科技大学农业与农村社会发展研究丛书）
ISBN 978 - 7 - 5201 - 6557 - 0

Ⅰ.①农…　Ⅱ.①赵…　Ⅲ.①农业现代化 - 研究 - 中
国　Ⅳ.①F320.1

中国版本图书馆 CIP 数据核字（2020）第 063189 号

西北农林科技大学农业与农村社会发展研究丛书
农业现代化的中国道路与关中实践

著　　者 / 赵晓峰　孙新华　陈　靖 等

出 版 人 / 谢寿光
责任编辑 / 任晓霞
文稿编辑 / 张真真

出　　版 / 社会科学文献出版社·群学出版分社（010）59366453
　　　　　地址：北京市北三环中路甲 29 号院华龙大厦　邮编：100029
　　　　　网址：www. ssap. com. cn
发　　行 / 市场营销中心（010）59367081　59367083
印　　装 / 三河市龙林印务有限公司

规　　格 / 开　本：787mm × 1092mm　1/16
　　　　　印　张：15.75　字　数：249 千字
版　　次 / 2020 年 5 月第 1 版　2020 年 5 月第 1 次印刷
书　　号 / ISBN 978 - 7 - 5201 - 6557 - 0
定　　价 / 99.00 元

本书如有印装质量问题，请与读者服务中心（010 - 59367028）联系